MONOGRAPHS

D1629207

innsbruck university press

Andy Stauder

Seĝschta Wouřt-Schätze

Kleines Lese- und Wörterbuch zur Sextner Mundart

in Zusammenarbeit mit dem Heimatpflegeverein Sexten

Andy Stauder

iui – innsbruck university innovations GmbH, Universität Innsbruck

Gedruckt mit finanzieller Unterstützung des Heimatpflegevereins Sexten, der Autonomen Provinz Bozen, Deutsche Kultur, der Stiftung Südtiroler Sparkasse, der Gemeinde Sexten sowie des Vizerektorats für Forschung der Universität Innsbruck.

Inhaltsverzeichnis

Abbildungsverzeichnis

1 | Benutzungshinweise

Aufbau der Einträge

Beispiel:

Aacha, do (NOM. PL. AACHA) [„Eicher"; ahd. <u>eihhorno</u>, mhd. <u>eich(h)orn</u>, v. germ. <u>*aikurna-</u> (= *Eichhörnchen*), der Teil <u>-horn</u> im Standarddeutschen ist lautlich nicht ursprünglich und nur eine Neudeutung eines nicht mehr verständlichen Wortteils.] *Eichhörnchen.* {026}

Jeder Eintrag beginnt mit dem jeweiligen Schlagwort in **Fettdruck**. Hier wird auch die Betonung des Wortes angegeben (Näheres zur Betonung siehe unter **Aussprache und Betonung**): Mit einem Unterstrich bei Doppelvokalen (z.B. **Aacha**) und einem Unterpunkt bei kurzen Vokalen (z.B. **abich**). Betonte Diphthonge (Zwielaute) sind ebenfalls mit einem Unterstrich gekennzeichnet, beide Teile sind mit einem Unterbogen verbunden, um sie als Diphthong (also nicht zwei einzeln ausgesprochene Laute) zu kennzeichnen (z.B. **afoure**).

An zweiter Stelle befinden sich in runden Klammern ( ) und KAPITÄLCHEN Angaben zur Grammatik, z.B. zur Wortart und der Pluralform im Nominativ.

Danach folgen in eckigen Klammern [ ] Informationen zur Etymologie, also zur Herkunft des Wortes. Dabei sind zunächst in jünger werdender Reihenfolge die ältesten deutschen Formen oder Herkunftswörter angegeben. Nach den deutschen Formen folgen dann in umgekehrter Reihenfolge Angaben zur weiter zurückliegenden Herkunft, z.B. Germanisch, Latein, Griechisch u.a. Unterstrichene Formen stellen hier immer die Lautform dar, Formen in Anführungsstrichen „" sind Übertragungen der Lautform in das Standarddeutsche zum besseren Verständnis (die Formen müssen so im Standarddeutschen nicht existieren, sind also meist konstruiert). Ein Sternchen *, das einer Form vorangestellt ist, bedeutet, dass diese (re-)konstruiert ist und nicht in historischen Quellen gefunden werden kann (z.B., weil ein Volk zu dieser Zeit noch keine nennenswerte Schriftsprache verwendete, oder weil das Wort zufällig in keiner Quelle vorkommt, aber eigentlich existiert haben müsste). Angaben in *Kursivschrift* in diesem Bereich geben die Bedeutung(-en) eines Wortes an.

An vorletzter Stelle im Eintrag folgen in *Fett-Kursivdruck und grauer Schriftfarbe* die standarddeutsche Entsprechung bzw. Bedeutung des Wortes sowie Angaben zur Verwendung im Sextnerischen. In diesem Bereich stehen Beispiele in Anführungsstrichen: „Beispiel".

An letzter Stelle finden sich in geschweiften Klammern { } die Kennzahlen der zur Ermittlung einer Wortherkunft herangezogenen Quellen. Die Quellen selbst sind im hinteren Teil des Buchs aufgelistet.

Abkürzungen

Abkürzung *Vollform. Erklärung/Beschreibung*

Adj. Adjektiv. Eigenschaftswort (lang, groß usw.)

Adv. Adverb. Umstandswort (lange, gestern usw.)

ahd. althochdeutsch. Gemeinsame Bezeichnung für einige germanische Dialekte in der Mitte und im Süden des deutschen Sprachraums (von ca. 750-1050 unserer Zeitrechnung), die die älteste(n) Schriftform(en) der deutschen Sprache ausmachen. Sie sind von anderen germanischen Dialekten durch die zweite oder (hoch-)deutsche Lautverschiebung abgegrenzt.

Akk. Akkusativ. Vierter Fall in der dt. Grammatik (erfragt mit „wen?")

alem. alemannisch. Auch „westoberdeutsch". Gruppe von deutschen Dialekten im Südwesten des deutschen Sprachraums, u.a. in der Schweiz, Vorarlberg und Schwaben.

altfranz. altfranzösisch. Gemeinsame Bezeichnung für einige galloromanische Dialekte ca. im Bereich des heutigen Frankreich (von ca. 850-1350 unserer Zeitrechnung), die die älteste Schriftform der französischen Sprache ausmachen.

Dat. Dativ. Dritter Fall in der dt. Grammatik (erfragt mit „wem?")

Dim. Diminutiv. Verkleinerungsform (Kügelchen, Häuschen usw.)

dt. deutsch. Die deutsche Sprache

fnhd. frühneuhochdeutsch

franz. französisch. Die französische Sprache

gall. gallisch. Antike indogermanische Sprache ca. im Bereich des heutigen Frankreich, v. ca. 300 vor unserer bis 500 u.Z.

gallorom. galloromanisch. Zweig der indogermanischen Sprachfamilie, teilweise auf den Gebieten des heutigen Frankreichs, Ostspaniens und Oberitaliens, der von der früheren gallischen Bevölkerung in diesen Gebieten stark beeinflusst wurde. Heute zählen dazu z.B. Französisch, Katalanisch und Lombardisch.

gemeindt. gemeindeutsch. In den allermeisten deutschen Dialekten verständlich bzw. gebräuchlich

Gen. Genitiv. Zweiter Fall in der dt. Grammatik (erfragt mit „wessen?")

germ. germanisch. Zweig der indogermanischen Sprachfamilie, der sich ab ca. 500 vor unserer Zeitrechnung vom Indogermanischen durch die erste oder germanische Lautverschiebung abspaltete.

got. gotisch. Eine ostgermanische Sprache v. ca. dem 3. – 10. Jh. unserer Zeitrechnung

hebr. hebräisch. Sprache aus dem semitischen Zweig der afroasiatischen Sprachfamilie, die seit ca. 950 vor unserer Zeitrechnung schriftlich bezeugt und die Hauptsprache des Alten Testaments ist. Das moderne Hebräische ist Ergebnis einer Wiederbelebung älterer und damals fast ausgestorbener Formen der Sprache ab dem 18. und besonders im 19. Jh.

indogerm. indogermanisch. Gemeint ist hier meistens das Urindogermanische – eine mangels damals fehlender Schriftkultur nicht überlieferte, aber mit sprachwissenschaftlichen Methoden rekonstruierte Sprache (oder Gruppe von Dialekten), die die Vorläuferin/gemeinsame Vorfahrin der heutigen indogermanischen Sprachfamilie ist, zu der die meisten Sprachen in Europa gehören. Das Urindogermanische hat sich vermutlich ca. 3.500 vor unserer Zeitrechnung herausgebildet.

Interj. Interjektion. Ausrufewort, Empfindungswort (he, aua, ach usw.)

i.S.v. im Sinne von

kärntn. kärntnerisch. Deutsche Dialekte in Kärnten

kelt. keltisch. Zweig der indogermanischen Sprachfamilie. Teil waren Sprachen verschiedener, aber kulturell in recht engem Austausch stehender Völker ab ca. 800 vor unserer Zeitrechnung. Die sprachliche Loslösung vom Urindogermanischen kann aber noch einige Jahrhunderte weiter zurückliegen. Zu den heutigen keltischen Sprachen zählen u.a. Irisch, Walisisch, Kornisch und Bretonisch.

lat. lateinisch. Die lateinische Sprache. Die Sprache des römischen Reichs und gemeinsame Vorfahrin der heutigen romanischen Sprachen (Französisch, Spanisch, Italienisch u.a.), seit dem 6. Jh. vor unserer Zeitrechnung bezeugt.

mhd. mittelhochdeutsch. Gemeinsame Bezeichnung für einige deutsche Dialekte in der Mitte und im Süden des deutschen Sprachraums von ca. 1050-1350 unserer Zeitrechnung, die die Schriftform(en) des Deutschen im Hochmittelalter darstellen. Sie unterscheiden sich vom Althochdeutschen durch eine Reiche sprachlicher Veränderungen, aber keine so weitgreifenden lautlichen Wandelerscheinungen wie es beim Ahd. im Vergleich zum Germanischen der Fall war.

mittellat. mittellateinisch. Bezeichnet die lateinische Sprache des Mittelalters (ca. 6.-15. Jh.), die v.a. als Schriftsprache verwendet wurde und sich lautlich, grammatikalisch und den Wortschatz betreffend deutlich vom klassischen Latein der Antike unterscheidet.

mittelniederländ. mittelniederländisch. Sprachstufe des Niederländischen im Mittelalter (v. ca. 1150-1500)

neuniederländ. neuniederländisch. Moderne niederländische Sprache, seit ca. 1500

nhd. neuhochdeutsch. Moderne deutsche Sprache, seit ca. 1350

niederdt. niederdeutsch. Gruppe germanischer Dialekte in den tiefgelegenen Regionen des deutschen Sprachraums, die die zweite oder hochdeutsche Lautverschiebung nicht oder nur teilweise mitgemacht haben, heute tw. als Plattdeutsch zusammengefasst.

Nom. Nominativ. Erster Fall in der dt. Grammatik, erfragt mit „wer/was?"

nordtirol. nordtirolerisch. In Nordtirol gesprochene deutsche Dialekte

oberdt. oberdeutsch. Südlichste deutsche Dialekte (innerhalb der hochdeutschen Dialekte), die die zweite Lautverschiebung am vollständigsten mitgemacht haben (Fränkisch, Schwäbisch-Alemannisch, Bairisch).

ostoberdt. ostoberdeutsch. Dialekte im Südosten des dt. Sprachraums, im wesentlichen bairische Dialekte (wozu auch die meisten Österreichischen und Südtiroler Dialekte zählen).

P. Person. Grammatikalische Person (1., 2. oder 3.)

Partizipialadj. Partizipialadjektiv. Adjektive, die aus Partizipien entstanden sind, z.B. „verrückt"

pers. persisch. Persische Sprache

Personalpron. Personalpronomen. Persönliches Fürwort (ich, du, er/sie, wir usw.)

Pl. Plural. Mehrzahl

Possessivpron. Possessivpronomen. Besitzanzeigendes Fürwort (mein, dein, sein usw.)

rom. romanisch. Nachfolgesprachen und -dialekte der lateinischen Sprache

russ. russisch. Russische Sprache

Sg. Singular. Einzahl

slaw. slawisch. Zweig der indogermanischen Sprachfamilie, dessen zugehörige Sprachen und Dialekte v.a. im Osten Europas gesprochen werden (Russisch, Polnisch, Tschechisch usw.).

slowen. slowenisch. Slowenische Sprache. Slawische Sprache, hauptsächlich in Slowenien und in nördlichen und westlichen Grenzgebieten gesprochen (Italien, Österreich, Ungarn).

standarddt. standarddeutsch. Deutsche Standardsprache, nicht-fachsprachlich/allgemein als „Hochdeutsch" bezeichnet

tschech. tschechisch. Tschechische Sprache. Slawische Sprache, hauptsächlich in Tschechien gesprochen

ung. ungarisch. Ungarische Sprache – Sprache aus dem Zweig der finno-ugrischen Sprachfamilie, die mit der indogermanischen und damit den meisten anderen Sprachen in Europa nicht verwandt ist. Hauptsächlich in Ungarn gesprochen.

Sprachwissenschaftliche Fachbegriffe

(im Abkürzungsverzeichnis nicht genannte)

Ablaut Vokalwechsel bei verwandten Wörtern in den indogermanischen Sprachen, im Dt. z.B.: trinken, trank, getrunken

Analogie Ähnlichkeit als Grundlage einer Nachbildung (bei lautlichen Veränderungen), z.B., wenn ein starkes Verb schwach wird: früher „buk", heute (v.a. in Norddeutschland) „backte"; es wird also die Beugung in Analogie zu anderen schwachen Verben geändert

Aspekt Regelmäßig gebildete grammatikalische Ausdrucksform für die Art und Weise einer Handlung, z.B. ob sie abgeschlossen oder andauernd ist; v.a. in slawischen Sprachen zu finden, in bairischen Dialekten aber auch ansatzweise (siehe weiter unten unter „Grammatikalische Besonderheiten" im Einleitungstext)

Assimilation Lautliche Angleichung von Lauten an andere Laute in der näheren Umgebung; so wurde bei mhd. „krump" das -p an das -m- angepasst, was heutiges „krumm" ergibt

augmentativ Vergrößernd/verstärkend (z.b. Hunger – Riesenhunger)

Diminutiv(-um) Verkleinerungsform („Stein" – „Steinchen", „tropfen" – „tröpfeln")

Dissimilation Lautliche Abweichung eines Lauts von anderen, früher ähnlichen Lauten in der näheren Umgebung; so wurde z.B. aus lat. „peregrinus" (= *Wanderer*) ital. pellegrino (= *Pilger*) – das erste r im Wort wurde zu l dissimiliert

Dual Zweizahl; grammatikalische Form, die es in manchen Sprachen gibt/gab. In diesen Sprachen kann neben Einzahl und ungenauer Vielzahl auch eine Zweizahl grammatikalisch ausgedrückt werden, welche meist für zusammengehörige Dinge verwendet wurde. Im Dt. wird diese Funktion vom Pronomen/Zahlwort „beide" erfüllt. Man sagt eher „beide Augen" als „die zwei Augen"

Entlehnung Übernahme eines Wortes aus einer anderen Sprache, meist mit lautlicher Anpassung an die Zielsprache

Genitivus partitivus Siehe unter partititv

Gleitlaut (-vokal, -konsonant) Laut, der zur leichteren Aussprache eingeschoben wird und der nicht etymologisch begründet ist, z.B. das -t- in „willentlich"

instrumental Bezogen auf Hilfsmittel/Werkzeuge *mit denen* etwas getan werden kann; instrumental können z.B. Morpheme (Wortteile), grammatikalische Fälle usw. sein. Im Deutschen gibt es keinen eigenen

Instrumental-Fall mehr. Seine Funktion wird durch Präpositionen und andere Fälle erfüllt („durch etwas", „mit etwas")

Intensivum/Intensivbildung Verstärkungsform eines Wortes (z.B. „ziehen" – „zerren")

iterativ Wenn ein Wort etwas sich Wiederholendes ausdrückt (z.B. „klingen" – „klingeln")

kausativ (Verben) Wenn Verben etwas verursachen (z.B. „liegen" – nicht kausativ, „legen" – kausativ)

klitisch An ein anderes Wort „angelehnt", d.h. angefügt; (z.B. „ist's" – hier wird eine klitische Form von „sein" verwendet)

Koartikulation Gemeinsame oder voneinander beeinflusste Aussprache direkt aufeinander folgender Laute; dadurch werden oft Assimilationen verursacht. So wird in „fünf" eigentlich kein -n- ausgesprochen, sondern ein Laut, der zwischen m und f liegt (die obere Zahnreihe berührt die Unterlippe)

Komparativ Steigerungsform: „hoch" – „höher"

Metathese Lautvertauschung: z.B. mhd. „bresten" – nhd. „bersten"

Nasal Laute, die mithilfe der Nase ausgesprochen werden (z.B. m und n)

onomastisch (-e Bildung) Von einem Eigennamen abgeleitet, z.B. Freitag als Ableitung des Namens der germanischen Göttin Freia

orografisch die orografisch linke/rechte Seite eines Fließgewässers befindet sich in Fließrichtung gesehen links/rechts

partitiv Einen Teil ausdrückend; im Dt. kaum vorhanden, teilweise aber durch den Genitiv ausgedrückt: „ein Glas kalten Wassers" (also nicht alles Wasser, das es gibt, sondern nur einen Teil davon)

prosthetisch Hinten an ein Wort angefügt, oft mit der Funktion eines Gleitlautes

Reduplikation Verdoppelung/Wiederholung einzelner Laute oder ganzer Wörter und Wortteile, z.B. zur Verstärkung: „zack-zack!"

Reprehensivadverb/-pronomen Wiederaufgreifendes Umstandswort/Fürwort (siehe weiter unten unter „Grammatikalische Besonderheiten" im Einleitungstext)

Substantivierung Wenn aus einem Wort einer anderen Wortart ein Substantiv gemacht wird: z.B. „reisen" – „der Reisende"

transitiv/intransitiv Im Deutschen, Verben, die den Akkusativ verlangen/nicht verlangen: transitiv: „(jemanden) sehen", intransitiv: „sitzen"

velarisiert Wenn der (Neben-)Bildungsort eines Lautes im Rachen nach hinten verschoben wird, wo sich das Velum (= *Rachensegel* – an diesem hängt das Gaumenzäpfchen) befindet, z.B. wenn aus einem <u>o</u> ein u wird

Zischlaut Zischende Laute wie <u>sch</u> oder <u>s</u>

Aussprache und Betonung

Allgemeines zum Schriftsystem

Als Dialekt der deutschen Sprache unterscheidet sich das Sextnerische in seiner Aussprache von der Standardvariante dieser Sprache (außerhalb der Fachsprache als „Hochdeutsch" bezeichnet).

Das für diesen Dialekt angepasste Schriftsystem nutzt das bestehende des Standarddeutschen so weit wie möglich als Grundlage, damit kein völlig neues System gelernt werden muss. Das standarddeutsche Schriftsystem weist allerdings einige Unregelmäßigkeiten auf: z.B. wird die Vokallänge unregelmäßig angezeigt, wie in (Augen-)Lid bzw. (Weihnachts-)Lied. Das in diesem Buch für den Dialekt verwendete System versucht einerseits, solche Unregelmäßigkeiten zu vermeiden und andererseits die nur im Dialekt verwendeten Laute möglichst einfach darzustellen. Das System zielt dabei auf einen Kompromiss zwischen möglichst genauer Darstellung der Laute sowie einfacher Lesbarkeit ab. Für die alltägliche Verwendung können die Sonderzeichen weggelassen werden.

Zur Aussprache

Buchstaben/Laute: Die meisten Buchstaben im Sextner Dialekt werden gleich oder ähnlich ausgesprochen wie in der Standardsprache. Abweichende oder Besonderheiten aufweisende Einzelbuchstaben und Buchstabenkombinationen werden im Folgenden aufgelistet und beschrieben.

Einzelbuchstaben

ä - Gleich ausgesprochen wie kurzes offenes e im Standarddeutschen (z.B. in <u>wetten</u>). Kann im Gegensatz zur Standardsprache im Sextnerischen auch lang ausgesprochen werden. Im Standarddeutschen wird langes ä heute gleich wie langes e ausgesprochen. Im Sextnerischen wird der Buchstabe ä in diesem Buch verwendet, um im Fall von Längen die ursprüngliche Aussprache wiederzugeben, also ein sehr offenes ä, z.B. im Wort Pär (= Bär).

b - Hier gilt es zunächst anzumerken, dass durch eine so genannte Anlautverhärtung das stimmhafte („weiche") b im Sextnerischen am Wortanfang völlig verloren gegangen ist. Wörter, die im Standarddeutschen mit B-/b- anfangen, sind in diesem Wörterbuch daher mit P-/p- geschrieben und auch unter diesem Buchstaben zu finden, z.B. Poch (≙ Bach). Im Wortinneren gibt es allerdings noch ein stimmhaftes („weiches") b. Hier gibt es nun zwei Aussprachevarianten: Vor Konsonanten ist die Aussprache dieselbe wie im Standarddeutschen, z.B. in Kibl (≙ Kübel) oder hobm (≙ haben). Vor Vokalen allerdings wir der Laut zu einem so genannten Approximanten, d.h. einem Laut, bei dem sich die Artikulationsorgane, in diesem Fall die Lippen, einander nur nähern und sich nicht berühren. Dadurch entsteht hier ein Laut, der ähnlich wie ein b gebildet wird, wobei die Lippen allerdings leicht geöffnet bleiben, sodass der Laut einem w ähnlich wird. Einen ähnlichen Effekt gibt es beim w – siehe weiter unten in dieser Liste.

d - Gleiche Aussprache wie im Standarddeutschen, allerdings gibt es hier wie beim b eine Anlautverhärtung, allerdings eine nicht so häufige. Daher sind einige Wörter, die im Standarddeutschen mit d beginnen, mit t geschrieben und auch dort zu finden, z.B. tonggl (≙ dengeln).

e - Gleich wie im Standarddeutschen – dies bezieht sich auch auf die offene Variante (mit etwas weiter geöffnetem Mund) bei kurzer Aussprache wie in standarddt. retten, sextn. rettn und die geschlossene Variante (mit eher geschlossenem Mund) bei langer Aussprache wie in standarddt. leben, sextn. lebm. Es gibt auch ein langes offenes e, welches hier keinen gesonderten Buchstaben hat, um ein ungewohntes Schriftbild zu vermeiden. In manchen Fällen, wo im Standarddeutschen ä steht, wird dieses aber übernommen und langes, offenes e somit als ä geschrieben (z.B. in Pär (= *Bär*)). Ansonsten kommt langes offenes e nur in wenigen Fällen vor, und zwar meistens vor r, z.B. in (wer, her, er, die alle gleich geschrieben werden wie im Standarddeutschen).

g̊ - Neben dem mit dem standarddeutschen g identischen stimmhaften („weichen") g gibt es im Sextnerischen auch ein stimmloses („hartes") g̊, welches durch einen Überkreis gekennzeichnet ist. Es wird ausgesprochen wie der k-Laut in den meisten romanischen Sprachen, z.B. das c vor dunklen Vokalen im Italienischen, z.B. im Wort casa (= *Haus*). Das k im Standarddeutschen ist dagegen behaucht, d.h. es hat hinten einen hörbaren Teil, der wie ein h oder ch klingt. Das g̊ ist bedeutungsunterscheidend, siehe z.B.: nog̊g̊l (= *wackeln*) vs. noggl (= *nageln*).

i - Bei langer Aussprache gleich wie im Standarddeutschen (helles i), allerdings im Sextnerischen auch in der kurzen Form hell ausgesprochen (im Standarddeutschen ist das kurze i z.B. in Ritter etwas dunkler, also einem e ähnlicher).

o - Gleich wie im Standarddeutschen – dies bezieht sich auch auf die offene Variante (mit etwas weiter geöffnetem Mund) bei kurzer Aussprache wie in standarddt. rotten, sextn. Totte (= *Klumpen*) und die geschlossene Variante (mit eher geschlossenem Mund) bei langer Aussprache wie in standarddt. rot, sextn. Tot (= *Schublade*).

p - Ähnlich wie im Standarddeutschen, allerdings unbehaucht, wie im Italienischen (also ohne den im Standarddeutschen p hinten hörbaren Teil, der wie ein h oder ch klingt)

q - Kommt eigentlich nur in der Verbindung qu vor und wird im Standarddeutschen als kw ausgesprochen, im Sextnerischen dagegen als ku.

r - Es gibt zwei gleichberechtigte Aussprachevarianten, einmal als sogenanntes Zäpfchen-r, wie es von den meisten Sprechern des Standarddeutschen verwendet wird, sowie das sogenannte Zungenspitzen-r („rollendes r"), wie es im Italienischen vorherrscht. Dieselbe Person verwendet normalerweise nur eine der beiden Varianten.

r̊ - Neben dem mit dem standarddeutschen r identischen stimmhaften („weichen") r gibt es im Sextnerischen auch ein stimmloses („hartes") r̊, welches durch einen Überkreis gekennzeichnet ist. Es wird gebildet, indem man ein normales r ausspricht, aber dabei darauf achtet, dass die Stimmbänder nicht mitschwingen. Der Laut kommt nur zwischen einem Vokal und einem t vor, z.B. in Gor̊te (= *Garten*) und wird gesondert gekennzeichnet, da r und t (an der Grenze zwischen zusammengesetzten Wörtern) auch aufeinandertreffen können, ohne dass das r zum r̊ wird, z.B. in wortion (= *wahrnehmen, bemerken*).

s - Stimmlose Variante gleich wie im Standarddeutschen, z.B. in standarddt. Verlass, sextn. Voloss. Eine stimmhafte Variante, wie in standarddt. singen, gibt es im Sextnerischen nicht.

ß - Das Eszett („scharfes S") wird in Wörtern verwendet, in denen auch im Standarddeutschen eines vorkommt, um eine bessere Wiedererkennung der Wörter aufgrund des gewohnten Schriftbildes zu ermöglichen. Lautlich betrachtet unterscheidet es sich aber nicht vom normalen s̲ im Sextnerischen.

t - Ähnlich wie im Standarddeutschen, allerdings unbehaucht, wie im Italienischen (also ohne den im Standarddeutschen t̲ hinten hörbaren Teil, der wie ein h̲ oder c̲h̲ klingt)

v - Im Gegensatz zum Standarddeutschen (wo es auch als w̲ ausgesprochen werden kann) immer Aussprache als f̲. Das Zeichen wurde nur beibehalten, um eine bessere Wiedererkennung der Wörter aufgrund des gewohnten Schriftbildes zu ermöglichen.

w - Aussprache ähnlich wie im Standarddeutschen. Vor Vokalen allerdings wird der Laut zu einem sogenannten Approximanten, d.h. einem Laut, bei dem sich die Artikulationsorgane einander nur nähern und sich nicht berühren. Ein w̲ wird unter Zusammenpressen der Oberlippe und der unteren Zahnreihe erzeugt. Bei der hier beschriebenen Erscheinung, bei der es zu einem Approximanten wird, nähern sich die Ober- und Unterlippe einander an, wobei die Lippen allerdings leicht geöffnet bleiben. Dadurch entsteht derselbe Laut wie bei vor Vokalen liegendem b̲. Die Buchstaben b̲ und w̲ stehen im Sextnerischen also für denselben Laut, wenn sie vor Vokalen stehen. Aus Gründen der einfacheren Lesbarkeit wurde auf ein spezielles Zeichen für diesen Laut verzichtet.

Buchstabenkombinationen: Diphthonge (= Zwielaute) und Langvokale

aa - Langes a̲ (unbetont oder vor Konsonanten(-gruppen), die normalerweise eine Kürze erzeugen würden).

a̲i̲ - Ausgesprochen, wie es geschrieben wird. Es wird für diesen Diphthong nicht e̲i̲ wie im Standarddeutschen verwendet, da diese Buchstabenkombination im Sextnerischen eine andere Funktion hat (siehe weiter unten). Es gibt nur eine steigende Variante (d.h., der zweite Teil des Zwielauts ist bei der Aussprache länger/deutlicher hörbar). Entspricht meistens einem standarddeutschen e̲u̲ oder ä̲u̲, wie in la̲i̲tn (≙ l̲ä̲u̲ten), oder einem standarddt. e̲i̲, z.B. in ra̲i̲tn (≙ r̲e̲i̲ten).

ea - Ausgesprochen, wie es geschrieben wird. Es gibt nur eine fallende Variante (d.h., der erste Teil des Zwielauts ist bei der Aussprache länger/deutlicher hörbar). Entspricht meistens einem standarddeutschen langen ö̲, z.B. in he̲arn (≙ h̲ö̲ren).

ei - Ausgesprochen, wie es geschrieben wird, also ein Zwielaut aus einem e und dann einem i. Hat keine (ursprüngliche) Entsprechung im Standarddeutschen. Es wird ausgesprochen, wie das a im englischen Wort lady (= *Dame, Frau*). Es gibt eine fallende Variante (d.h., der erste Teil des Zwielauts ist bei der Aussprache länger/deutlicher hörbar) und eine steigende (d.h., der zweite Teil des Zwielauts ist bei der Aussprache länger/deutlicher hörbar). Die fallende Variante wird in denselben Lautumgebungen verwendet wie lange Vokale und entspricht meistens einem langen Vokal im Standarddeutschen, z.B. reidn (≙ reden). Die steigende Variante steht in denselben Lautumgebungen wie kurze Vokale und entspricht meistens einem kurzen Vokal im Standarddeutschen, z.B. Kleitzl (≙ Klötzchen).

ee - Langes e (unbetont oder vor Konsonanten(-gruppen), die normalerweise eine Kürze erzeugen würden).

ie - Langes i, gleich wie im Standarddeutschen. Die Buchstabenkombination wurde gewählt, um eine bessere Wiedererkennung der Wörter aufgrund des gewohnten Schriftbildes zu ermöglichen. Unbetont oder vor Konsonanten(-gruppen), die normalerweise eine Kürze erzeugen würden.

io - Wird nicht ganz genauso ausgesprochen, wie es geschrieben wird, sondern gleich wie der Zwielaut ie im standarddt. Wort hier (welcher kein langes i ist). Die Buchstabenkombination wurde gewählt, um eine Verwechslung mit einem langen i (ie) zu vermeiden. Es gibt nur eine fallende Variante (d.h., der erste Teil des Zwielauts ist bei der Aussprache länger/deutlicher hörbar).

oa - Wird ausgesprochen, wie es geschrieben wird. Es gibt nur eine fallende Variante (d.h., der erste Teil des Zwielauts ist bei der Aussprache länger/deutlicher hörbar). Entspricht meistens einem standarddeutschen langen o, z.B. in froa (≙ froh).

oi - Wird ausgesprochen, wie es geschrieben wird. Es gibt nur eine fallende Variante (d.h., der erste Teil des Zwielauts ist bei der Aussprache länger/deutlicher hörbar). Ausgesprochen wie eu im Standarddeutschen. Die davon abweichende Buchstabenkombination wurde gewählt, da oi im Sextnerischen nicht immer einem eu aus dem Standarddeutschen entspricht, z.B. in kroichn (≙ kriechen) oder oidn (= „ab-hin", = *hinunter*).

oo - Langes o (unbetont oder vor Konsonanten(-gruppen), die normalerweise eine Kürze erzeugen würden).

ui - Ausgesprochen, wie es geschrieben wird. Es gibt nur eine fallende Variante (d.h., der erste Teil des Zwielauts ist bei der Aussprache länger/deutlicher hörbar). Entspricht meistens einem standarddeutschen <u>u</u>, sowohl einem langen als auch einem kurzen, z.B. <u>zui</u> (≙ <u>zu</u>) oder <u>Muito</u> (≙ <u>Mutter</u>).

u̯o - Ausgesprochen, wie es geschrieben wird. Es gibt nur eine fallende Variante (d.h., der erste Teil des Zwielauts ist bei der Aussprache länger/deutlicher hörbar). Entspricht meistens einem standarddeutschen langen <u>u</u>, z.B. in <u>Luodo</u> (≙ <u>Luder</u>).

uu - Langes <u>u</u> (unbetont oder vor Konsonanten(-gruppen), die normalerweise eine Kürze erzeugen würden)

Darstellung von Längen und Kürzen

Kurz werden normalerweise Vokale ausgesprochen, die unbetont sind, also an den Stellen im Wort stehen, wo die Stimme etwas leiser ist, z.B. das <u>e</u> in <u>Fune</u> (= *Fahne, Flagge*). In betonter Stellung werden Vokale dagegen nur kurz ausgesprochen, wenn auf sie ein <u>x</u> oder zwei oder mehr Konsonanten folgen. Eine Ausnahme bilden dabei <u>l</u>, <u>m</u> und <u>n</u> und in seltenen Fällen <u>s</u>. Diese verhalten sich teilweise wie Vokale, da sie sich aus den Entsprechungen zu den standarddeutschen Wortendungen -el(n), -en und -es zurückgebildet haben und werden bei der Bestimmung der vorausgehenden Vokallänge selbst wie Vokale behandelt. Daher sind die betonten Vokale in folgenden Beispielen lang, obwohl ihnen mehrere Konsonanten folgen: <u>Ridl</u> (≙ <u>Riegel</u>), <u>radl</u> (≙ <u>radeln</u>), <u>lebm</u> (≙ <u>leben</u>), <u>knetn</u> (≙ <u>kneten</u>), <u>ans</u> (≙ <u>eines</u>).

In Ausnahmefällen, in denen ein Vokal betont ist, ihm aber kein <u>x</u> bzw. keine Doppel- oder Mehrfachkonsonanten folgen, er aber trotzdem kurz auszusprechen ist, wird dies durch einen Gravis-Akzent angezeigt, z.B. in <u>pò</u> (= *bald*).

Lang werden im Normalfall alle Vokale ausgesprochen, die betont sind, also an der Stelle im Wort, wo (vereinfacht ausgedrückt) die Stimme am lautesten wird, z.B. das <u>i</u> in <u>Schlite</u> (= *Schlitten*). In zusammengesetzten Wörtern behalten diese Buchstaben ihre Länge bei, auch wenn ihre Betonung abgeschwächt wird, oder ganz verloren geht, z.B. dasselbe <u>i</u> in <u>Rousseschlite</u> (= „*Rossschlitten*", also *Pferdeschlitten*): Hier wandert die Betonung auf die erste Silbe des Wortes, das <u>i</u> bleibt aber lang.

In Ausnahmefällen, in denen einem Vokal ein x oder zwei oder mehr Konsonanten folgen, er aber trotzdem lang auszusprechen ist, wird die Länge durch Verdoppelung des Vokals (z.B. <u>Aacha</u> (= *Eichhörnchen*)) bzw. im Fall des <u>i</u> durch <u>ie</u> angezeigt (z.B. <u>Prietsche</u> (= *Pritsche*)).

2 | Das Sextnerische – ein besonderer Dialekt im Grenzland

Einleitung

Seit der Schulzeit träumte ich davon, den eigentümlichen Dialekt unseres Dorfes am Fuße der Drei Zinnen in der einen oder anderen Form wissenschaftlich zu bearbeiten. Ein Grund dafür sind die lautlichen, grammatikalischen und den Wortschatz betreffenden Besonderheiten dieses Dialekts – man könnte sagen, seine Urigkeit. Auf diese Besonderheiten möchte ich etwas später zu sprechen kommen. Zunächst möchte ich nämlich einer anderen Frage nachgehen: Was ist überhaupt ein Dialekt? Der russische Sprachwissenschaftler Max Weinreich schrieb 1945 (in jiddischer Sprache) Folgendes: *„A shprakh iz a dialekt mit an armey un flot"* – „Eine Sprache ist ein Dialekt mit einer Armee und einer Marine." Der Unterschied zwischen Sprache und Dialekt ist also prinzipiell keiner, der mit der Aussprache, Verschriftlichung, den Wortbedeutungen oder der Grammatik zu tun hat. Der Unterschied besteht vielmehr in der Zahl derer, die zu den Sprechern/-innen zählen, also auch in einem Machtverhältnis. Je größer diese Zahl, desto eher spricht man von einer Sprache, je kleiner, desto eher von einem Dialekt. Aus diesem Größenunterschied ergeben sich auch Unterschiede in den Eigenschaften, z.B. sind „Sprachen" stärker vereinheitlicht und standardisiert, die Grenze zwischen Sprache und Dialekt ist aber fließend und eher eine historisch-politische als eine (sprach-)wissenschaftlich begründbare. Auch ist die Zusammenfassung von Menschen unter einer Sprache oder einem Dialekt immer nur eine Vereinfachung: Es gibt nicht DAS Deutsche oder DAS Sextnerische. Jeder Mensch spricht anders und Sprachen und Dialekte werden oft nach tatsächlicher, oft nur nach empfundener Ähnlichkeit zusammengefasst oder getrennt.

Zu den Eigenschaften, die sich nun aus der Größe der Gemeinschaft ergeben, zählt eine, die neben der genannten „Urigkeit" den zweiten wichtigen Grund für mein Interesse an diesem Buchprojekt darstellt: Ein Dialekt ist immer eine Verständigungsform der Nähe. Ähnlich wie die Menschen in kleinen Gemeinden auf dem Land einander grundsätzlich näher stehen als die Menschen in der

Stadt, so ist auch die Nähe und Emotionalität, die ein Dialekt in der kleinen Gemeinschaft seiner Sprecher/-innen ausdrücken kann, grundsätzlich größer. Im Dialekt spricht man also mit den Menschen, die einem nahe stehen – er ist das Kommunikationsmittel der Familie und der Heimat. Dadurch stehe auch ich ihm nahe und fühle mich ihm verbunden, was neben den sprachlichen Eigenschaften eben der zweite Hauptgrund für mich ist, darüber zu schreiben.

An dieser Stelle und vor der genaueren Betrachtung des Dialekts selbst möchte ich nun aber Eines ausdrücklich festgehalten wissen: Die Heimatbezogenheit des Dialekts ist kein Grund zum Stolz – einer grundsätzlich problematischen Empfindung, die meistens nur spaltet. In eine Sprache oder einen Dialekt wird man, wie in sein Heimatland, hineingeboren und hat keinerlei Kontrolle darüber. Auf solche Dinge stolz zu sein ist ähnlich sinnvoll, wie stolz zu sein, weil jemand mit demselben Vornamen einen Nobelpreis gewonnen hat. Dialekte und Sprachen werden, wie gesagt, hauptsächlich politisch eingeteilt. Das vorliegende Buch hat mit Politik aber nichts zu tun und ist auch nicht als Werkzeug politischer Überzeugungen zu verwenden. Das Sextnerische ist zwar eine Bezeichnung, die sich aus einer historisch-politischen Einteilung ergibt – nämlich aus der Zuordnung einer Sprechweise zu einem geographischen Ort – hier werden aber nur die sprachlichen Eigenschaften dieses Gebildes untersucht. Das Sextnerische ist zwar etwas Besonderes, aber weder gut noch schlecht.

Geschichtliches und Geographisches

Die Geschichte des Bergdorfs Sexten, welches genau zwischen den geologisch jungen, schroff-felsigen Dolomiten im Süden und dem bedeutend älteren Karnischen Kamm mit seinen sanften, abgewitterten Formen im Norden an einem reizvollen Flecken Erde liegt, ist bereits anderswo nachzulesen und nicht Gegenstand dieses Texts. Was aber den Dialekt anbelangt, so sollen doch ein paar geschichtliche Eckdaten genannt werden, um ihn zeitlich und verwandtschaftlich besser einordnen zu können. Grundsätzlich zählt das Sextnerische zu den hochdeutschen Dialekten – „hochdeutsch" hat hier nicht die allgemeinsprachliche Bedeutung von „standarddeutsch", sondern ist fachsprachlich zu verstehen. „Hochdeutsch" sind in der Sprachwissenschaft nämlich alle Varietäten des Deutschen, die die zweite Lautverschiebung – eine lautliche Veränderung vieler deutscher Dialekte zwischen dem 7. und 9. Jh. unserer Zeit – im Wesentlichen mitgemacht haben. Diese Dialekte sind südlich der so genannten Benrather Linie zu finden, welche in südwestlicher Richtung ca. von Berlin bis Köln verläuft. In den niederdeutschen Dialekten, die nördlich dieser Linie zu finden sind, entspricht z.B. dem hochdeutschen ich die Form ick, das entspricht dort dat und <u>Dorf</u> entspricht <u>Dorp</u>. Innerhalb der hochdeutschen Dialekte werden dann weiter die mitteldeutschen und oberdeutschen Dialekte unterschieden – letztere befinden sich ungefähr südlich einer Linie von Jena im Osten und Heidelberg im Westen, einschließlich des gesamten Sprachgebiets Österreichs, Südtirols und der deutschsprachigen Schweiz sowie des Elsass in Frankreich. Innerhalb der oberdeutschen Dialekte, die meist in acht Mundartgebiete eingeteilt werden, gehört das Sextnerische zu den südbairischen Dialekten. Diese umfassen im Wesentlichen einen kleinen Bereich im Süden Bayerns (südwestlich von München), das gesamte Nord-, Ost- und Südtirol sowie Kärnten und Teile des Bundeslandes Salzburg und der Steiermark. Dies wäre also die Einordnung des Sextner Dialekts in das deutsche Dialektgebiet, welches ein Kontinuum bildet – die einzelnen Dialekte gehen fließend ineinander über. Dies entspricht dem weiter oben Gesagten, dass Dialekt- und Sprachgrenzen immer einer gewissen Willkürlichkeit unterliegen: Aufgrund der sich ständig verändernden Redeweise und Wanderbewegungen der Menschen bleiben solche Grenzen unscharf und beweglich.

Neben der Einordnung in den deutschen Sprachraum ist für die genauere Bestimmung des Dialekts auch eine nähere Betrachtung von Einflüssen benachbarter Gebiete wichtig, die politisch abgegrenzt sind oder sprachlich einer anderen Gruppe angehören. Denn, wie im Titel dieses Texts bereits angedeutet, befindet sich Sexten sprachlich betrachtet in einem interessanten Gebiet im Grenzland, und zwar in doppelter Hinsicht. Einerseits ist da nämlich der Einfluss eines angrenzenden Gebiets zu nennen, das zwar demselben Dialektgebiet angehört – dem deutschen nämlich, aber durch die geografische Entfernung und natürliche Grenzen sowie sich ändernde politische Grenzen doch einen gewissen (in der Sprechweise auch hörbaren) Abstand zu den Südtiroler Dialekten hat: Es geht um Osttirol. Die historische (aber noch nicht so bedeutsame) Abgrenzung Osttirols von Südtirol bestand in der natürlichen Grenze der Wasserscheide in Toblach im Oberpustertal. Von dort fließt nach Westen die Rienz und nach Osten die Drau. Entsprechend unterstanden auch die damaligen Oberpustertaler Gemeinden Wahlen (bei Toblach), Innichen, Innichberg, Vierschach, Winnebach sowie auch Sexten dem Bezirksgericht von Sillian in Osttirol. Erst nach dem Ende des Ersten Weltkriegs musste das besiegte Österreich das Gebiet des heutigen Südtirols im Rahmen der Kriegsreparationen an Italien abtreten. Die politische Grenze wurde dabei von der natürlichen Grenze der Toblacher Wasserscheide abweichend ca. zwölf Kilometer weiter im Osten gezogen. Die Dialekte in den genannten, nach dem Ersten Weltkrieg von Österreich getrennten Gemeinden, haben nun durch dieses Nahverhältnis einige Gemeinsamkeiten mit den Osttiroler Dialekten, welche selbst Ähnlichkeiten mit denen in Kärnten aufweisen. Auch diese Einflüsse sind im Sextner Dialekt deutlich zu spüren. Auf die genauen Eigenschaften wird im nächsten Abschnitt eingegangen.

Was im Zusammenhang mit den Osttiroler Dialekten als Einflussfaktor auch noch interessant ist, ist, dass die wirtschaftlichen und sozialen Kontakte zwischen Sexten und besonders dem Ort Sillian in Osttirol nach der politischen Trennung nicht abrissen. Viehmärkte in Osttirol und sogar im wesentlich weiter entfernten Kärnten waren trotz der erschwerenden neu hinzugekommenen Zölle immer noch interessant für die Bauern in Sexten. Das Vieh wurde dann von Vierschach, bereits auf der italienischen Seite der Grenze, über einen Waldweg nach Sexten getrieben. Neben diesen legalen Handelskontakten gab es aber auch weniger „offizielle": Es wurde weiter im Osten, im Bereich wo heute die Sillianer Hütte steht, auch reger Schmuggel über die Grenze betrieben. Begehrt waren v.a. Zucker, Tabak und kleinere technische Geräte wie z.B. Dengelapparate zum Schärfen der Sensen.

Mit diesen wirtschaftlichen Verbindungen (legaler und weniger legaler Natur) gingen natürlich auch soziale einher. So kamen durch den Gang „ibbos Jouch", also *über das (Gebirgs-)Joch* auch einige Heiraten zustande, hauptsächlich von Sextner Männern mit Osttiroler Frauen. Der aktive Kontakt zwischen den beiden Gebieten bestand also auch nach der Grenzziehung im Jahr 1919 weiter. Ebenso gibt es heute noch einen Austausch – was in einem vereinten Europa selbstverständlich sein sollte, es aber durch einen erneut aufkeimenden Nationalismus und „Nationalstolz" leider immer weniger zu sein scheint. Jedenfalls ist die Distanz durch das im 20. Jh. zunehmende Aufkommen an Privatautos kürzer geworden – von Sexten ist man heute in weniger als 15 Minuten in Osttirol und die Einführung der Zollunion sowie Öffnung der Grenzen durch das Schengen-Abkommen haben diese natürlich wesentlich weniger relevant gemacht. So fahren heute viele aus Sexten regelmäßig nach Osttirol, um aufgrund der dort wesentlich günstigeren österreichischen Treibstoffpreise zu tanken oder auch zum Einkaufen, sei es von Lebensmitteln und Haushaltsartikeln im nahe gelegenen Sillian, oder für größere Einkäufe oder zum Kinobesuch in die etwas weiter entfernte Stadt Lienz. Auch fahren Jugendliche öfter zum nächtlichen Ausgehen in die nahegelegenen Osttiroler Gemeinden.

Hier gilt es nun noch den zweiten wesentlichen Einfluss auf den Sextner Dialekt zu nennen: den durch romanische Sprachen und Dialekte. Dieser Einfluss ist ein mehrschichtiger. Zunächst tritt er in Form des jahrhundertelangen Kontakts zwischen der deutschsprachigen Bevölkerung Südtirols mit der italienischsprachigen Bevölkerung des Trentino in Erscheinung – das Trentino wurde ehemals inoffiziell u.a. als Welschtirol bezeichnet und war bis 1803 indirekt Teil der Grafschaft Tirol und von 1815-1919 offizieller Teil von Österreich. Es handelt sich also nicht (nur) um einen Kontakt wie er an Grenzen zwischen verschiedenen Ländern allein durch die geographische Nähe schon natürlich auftritt, sondern einen intensiveren, da die beiden Gebiete lange Zeit mehr oder weniger direkt unter derselben Herrschaft standen. Der sprachliche Einfluss des Trentino auf Sexten dürfte allerdings eher indirekter Art sein, da der Ort nicht sehr nahe an der Grenze zu dieser Provinz liegt. Es handelt sich hier also um einen allgemeinen Einfluss der italienischen Sprache auf die Südtiroler Dialekte, welche sich natürlich untereinander austauschen.

Einen solchen allgemeinen Einfluss gibt es auch in einer zweiten Form: Nachdem Südtirol 1919 – inklusive der geographisch und politisch eigentlich zum Osten Tirols gehörigen Gemeinden im obersten Pustertal, darunter Sexten – an Italien fiel, erlangte 1922 die faschistische Partei unter Benito Mussolini in Italien die Macht. Diese Zentralmacht versuchte bald, die durch das Kriegsende dazugewonnenen Gebiete sprachlich und kulturell an Italien anzugleichen, u.a. durch das Verbot der deutschen Sprache in verschiedensten Lebensbereichen, besonders aber im Schulsystem, sowie durch die bis heute bestehende Änderung der deutschen Ortsnamen in (großteils erfundene) italienische, die bis heute offiziellen Status haben. Als die rein sprachlichen Maßnahmen nicht den gewünschten Erfolg zeigten, wurde durch zusätzliche Ansiedlung italienischsprachiger Zuwanderer (u.a. durch Steuerbegünstigungen und die Schaffung von Arbeitsplätzen) versucht, die Assimilierung voranzutreiben. Ein höherer italienischsprachiger als deutschsprachiger Bevölkerungsanteil blieb aber auf die Orte Bozen und Leifers beschränkt. Eine genaue Schilderung der Italianisierungsbestrebungen bzw. geschichtliche Aufarbeitung würde den Rahmen dieses Buches sprengen, doch ist es für das Verständnis der sprachlichen Beschaffenheit des Sextner Dialekts wichtig zu wissen, dass es diese Zeit gegeben hat.

In Sexten tritt nun aber der wie gesagt mehrschichtige Einfluss romanischen Sprachguts noch in einer weiteren Form besonders in Erscheinung. Sexten liegt nämlich nicht nur bezüglich Österreichs im Grenzland, sondern auch bezüglich der italienischen Provinz Belluno im Südosten, die zur Region Venetien gehört. Es besteht also eine grundsätzliche geografische Nähe zu einem romanischsprachigen Gebiet (mit den dort verwendeten ladinischen, also rätoromanischen Dialekten und der italienischen Standardsprache) und eine solche Nähe hinterlässt im Normalfall immer Spuren in den jeweils in Kontakt stehenden Sprachen. Nun ist es aber so, dass mit dem Entstehen einer Grenze zum heutigen Osttirol und damit Österreich auch eine alte Grenze, nämlich die zu Italien, wegfiel. Dadurch eröffnete sich für Sexten eine mittlerweile seit fast hundert Jahren bestehende Möglichkeit zum leichteren Austausch mit einem ganz anderen Nachbargebiet. Die Landschaft, mit der der intensivste Kontakt besteht, heißt im Italienischen Comelico und wird im Sextnerischen „G̊omẹlgn" genannt, wobei damit die gesamte historische Landschaft Cadore gemeint ist, von der das Comelico eigentlich nur einen Teil bildet. Der Kontakt besteht heute im Wesentlichen in Form der jährlichen Märkte, z.B. in der Gemeinde Santo Stefano di Cadore, die von den Einwohnern Sextens gerne besucht werden. Früher stellten diese Märkte u.a. eine Gelegenheit dar, an moderne Waren oder Luxusgüter zu gelangen, die im noch stark ländlichen Sexten nur schwer bzw. durch den bereits erwähnten Schmuggel aus Österreich verfügbar waren. Interessant ist in diesem Zusammenhang übrigens, dass der Wegfall der Grenze zu Italien auch einen verstärkten Kontakt zur deutschen Sprachinsel Sappada ermöglichte – im dortigen Dialekt und im Sextnerischen wird Sappada „Plodn" genannt und es liegt gleich angrenzend an das Comelico in der italienischen Provinz Friaul-Julisch Venetien. Plodn wurde im beginnenden Hochmittelalter vom heutigen Osttirol aus besiedelt, wodurch auch dieses auf Umwegen ein weiteres Mal Einfluss auf den Sextner Dialekt ausüben kann. Einen Anziehungspunkt stellt z.B. das jährlich im August stattfindende „Plodar Fest", ein Folklore- und Bierfestival, das von den Sextnern/-innen gerne besucht wird.

Lautliche Besonderheiten

Als Dialekt der deutschen Sprache unterscheidet sich das Sextnerische in einigen Eigenschaften von der Standardvariante dieser Sprache (außerhalb der Fachsprache als „Hochdeutsch" bezeichnet). Dies ist unter anderem durch seine Stellung innerhalb des deutschen Dialektkontinuums bedingt: Wie eingangs gesagt, ist es Teil der hochdeutschen Dialekte, innerhalb dieser der oberdeutschen und innerhalb dieser wiederum Teil des Südbairischen. Innerhalb der südbairischen Dialekte zählen nun die Südtiroler Dialekte (mit den noch weiter südlichen in ein paar deutschen Sprachinseln) zu den südlichsten des deutschen Sprachraums. Wie ebenfalls erwähnt, ist die zweite oder hochdeutsche Lautverschiebung mit sich von Süden nach Norden abschwächender Wirkung eingetreten. Im Wesentlichen gilt also, je südlicher der Dialekt, desto vollständiger hat er diese Lautverschiebung vollzogen. Für das Sextnerische (neben anderen Südtiroler Dialekten) gibt es dabei aber Einschränkungen. So ist der Wandel von k zu kch(r), wie er in Nordtirol zu beobachten ist, in Südtirol nur ganz im Westen, also in der Nähe zum Schweizer – sprich alemannischen – Sprachgebiet zu beobachten, in Sexten also gar nicht. Eine Rolle mag dabei die Nähe zu romanischen Sprachgebieten gespielt haben: In den romanischen Sprachen (z.B. Italienisch und Ladinisch) wird das k gar nicht behaucht, geschweige denn, dass es nach hinten zu einem Reibelaut (ch) auslaufen würde. Das k stoppt also abrupt und hat nicht ein leicht hörbares ch am Ende, wie im Standarddeutschen. Im Sextnerischen gibt es beide Varianten: ein normales („deutsches") k mit Behauchung und eines ohne (ausgesprochen wie ein c vor dunklen Vokalen – a und o – im Italienischen). Letzteres ist im Sextnerischen meist aus einem früheren g entstanden, und zwar durch Verlust der Stimm-haftigkeit – d.h., bei einem standarddeutschen g schwingen die Stimmbänder mit, bei einem Sextner g̊ schwingen sie nicht. Dieser Stimmhaftigkeitsverlust passt wiederum sehr gut zur Süd-Nord-Abschwächung der zweiten Lautver-schiebung und ist ein Merkmal, das hauptsächlich weit im Süden gefunden werden kann. Der Wandel ist nicht auf Sexten beschränkt, zeichnet es aber als sehr südliche Varietät des Deutschen aus.

Ganz ähnlich verhält es sich mit dem Stimmhaftigkeitsverlust von b̲ im An-laut, also am Wortanfang: standarddeutsch b̲rechen entspricht p̲rechn. Diese Eigenschaft teilt das Sextnerische mit anderen südbairischen Dialekten. Hier wird es v.a. erwähnt, da in diesem Wörterbuch die Verschriftlichung – soweit möglich und sinnvoll – der Regel „schreibe, wie du hörst" zu folgen versucht. Daher sind Wörter, die im Standarddeutschen mit einem b̲ beginnen (würden) in den allermeisten Fällen unter p̲ zu finden.

Diesen Stimmhaftigkeitsverlust gibt es auch beim d̲, allerdings in weniger vollständiger Form als beim b̲. Das „weiche D" wird im Anlaut meistens zu „hartem" (also stimmlosem), außer vor r̲ und selten vor langen Vokalen oder in Wortteilen, die von Wörtern mit langem Vokal an dieser Stelle abgeleitet sind. So wird D̲epp zu T̲epp, bei d̲rüber und d̲a bleibt das d̲ aber stimmhaft und sie ergeben d̲ribo und d̲o.

Eine weitere Auffälligkeit, die in Südtirol nur im obersten Pustertal zu fin-den ist, ist der Stimmhaftigkeitsverlust des r̲ vor t̲. Dieses stimmlose r̲ wird als r̥ geschrieben. Es ist ein r̲ – normalerweise wie auch im Standarddeutschen üb-lich, mit dem Gaumenzäpfchen gebildet – bei welchem aber im Gegensatz zum Standarddeutschen die Stimmbänder nicht mitschwingen. Der Laut kann ge-lernt werden, indem man z.B. einige Sekunden lang ein c̲h̲ ausspricht und dann zu einem r̲ wechselt. Dabei legt man vier Finger einer Hand an die Vorderseite des Halses, sodass man mit dem obersten Finger (dem Zeigefinger) deutlich den Kehlkopf spürt. Man merkt deutliche Vibrationen, wenn man die Stimmbänder bei der Aussprache des r nicht weglässt. Sobald man keine Vibrationen mehr verspürt (so, wie während der Aussprache des c̲h̲), hat man es richtig gemacht. Das r̥ kommt nur zwischen einem Vokal und einem t̲ vor und auch nur, wenn r und t zum selben Morphem, d.h., zum selben bedeutungstragenden Wortteil, gehören, also z.B. in G̲o̲r̥̲t̲e (= *Garten*). Das r̲ und das t̲ gehören hier beide zum Morphem G̲o̲r̲t̲-, welches hier auch den Wortstamm bildet, die Endung -e ge-hört aber nicht dazu. In w̲o̲r̲t̲i̲o̲n̲ (= *bemerken*, wörtl. „wahr-tun") bleibt das r̲ stimmhaft, da das t̲ zum zweiten Wortteil gehört. Dadurch kennzeichnet das r̥ Stellen, die keine Morphemgrenzen, also keine Grenzen zwischen bedeutungs-tragenden Wortteilen, sind. Aus diesem Grund und da es ein typisches und auffälliges Merkmal des Sextner Dialekts ist, wird es in diesem Buch gesondert gekennzeichnet.

Dieser Stimmhaftigkeitsverlust passt nun, wie der weiter oben für das b̲ beschriebene, wieder sehr gut zur Süd-Nord-Abschwächung der zweiten Lautverschiebung und ist damit ein Merkmal, das vorwiegend weit im Süden gefunden werden kann (auch wenn es ein ähnliches Phänomen im Rheinland gibt, wo r̲ zwischen Vokal und t̲ zu ch̲ geworden ist, sodass „Sport" wie S̲p̲o̲c̲h̲t̲ klingt). Der r̥ Wandel ist nicht auf Sexten beschränkt (sondern auch in der näheren Umgebung zu finden), zeichnet es aber als sehr südliche Varietät des Deutschen aus.

Ein weiteres Merkmal, das in diese Richtung geht, hat mit der Aussprache des b̲ zu tun. Denn, wie wir bereits weiter oben gesehen haben, ist ein weiteres Kennzeichen der hochdeutschen Lautverschiebung die Bildung von Reibelauten aus Verschlusslauten. Verschlusslaute geben den Luftstrom beim Sprechen plötzlich frei, wie z.B. ein k̲ im norddeutschen i̲c̲k̲ (für „ich"). Reibelaute sind Konsonanten, die in Form eines dauerhaften Luftstroms an einer Engstelle im menschlichen Artikulationsapparat „Reibung" erzeugen, so wie das ch̲ in „ich", welches die hochdeutsche Lautverschiebung (im Gegensatz zu i̲c̲k̲) mitgemacht hat. Dasselbe ist nun in den Dialekten des obersten Pustertals mit dem b̲ passiert: Dieses kann zwischen Vokalen als Aussprachevariante zu einem β werden (Achtung: β ist kein deutsches Eszett/scharfes S, sondern ein kleines Beta aus dem Griechischen Alphabet, welches ähnlich aussieht). Dabei werden die Lippen bei der Aussprache des b̲ nicht fest zusammengepresst, sondern leicht offen gelassen, sodass auch dauerhaft Luft strömen kann. Da es nur eine Aussprachevariante ist – und im Sinne einer besseren Lesbarkeit – wurde auf eine gesonderte Kennzeichnung dieses Lauts verzichtet.

Bisher haben wir v.a. die konsonantischen Besonderheiten des Sextner Dialekts kennengelernt, doch auch im Bereich der Vokale, besonders der Diphthonge (= Zwielaute) gibt es Auffälligkeiten im Vergleich zum Rest des Südtiroler Dialektgebiets sowie des deutschen Sprachraums. Ganz allgemein haben sich im Sextnerischen im Vergleich zum Standarddeutschen viele Monophthonge (= Einzelvokale) zu Diphthongen entwickelt, was auch für die größten klanglichen Unterschiede zur Standardsprache verantwortlich ist. Die meisten der Vokale bzw. Diphthonge sind ähnlich oder dieselben wie im Rest Südtirols – ihre Besonderheiten im Vergleich zum Standarddeutschen werden weiter vorne im Buch unter „Aussprache und Betonung" besprochen. Es gibt nun aber v.a. zwei Laute, die beim Sextnerischen auffallen. Das eine ist das lange a̲, welches sich aus dem Mittelhochdeutschen „ei" (ausgesprochen als e̲-i̲, also wie das a̲ im englischen Wort „lady", nicht als a̲-i̲ wie im modernen Deutsch, z.B. in „schreiben") entwickelt hat, welchem heute in der Standardsprache meist „ei", heute als a̲i̲ ausgesprochen, entspricht. So entspricht standarddt. „die Leiter" z.B. sextnerisch d̲i̲ L̲a̲t̲o̲. Dieser Wechsel von e̲i̲ zu langem a̲ kommt in meist südlichen Gebieten im deutschen Sprachraum vor. Dazu zählen unter anderem Paznaun und das Stanzertal am Arlberg in Nordtirol sowie das

Reggelberggebiet südöstlich von Bozen, das obere Pustertal ab Olang sowie das Pustertal auf Osttiroler Seite und Teile Kärntens, etwas weiter nördlich findet man es noch isoliert um Nürnberg und Wien und in Teilen Niederösterreichs.

Eine weitere Auffälligkeit, die etwas kleinräumiger und auf den Südosten des deutschen Sprachraums beschränkt ist, ist der Diphthong oi. Dieser ist aus dem mittelhochdeutschen iu entstanden, welches bereits seit althochdeutscher Zeit mit ie in Konkurrenz stand. Beide sind aus germanischem eu entstanden. Im Neuhochdeutschen setzte sich ie durch, großteils als langes i (z.B. in Liebe) und nur in wenigen Fällen noch als Diphthong ausgesprochen (z.B. in vier). Der Wechsel im Sextnerischen ist auch nicht vollständig, sondern nur in einem Teil der Wörter mit früherem iu vollzogen worden, wodurch diese umso auffälliger sind. So entspricht standarddt. kriechen z.B. kroichn oder fliegen floign. Dieser Wechsel ist in Südtirol nur im obersten Pustertal zu finden, ansonsten in Osttirol und, mit leicht abweichender Aussprache, in Teilen Kärntens sowie dem Zillertal in Nordtirol. Durch diesen kleinen geografischen Raum innerhalb Südtirols, in dem diese lautliche Besonderheit besteht, hat so mancher aus dem obersten Pustertal schon den Spott anderer Südtiroler auf sich gezogen, als er etwas weiter im Westen, z.B. beim Wehrdienst oder in einer höheren Schule, weg von zuhause, von zoichn (= ziehen) und schoißn (= schießen) sprach.

Grammatikalische Besonderheiten

Auch für die Grammatik des Sextnerischen gilt, dass sie natürlich nicht isoliert dasteht, sondern Gemeinsamkeiten mit nahen anderen Dialekten aufweist – ein Dialekt ist, wie gesagt, immer Teil eines Sprachraums oder Kontinuums und die Grenzen zu anderen Dialekten und Sprachen sind fließend. So teilt das Sextnerische einige Gemeinsamkeiten mit anderen (Süd-)Tiroler Mundarten, die allerdings teilweise noch stärker sichtbar sind, als in den anderen Dialekten: Durch die periphere Lage am Rand des Dialektgebiets und sogar Sprachraums ergibt sich eine konservierende Wirkung, die alte Sprachmuster länger erhalten kann als in Kerngebieten. Am Rand eines Sprachraums gibt es nämlich zwei Faktoren, die eine geringere sprachliche Durchmischung zur Folge haben: Einerseits ist dort die Größe der Ortschaften geringer, die Besiedlungsdichte also niedriger, andererseits ist die Durchmischung mit anderen Sprachen außerhalb des Sprachraums aufgrund der natürlichen Sprachbarriere allgemein geringer. Zu solchen alten Eigenschaften, die der Sextner Dialekt aufweist (die aber auch in benachbarten und in unterschiedlichem Ausmaß in anderen Tiroler Dialekten zur finden sind) zählen die Folgenden:

Der Sextner Dialekt kennt, wie die meisten anderen oberdeutschen Dialekte, ursprünglich keine Präteritum-Form, Vergangenheitsformen werden also nur auf Grundlage des analytischen (also mehrteiligen) Perfekt gebildet, nach dem Muster „ich habe geholt" („i onn g̊hoult") statt „ich holte". Es gibt zwar für das Hilfsverb „sein" Präteritumformen, diese sind aber relativ jung und (noch) nicht typisch für das Sextnerische, z.B. „i wor" („ich war") statt „i bin giwessn" („ich bin gewesen"). Interessanterweise kann mit diesem analytischen Modell auch ein Plusquamperfekt (= Vorvergangenheit) gebildet werden: „i on g̊hoult g̊hott" (ich hatte geholt, wörtl. „ich habe geholt gehabt").

Weiter nutzt das Sextnerische, ebenfalls wie viele andere oberdeutsche Dialekte, im Wesentlichen keine Futurformen (Zukunft), sondern verwendet, wie es auch in der Standardsprache schon eine Tendenz dazu gibt, das Präsens (Gegenwart) um Zukünftigkeit auszudrücken. Rein morphologisch, also auf die Wortformen bezogen, gibt es aber Futurformen, nur werden diese selten und hauptsächlich modal verwendet, um hypothetische oder (un-)mögliche Sachverhalte auszudrücken: „Der wart ham gong sann" (Er wird wohl heim gegangen sein) oder „I warr itz eitt unfong zi schpinn" (Ich fange doch jetzt nicht mit diesem Unsinn an).

Eine weitere Auffälligkeit, die das Sextnerische innerhalb des Oberdeutschen mit den meisten anderen bairischen Dialekten gemeinsam hat, ist eine besondere Klasse von Verben mit dem Präfix (Vorsilbe) „(d)er-" (im Sextnerischen do-). Diese Verben drücken meistens aus, dass eine Handlung erfolgreich ist: „Doschnaufschis?" („Kannst du atmen (wörtl. „schnaufen")?") Diese Vorsilbe ist sehr produktiv, d.h., sie kann eigentlich an alle Verben angefügt werden um das Glücken einer Handlung auszudrücken. Damit hat dieses Phänomen große Ähnlichkeit mit einer grammatikalischen Kategorie, die es in den meisten slawischen Sprachen gibt, nämlich dem Aspekt. Ein Aspekt ist eine spezielle (meist regelmäßig gebildete) Verbform, die ausdrückt, ob eine Handlung abgeschlossen ist oder noch andauert. In den slawischen Sprachen wird das Abgeschlossen-Sein einer Handlung durch eine Vorsilbe ausgedrückt, also genauso wie das Glücken einer Handlung im Bairischen (wozu auch das Sextnerische zählt). Die deutsche Sprachwissenschaft lehnt eine Zuordnung der bairischen der-Verben zu einem Aspektsystem aber ab, da die Bedeutung der Verben zu spezifisch geändert wird: Es wird eine Fähigkeit bzw. ein Gelingen ausgedrückt, welches in Bezug auf die Bedeutung um einiges spezieller ist als „abgeschlossen"/„nicht abgeschlossen" in den Aspektsystemen der slawischen Sprachen. Außerdem wird die Veränderung der sogenannten Argumentstruktur – also wie und mit wie vielen anderen Wörtern im Satz das Verb zusammenspielt – als problematisch betrachtet: Die der-Verben verlangen nämlich immer ein direktes Objekt: „I doschlofs eitt" = wörtl. „Ich der-schlafe **es** nicht" („Ich kann nicht schlafen"). Das Objekt kann dabei eine konkrete Sache oder aber die Situation meinen: „I dotrog dein schware Schtan eitt" = „Ich kann diesen schweren Stein nicht tragen", aber auch „I doschteas nimma" = „Ich kann nicht mehr stehen". Dadurch werden auch intransitive Verben zu transitiven, was eine weitere grammatikalische Veränderung darstellt. Ein letztes Argument, das gegen die Betrachtung der der-Verben als Aspektformen spricht, ist, dass die Gruppe der Verben nicht ganz einheitlich ist: Es gibt einige Verben, bei denen die Vorsilbe lexikalisiert, also zum festen Bestandteil des Wortes geworden ist. Diese Verben entsprechen im Wesentlichen denen, die in der Standardsprache die Vorsilbe er- haben: doschlogn = erschlagen, dotrinkn = ertrinken, doraichn = erreichen usw. Diese stehen neben den produktiv gebildeten Formen: dotrinkn kann sowohl *ertrinken* als auch *imstande sein zu trinken* bedeuten (wenn das oben genannte direkte Objekt dabei ist: „I dotrinks eitt" = „Ich kann nicht trinken"). Wegen der grammatikalischen Komplexität, der speziellen Verwendung, sowie der nicht ganz scharfen Abgrenzung gegenüber anderen Verben gleicher Form werden die der-Verben des Bairischen nicht als Aspektformen betrachtet. Letztendlich hängt diese Entscheidung aber von der Definition von „Aspekt" ab, die man verwendet. Denn, dass Aspekte grammatikalisch einfach sein müssen und dass sie von ähnlichen Phänomenen scharf abgegrenzt sein müssen, sind eigentlich schwache Argumente, da sie sehr willkürlich sind. Einzig, dass das Phänomen der der-Verben recht speziell verwendet wird bzw. die Bedeutung der Verben einigermaßen verändert, spricht stark gegen die Betrachtung als Aspekt. Sehr stark für die Betrachtung spricht die Produktivität/Möglichkeit zur regelmäßigen Bildung der der-Formen. Es bleibt also bis zu einem gewissen Grad eine Geschmacksfrage, weshalb man auch den Begriff *Aktionsart* (ebenfalls oft auf slawische Sprachen angewendet) für diese Verbklasse verwenden könnte. Eine Aktionsart ist etwas Ähnliches wie ein Aspekt, nur können Aktionsarten unregelmäßig gebildet werden bzw. müssen von jeweils anderen Aktionsarten nicht scharf getrennt sein. Eine Aktionsart bezieht sich im Unterschied zu einem Aspekt weniger auf sehr breite Kategorien wie „abgeschlossen"/„andauernd", sondern auf speziellere Bedeutungen wie „gerade aus"/„kreuz und quer" oder „einmal"/„häufig". Für das Bairische könnte man also die Aktionsart „geglückt" für die der-Verben beobachten.

Noch eine Besonderheit, die allerdings in vielen bairischen Dialekten vorkommt, ist die sogenannte tun-Periphrase. D.h., dass man das inhaltlich wichtigste Verb im Satz mit „tun" als einer Art Hilfsverb erweitert. Die tun-Periphrase wird z.B. verwendet, um den Konjunktiv auszudrücken, auch wenn es diesen mit einer eigenen Form gibt. Dabei lenkt das „tun" besondere Aufmerksamkeit auf das unterstützte Verb. Wenn z.B. eine Meinung unterstrichen werden soll, kann das Verb für „sagen" mit „tun" unterstützt werden: „I tat sogn, desch feiftig" = „Ich würde sagen, das ist fertig". In der Standardsprache übernimmt diese Funktion oft das Verb „werden" (wie im vorigen Beispiel). Ebenfalls im Imperativ (Befehlsform) ist die Periphrase beliebt, da sie eine leicht abschwächende Wirkung hat: Der Befehlscharakter wird sozusagen auf ein anderes, unauffälliges Verb ausgelagert und das inhaltlich relevante Verb kann in der harmloseren Infinitivform bleiben. So kann man zu einem Kind sagen: „Tù schlofn!" („Komm, schlaf jetzt!"), statt einem direkteren „Schlof!" („Schlaf jetzt!").

Eine Besonderheit, die im Großteil des deutschen Sprachraums und sogar im Großteil der oberdeutschen und bairischen Dialekte fehlt und die auf Südtirol und einige kleine an dieses angrenzende Gebiete (teilweise am Arlberg sowie in Osttirol) beschränkt ist, ist die Verwendung eines wiederaufgreifenden Pronomens und Adverbs, die auf ahd./mhd. selb (= selb, selbst) zurückgehen: Im Sextnerischen lauten diese sè und semm. Es gibt in der deutschen Sprachwissenschaft keine weitverbreitete Bezeichnung für diese Kategorie des Wiederaufgreifens, hier soll sie jedenfalls „reprehensiv" (wiederaufgreifend) genannt werden, was zu anderen Kategorien mit lateinischstämmigen Bezeichnungen wie „possessiv" und „demonstrativ" passt. Das Reprehensivpronomen (sè, im Großteil Südtirols meistens als sell üblich) wird meistens fälschlicherweise als Demonstrativpronomen (also hinweisendes Fürwort) bezeichnet, da es teilweise die Funktion von diesem erfüllt. Es gibt aber auch ein eigenes Demonstrativpronomen in den betroffenen Dialekten (nämlich dess). Die Funktion des Reprehensivpronomens ist dagegen spezieller: Etwas, das mit diesem Pronomen bezeichnet wird, muss vorher bereits genannt oder gemeint gewesen sein und wird dann mit dem Pronomen wieder aufgegriffen: A: „Mei Auto isch hin.", B: „Sè waße schon." = A: „Mein Auto ist kaputt.", B: „(Genau) das weiß ich schon." Es geht also um etwas Vorgenanntes. Das Reprehensivpronomen kann nun nicht verwendet werden, wenn etwas nur hinweisend und nicht wiederaufgreifend gemeint ist: „Klaub amo dess Puich au, pittschion." = „Heb mal bitte dieses Buch (vom Boden) auf." „*Klaub amo sè Puich au" wäre falsch, wenn nicht genau dieses Buch vorher genannt oder gemeint wurde. Analog dazu gibt es auch ein Reprehensivadverb. Dieses kann temporale (zeitliche), lokale (ortsbezogene) oder konditionale (bedingungsbezogene) Bedeutung haben:

„Friha sammo ouft afn Perk gong. Semm hobmo olbm a Sal miteginumm." – „Früher gingen wir oft zum Wandern in die Berge. Damals nahmen wir immer ein Seil mit."

„Geischto pinne af Lionz gforn inzikafn. Semm onne a guits Parl Schuiche funn." – „Gestern bin ich zum Einkaufen nach Lienz gefahren. Dort habe ich ein gutes Paar Schuhe gefunden."

„Wenn do Himbl gel weart, semm taurts nicht, noa schaurts." – „Wenn sich der Himmel gelb verfärbt, dann dauert es nicht lange, bis es hagelt."

Eine grammatikalische Eigenschaft, die das Sextnerische und viele andere oberdeutsche Dialekte besonders von der Standardsprache abhebt, ist das Bestehen unbetonter, klitischer (an ein anderes Wort „angelehnter", d.h. angefügter) Personalpronomina. Dadurch werden die Pronomina Teil des vorangehenden oder nachfolgenden Wortes. In der Standardsprache gibt es das Phänomen zwar auch, aber nur für das sächliche Pronomen und nur in umgangssprachlichen Situationen, wenn an das vorangehende Wort angefügt wird – „Ich hab's" – und in Frontposition und nur in veralteter oder poetischer Sprache: „'S ist aus mit aller Poesie" („'S" und „ist" werden dabei als ein Wort ausgesprochen). In den oberdeutschen Dialekten hingegen gibt es die Personalpronomina in unbetonter Stellung (wenn sie also im Satz nicht besonders hervorgehoben werden) ausschließlich in klitischer, kurz ausgesprochener Form, sodass sie bezüglich der Aussprache an das vorangehende oder folgende Wort angehängt werden: „<u>Esch schion haint.</u>" – „Es ist heute schönes Wetter."

„<u>Ionsime/ionsir gebbm.</u>" – „Ich habe es ihm/ihr gegeben". (Hier ist das Hilfsverb sogar von drei Pronomina umgeben).

Dabei ist also das Pronomen nicht im Zentrum der Aufmerksamkeit. Wenn es das aber ist, dann wird die betonte, lang ausgesprochene Form der Pronomina verwendet: „<u>Ions ime/ir gebbm.</u>" – „Ich habe es ihm/ihr (und nicht jemand anderem) gegeben." Im Fall des sächlichen Pronomens wird übrigens auch die betonte Form <u>ess</u> kurz ausgesprochen, denn die unbetonte Form <u>s</u> hat gar keinen Vokal mehr.

Eine letzte Besonderheit, die wahrscheinlich vollständig auf Südtirol beschränkt (eine großräumige Untersuchung dazu würde den Rahmen dieses Projekts sprengen) und deswegen sehr interessant ist, ist die Tatsache, dass im Sextnerischen und anderen Südtiroler Dialekten bei Adjektiven nicht nur (wie im Standarddeutschen) bei männlichem und sächlichem Geschlecht zwischen bestimmt und unbestimmt unterschieden wird, sondern auch bei weiblichem:

Männlich:

„<u>Desch an olto Huit.</u>" – „Das ist ein alter Hut."

„<u>Desch do olte Huit van Hanslan</u>" – „Das ist der alte Hut von Hans."

Weiblich:

„<u>Desch an olta Kui.</u>" – „Das ist eine alte Kuh."

„<u>Desch di olte Kui van Huiba.</u>" – „Das ist die alte Kuch vom Huber."

Besonderheiten des Wortschatzes

Nachdem wir uns nun die Hintergründe des Sextner Dialekts hinsichtlich Geschichte, Geographie, Lautung und Grammatik näher angesehen haben, wollen wir uns noch einem letzten Thema zuwenden, nämlich dem Wortschatz. Es geht also um die Eigenschaften einzelner Wörter, welchen sich natürlich dieses Buch – als Wörterbuch – insgesamt widmet. In diesem Text können natürlich nicht alle Besonderheiten aufgelistet werden – viel detaillierter ist das

Bild natürlich im eigentlichen Wörterbuch-Teil. Doch einige interessante Besonderheiten sollen im Folgenden kurz beleuchtet werden.

Eine dieser Besonderheiten ist die Wortendung –nt, welche im Sextnerischen auffallend häufig vorkommt. Hier treffen mehrere lautliche Erscheinungen aufeinander: Das t am Wortende ist ein sogenannter parasitischer oder prosthetischer, also angefügter Laut, der nicht etymologisch motiviert (also nicht wortgeschichtlich bedingt) ist, sondern zur leichteren Aussprache hinzugefügt wurde. Dieses t wurde häufig an aus dem Lateinischen übernommene Wörter, die auf -um enden, angefügt. Das Suffix –um wurde oft schon vor Anfügung des t (dies meist in mittelhochdeutscher Zeit) zu -on, -in usw. umgelautet, wobei dieses n das spätere t durch Dentalisierung (also Verlagerung der Zungenspitze zu den Zähnen) und Delabialisierung (Öffnung der Lippen) des m (in -um) sicher begünstigt hat. Das n ist unter anderem durch teilweise innerhalb des Wortes vorausgehendes, älteres und bereits bestehendes n bzw. durch Assimilation (Angleichung) an dieses entstanden. Man sieht dies sehr gut an folgenden Beispielen:

lat. cinnamum (= *Zimt*) → ahd. zi(na)min → mhd. zinmint → nhd. Zimt; im Sextnerischen ist die Endung -nt in Zimant erhalten geblieben;

lat. barrachanum (= *grober Wollstoff*) → mhd. barchant (= *Mischgewebe aus Baumwolle und Leinen*) → nhd. Barchent; sextnerisch Porchant.

Das Phänomen der t-Anfügung ist aber auch bei germanischstämmigen Wörtern, die auf n enden, zu beobachten: mhd. morgen → sextnerisch morgnt. Das n wurde teilweise aber selbst (ebenfalls in mittelhochdeutscher Zeit) in Analogie zu anderen Wörter, die auf nt endeten, in Wörter eingeschoben, die ursprünglich an dieser Stelle gar kein n enthielten, z.B. ahd. nackot (= *nackt*) → mhd. nackent. Dieses Beispiel ist nun besonders interessant, da sich an ihm eine weitere Erscheinung zeigen lässt. Das n in der Endung wurde nämlich in anderen oberdeutschen Dialekten teilweise oder ganz über die Zwischenstufe eines silbischen (also wie ein Vokal verwendeten) n zu a vokalisiert, sodass aus nackent schließlich nackat wurde – im Sextnerischen ist aber auch in diesem Fall das n erhalten geblieben, denn das Wort heißt hier nockntig (mit nachträglich hinzugekommener Adjektivendung –ig). Im Sextnerischen gibt es noch weitere Wörter, die ursprünglich kein n enthielten, wie z.B. Solant (= *Salat*) oder Solfant (= *Salbei* – wobei sich laut dem Wörterbuch der Brüder Grimm in heutigen Mundarten auch Salbine findet). Ähnliches ist bei einem Getreidemaß geschehen, das im Sextnerischen Golfant heißt und von mhd. galvei kommt: Hier wurden sogar n *und* t nachträglich hinzugefügt. Diese Endung, die wie beschrieben im Laufe der Zeit durch den Zusammenfall verschiedener lautlicher Phänomene entstanden ist, wurde auch zur Bildung neuer Wörter verwendet, z.B. Sairant (= *Sauerteig*). Aufgrund der mangelnden Beleglage lässt sich allerdings nicht nachweisen, ob diese Fälle der Endung -nt auch in mittelhochdeutscher Zeit entstanden oder spätere Analogiebildungen sind. Inhaltlich fällt auf, dass diese nt-Wörter meistens Stoffe/Substanzen, Materialien oder Pflanzen bezeichnen.

Eine weitere Auffälligkeit, die sich am Sextner Dialekt besonders zeigt, die aber wie die meisten nicht allein auf diesen beschränkt ist, ist das Vorkommen eines Diminutivsuffixes (also einer Verkleinerungsnachsilbe) in lexikalisierter Form. Lexikalisiert heißt, dass sie nicht mehr ihre ursprüngliche grammatikalische Funktion erfüllt und zum festen Bestandteil des Wortes geworden ist. Es geht um das Suffix -l. Zunächst gilt zu sagen, dass eine Verkleinerungsform, die von -lein statt von -chen abstammt, allgemein typisch für oberdeutsche Dialekte ist, was das Sextnerische einmal mehr als solchen ausweist. Das -l wird im Sextnerischen ganz normal zur Bildung von Verkleinerungsformen verwendet, nur ist bei manchen Wörtern eben die genannte Lexikalisierung passiert. Hiermit wurde ursprünglich eine kleine Form der gemeinten Sachen ausgedrückt, durch das häufigere Vorkommen dieser jeweils kleinen Form als der großen/normalen Form ist aber dann wohl die kleinere zum Normalfall geworden, wodurch auch die Verkleinerungsform zum jeweils normalen Wort für diese Dinge wurde. Beispiele wären: Fassl (= *Fass*), Radl (= *Rad*), Stickl (= *Stück*), Pantl (= *Band*), Kneidl (= *Knödel*, welches von mhd. knode = *Knoten, Knolle* kommt und ja ein typisches Wort aus dem Süden des deutschen Sprachraums darstellt). Wenn diese Wörter, die von der Wortgestalt her Verkleinerungsformen sind, inhaltlich aber den Normalfall darstellen, nun von Neuem verkleinert werden müssen – denn auch diese Dinge können ja in (noch) kleinerer Form vorliegen – dann muss dies auf andere Weise ausgedrückt werden. Hier gibt es im Sextnerischen zwei Möglichkeiten: Die erste ist analytischer (also aufgeteilter) Art: Es wird einfach das Adjektiv für „klein" hinzugefügt: a klans Fassl (= *ein Fässchen, ein kleines Fass*). Für manche dieser Wörter hat sich interessanterweise ein eigenes morphologisches (die Wortform betreffendes), einigermaßen produktives Muster entwickelt – eine Art Super-Verkleinerungsform. So wird aus Kneidl Kneiddile (= *Knödelchen, kleiner Knödel*) oder aus Radl Raddile (= *Rädchen, kleines Rad*). Es sind aber nicht alle Substantive mit der Endung -l ursprüngliche Diminutive. Bei manchen ist das -l auf ein altes Instrumentalsuffix (eine Nachsilbe für Hilfsmittel/Werkzeuge, *mit denen* etwas getan werden kann) zurückzuführen. Diese existieren oft auch noch in der Standardsprache, oft aber auch nicht, z.B. Heibl (= *Hebel*) oder Kampl (= *Kamm*). Diese erkennt man meist daran, dass sie nicht neutralen (sondern männlichen oder weiblichen) Geschlechts sind, da Diminutiva im Deutschen normalerweise neutralen Geschlechts sind. Auch für diese wird im Bedarfsfall die neugebildete Verkleinerungsform verwendet: Heibl wird zu Heibbile und Kampl zu Kampile.

Eine Eigenschaft, die das Sextnerische (gemeinsam mit den unmittelbaren Nachbargemeinden) von weiter westlich beheimateten Dialekten besonders abhebt, ist der bereits im geschichtlichen Teil genannte Einfluss aus dem Osten, aus Osttirol und durch dieses vermittelt aus Kärnten, also die Gemeinsamkeiten mit diesem Sprachgebiet. Hier sollen ein paar Beispiele aufgelistet werden, um dies konkret zu zeigen.

afn Gaie san (= *unterwegs sein, sich herumtreiben*) – kärnt. Gai (= *Gau, Landstrich, Gegend, Revier*)

fusn – kärnt. fusen (= *herumsuchen, tasten, sich mit Kleinigkeiten beschäftigen*)

Huddo (= *Lappen, Fetzen,* abwertend für *Kleidung*) – kärnt. Huda (= *schlechtes Tuch*)

Poufl (= *dritte und letzte, minderwertige Grasernte, die oft nur abgeweidet statt gemäht wird*) – kärnt. Pofel (= *staubiger Rest von getrocknetem Klee beim Zusammenrechen*)

Die genannten kärntnerischen Wörter kommen dabei oft selbst aus älteren deutschen Sprachschichten und stellen nicht unbedingt die Herkunft der Sextner Wörter dar – dass sie in Kärnten allerdings noch existieren und auch im Sextnerischen, zeigt aber den genannten Einfluss, also die sprachliche Nähe.

Die beiden letzten Besonderheiten, auf die hier eingegangen wird, sollen zeigen, dass ein genereller Unterschied zwischen Standardsprachen und Dialekten oft auch Ausnahmen hat: nämlich in Bezug darauf, dass Dialekte oft gegenüber Standardsprachen in verschiedenen Aspekten eingeschränkt sind und dadurch vieles nicht so leicht ausdrücken können (z.B. fehlen viele Fachbegriffe oder grammatikalische Muster). Wir erinnern uns an den eingangs erwähnten Ausspruch, dass eine Sprache nur ein Dialekt mit einer Armee und einer Marine ist. Die folgenden Beispiele zeigen, dass in manchen kleinen Bereichen die Bandbreite des sprachlichen Ausdrucks in Dialekten durchaus größer sein kann als in der Standardsprache. Damit sind nicht nur Ausdrücke der Nähe und der Emotionen gemeint, die generell in Dialekten stärker entwickelt sind, sondern auch allgemeine semantische oder grammatikalische Unterscheidungsmöglichkeiten, die es in Standardsprachen nicht gibt. Ein Beispiel hierfür im Sextnerischen ist die Menge der Paare von kausativen und nicht-kausativen Verben, die im Dialekt größer ist, weil diese Unterscheidungsmöglichkeit in dieser geographischen Randzone seit mittelhochdeutscher Zeit bis heute überdauert hat. Kausative Verben (vom lat. causa = *Ursache*) sind dabei solche, die die Verursachung/Herbeiführung von etwas ausdrücken. Paare von kausativen und nicht-kausativen Verben, die auf das jeweils selbe Ursprungswort zurückgehen, gibt es auch in der Standardsprache noch, aber nicht mehr so viele, z.B. legen und liegen, fällen und fallen, setzen und sitzen. Im Sextner Dialekt werden hier aber noch mehr unterschieden, z.B. gfrearn (*zum Gefrieren bringen*) und gfroirn (*gefrieren*), häng (*(auf-)hängen, zum Hängen bringen*) und hong (*hängen, also befestigt sein*), fiorn (*jemanden fahren*) und forn (*selbst fahren*).

Und auch der letzte hier besprochene Unterschied verdeutlicht die teilweise größere Formenvielfalt von Dialekten gegenüber Standardsprachen. Diese Vielfalt basiert auch hier wieder auf der konservierenden Wirkung von Randgebieten eines Sprachraums. Es geht um die im Sextnerischen noch bestehende Unterscheidbarkeit des grammatikalischen Geschlechts bei Zahlwörtern. In der Standardsprache gibt es diese nur noch für das Zahlwort eins: ein(er), eine, ein(es). Im Sextnerischen hat es sich aber auch bei anderen Zahlwörtern erhalten, nämlich bei „drei" teilweise: drai (männlich und weiblich) und droi (sächlich). Im Althochdeutschen gab es hier noch drei Geschlechter: drī(e) (männl.), drīo (weibl.) und driu. Der Unterschied zwischen männlich und weiblich wurde hier schon im Mittelhochdeutschen abgebaut, sodass nur noch drī(e) (männl. u. weibl.) und driu (sächl.) übrig blieben. Die Unterscheidung zwischen diesen beiden Kategorien ist im Sextnerischen erhalten geblieben: drai (männl. u. weibl.) und droi (sächl.), wird aber meist nur mehr von älteren Sprechern/-innen verwendet. Bei „zwei" ist allerdings das gesamte Unterscheidungsspektrum aus dem Mittelhochdeutschen – zwēne (m.), zwō (w.), zwei (s.) – erhalten geblieben: zwinn/zwione (m.), zwoa (w.), zwa (s.).

Mit diesen schönen alten Wortformen sind wir nun passend bei Wörtern am Ende des Alphabets und ebenso am Ende dieses Streifzugs durch den Sextner Dialekt angekommen – eines Streifzugs durch einen besonderen Dialekt im Grenzland.

3 | Dank

Alle Arbeit, die ein Mensch verrichtet, geschieht gewissermaßen auf den Schultern von Riesen – sie wird auf der Grundlage der Arbeit derer verrichtet, die vor uns kamen. So gilt mein Dank zunächst allen, die zur Sprache und vielen anderen Sachthemen gearbeitet haben, was bei der Erforschung der Herkunft unserer Wörter eine enorme Hilfe war.

Doch auch ganz unmittelbar waren viele Menschen an der Entstehung dieses Buches beteiligt. So war ein ganz wichtiger Impuls die Beschäftigung von Stefanie Rogger, selbst Sextnerin, mit dem Dialekt unseres Dorfes in ihrer Abschlussarbeit an der Universität Innsbruck[1]. Sie hat auch einen Teil der Wörter gesammelt.

Damit sind wir bei der wohl wichtigsten Gruppe, die die Entstehung dieses Buches ermöglicht hat und an die mein Dank geht: die Gewährspersonen aus Sexten, die zu ihrem Dialekt befragt wurden und gewissermaßen die Schatztruhe darstellen, aus der wir die Wort-Schätze geborgen haben. Darunter war zum einen die Großmutter des Autors, die die Fertigstellung des Buches leider nicht mehr erlebt hat. Zum anderen war eine der Gewährspersonen die Mutter des Autors und Obfrau des Sextner Heimatpflegevereins, Regina Senfter Stauder, ohne deren tatkräftigen Einsatz beim Sammeln der Wörter und bei der gesamten Organisation die Entstehung dieses Buches nicht möglich gewesen wäre. Aufgrund der engen familiären Beziehung nehmen diese beiden Frauen unter den Gewährspersonen für den Autor eine besondere Stellung ein, denn der Dialekt ist die Sprache der Nähe und diese lernen wir am besten von unseren Lieben.

Großen Dank möchte ich auch Georg Fuchs aussprechen, dem Sextner Künstler, von dem sämtliche Illustrationen und das Titelbild stammen – er hat sozusagen das Gesicht unseres Buches gestaltet.

Weiterhin möchte ich mich auch ganz herzlich bei Florian Stauder für die graphische Rahmengestaltung sowie bei Bettina Anzinger für das Lektorat und Layout des Bandes bedanken.

An letzter aber nicht geringster Stelle bin ich natürlich auch denjenigen zu Dank verpflichtet, die den Druck des Buches finanziell ermöglicht haben: der

---

[1] Rogger, Stefanie (2014). Lexikologische Untersuchung der Mundart von Sexten. Diplomarbeit, Universität Innsbruck.

Abteilung Deutsche Kultur der Autonomen Provinz Bozen – Südtirol, der Stiftung Südtiroler Sparkasse sowie dem Gemeinderat und dem Bürgermeister der Gemeinde Sexten – ohne sie könnten Sie heute kein gedrucktes Exemplar dieses Werkes in Händen halten.

4 | Wörter und Geschichten

A

a (ADV./ZAHLWORT) *1. auch, 2. Zahlwort: ein/-e; „a Kui" = „eine Kuh" (im Gegensatz zu mehreren).*

à (UNBEST. ARTIKEL) *1. Zahlwort: ein/-e; „à Kui" = „eine Kuh" (keine bestimmte; im Gegensatz zu „die Kuh").*

Aacha, do (NOM. PL. AACHA) [„Eicher"; ahd. eihhorno, mhd. eich(h)orn, v. germ. *aikurna- (= *Eichhörnchen*), der Teil -horn im Standarddeutschen ist lautlich nicht ursprünglich und nur eine Neudeutung eines nicht mehr verständlichen Wortteils.] *Eichhörnchen.* {026}

Aachakatzl, s (NOM. PL. AACHAKATZLAN) [„Eichkätzchen", siehe auch unter → Aacha] *Eichhörnchen.*

Aanzigis, s (NOM. KEIN PL.) [„Einziges", i.S.v. *Einzelnes, Kleinteiliges*] *Kleingeld, Münzen.*

abich (ADJ.) [ahd. abuh, mhd. ebech (= *verkehrt, böse*), zu „ab-" i.S.v. *ab, weg*] *1. schlecht, böse, 2. gereizt, trotzig (von Kindern).* {028}

afaleischt (ADV.) [v. mhd. lezzist (= *(zu-)letzt*) + unklarer erster Teil: lautlich „auf-ein-letzt" oder „auf-der-letzt"] *mit der Zeit.*

afangaling (ADV.) [v. ahd. gahi (= *jäh*)] *mit der Zeit.*

afangalischn (ADV.) *siehe unter* → *afangaling.*

afanondo (ADV.) [„auf/an" + „einander"] *1. auf einander, 2. hin und hin, z.B: „afanondo oidn" = „abwärts hin und hin", siehe dazu auch* → *finondo.*

afn Gaie sann [frühnhd. auf dem gey (im/auf dem Land, in der Landschaft); kärnt. Gai (= *Gau, Landstrich, Gegend, Revier*)] *unterwegs sein, sich herumtreiben.* {015}

afn Totsch [kärnt., lautmalerisch Totsch (= *Knall, Klatscher*; vgl. → af Schnoll und Foll)] *sofort.* {015}

afoure (ADV.) [Herkunft unklar, wahrscheinl. v. ahd. fora, mhd. vor(e) (= *vor*; eigentl. *darüber hinausgehend*); Bildung zu ital. fuori (= *draußen*) oder lat. foris unwahrscheinlich] *draußen.* {029}

agns (ADV.) [mhd. eigen, eigens ab 18. Jh.] *eigens, extra.*

Ahourn, do (NOM. PL. AHOURNPAME) [ahd. ahorn, ursprüngl. wohl zu indogerm. *ak̓er- (= *spitz*, wohl von der Blattform)] *Ahorn.* {026}

Aisgolle, di (NOM. PL. AISGOLL) [ahd. īs + mhd. Galle (= *Geschwulst*), v. lat. galla, (= *Gallapfel*), zu indogerm. *gel- (= *sich ballen, Ball*)] *gewölbte Stelle aus Glatteis auf einem Weg oder einer Straße.* {029}

aisgsoult (ADJ.) [„eisgesohlt"] *Schlitten mit Eissohle zum Heuziehen im Winter: Die Holzkufen des Schlittens wurden am Vorabend nass gemacht, so dass sich über Nacht eine Eisschicht darauf bildete, die die Gleitfähigkeit erhöhte.*

Aisg̊ug̊g̊l, di (NOM. PL. AISG̊UG̊G̊L) [ahd. īs (= *Eis*) + ahd. konakla, mhd. kunkel (= *Spinnrocken* – kleiner Stab, auf den beim Spinnen die unverarbeitete Wolle in einem Bausch aufgesteckt wurde), v. germ. *konukl- (= *Rocken*), zu mittellat. cōnucula (= *kleiner Kegel*); mögl. Einfluss von österr. Kucke/bair. Gucke (= *halbe Eierschale*) bzgl. Ausfall des -n-] *gewölbte Stelle aus Glatteis auf Wegen.* {026}

Allo, do (NOM., KEIN PL.) [Es ist nicht klar, worauf sich das Wort bezieht; wahrscheinlich ist es romanischen, genauer, italienischen Ursprungs; möglich ist eine onomastische Bildung z.B. zu Aldo – vll. wurde Italienern bzw. einem bestimmten Aldo besondere Vitalität zugeschrieben; es ist wahrscheinlich, dass eher eine bestimmte Person gemeint war als Italiener im Allgemeinen, da Aldo kein auffällig häufiger italienischer Name ist (im Gegensatz z.B. zu Giuseppe oder Giovanni).] *nur in der Wendung „sein awwe do Allo": topfit, kerngesund sein.*

altilan (ADJ.) [„alt" + produktive Nachsilbe -ilan (= *nach etwas anmuten oder riechen oder aussehen*)] *modrig, nach Altem riechen.*

ame/ando nochsan [wörtl. „einem/einer nach sein"] *nach jemandem kommen (den Eltern, Großeltern...).*

anggaling (ADV.) [wohl zu ahd. gāhi, mhd. gāch (= *jäh, schnell*)] *mit der Zeit.*

anggl (VERB) [Verb zu ahd. angul (= *Angel(-haken), Stachel*), mhd. angel (= *Stachel, Angel(-haken)*), v. germ. *angulam (= *Haken*, wörtl. *der Gekrümmte*)] *stechen (von Insekten).* {029}

Anggla, do (NOM. PL. ANGLA) [neu gebildetes Substantiv zu → anggl, also *der Stecher*] *Insektenstachel.* {029}

aniddn (ADV.) [„her-nieden", also *hier im Niederen*] *hier unten.*

anige Wa, di [wörtl. „die einige Weile"] *immer wieder mal.*

aniodo (PRON.) [ein + mhd. ieweder (= *jedweder*)] *jeder.* {029}

anpeid(d)re, s (PRON./ADJ.) [mhd. eintweder: ein + weder; oder, nicht belegt, ahd. *eindewëdar, ein + dewëdar (= *irgendjemand*)] *Eines von beiden.* {026, 015}

ans (PRON.) [wörtl. *eines*] *jemand, jemanden*

ans lapm [ahd. leipen] *jemanden dulden.*

Anschicht, di (NOM.) [v. süddt., österr. Einschicht (= *Einöde, abgelegener Ort/Hof*); ein + Schicht, Herkunft v. Schicht unsicher, wahrscheinl. v. mhd. schehen (= *zukommen, zuteil werden*)] *Einöde.* {050}

anschtroggs (ADV.) [mhd. Genitivadverb strackes zu mhd. strac (= *gerade*), uspr. strackes schrittes, also *geraden Schrittes*] *(schnur-)stracks, ohne Umweg, ganz direkt, geradeaus.* {015}

antaals (ADV.) [„eines Teils"] *einerseits.*

Ante, di (NOM. PL. ANTN) [ahd. anut, enita, mhd. ant] *Ente.* {026}

antomma (ADV.) [Herkunft unklar, mögl. nach dem unter → außortom beschriebenen Muster gebildet: eine Richtungsangabe (z.B. germ. *and- = *gegen*) + „dem" als -tom + -a als Gleitvokal, also *gegen-dem*] *jetzt etwa, jetzt bald, mittlerweile, heutzutage.* {029}

antrisch (ADJ.) [mhd. entrisch (= *altertümlich, unheimlich*)] *unheimlich.* {026}

anzearscht (ADV.) [„anzuerst", wobei der Teil „an-" nicht ganz klar ist; er könnte für *beginn-* stehen (wie in anfangen).] *zuerst.*

Apourt, do (NOM. PL. APOURTE) [16. Jh., Standard ab 18. Jh.: Abort (= als *abgelegener Ort (zur Verrichtung der Notdurft)*)] *Toilette.* {026}

arauße (ADV.) [„her" + „außen"] *hier draußen.*

Ärbl, do (NOM. PL. ÄRBL) [ahd. armilo, mhd. ermel, Diminutiv zu „Arm", also ca. *Ärmlein*] *Ärmel.* {015}

Are, s (NOM. PL. ARE) [mhd. ei, zu a abgewandelt, eingeschobenes r am Silbenende zur leichteren Aussprache bei nachfolgendem Vokal] *Ei.*

arente (ADV.) [v. ahd. (j)enēr (= *jener*, also nicht *dieser hier*), Gegenteilsbildung durch 1. Teil: ar- (= „hier"), also *hier drüben*] *hier drüben, auf dieser Seite.* {015}

arinne (ADV.) [„her" + „innen"] *hier drin.*

Arl, s (NOM. PL. ARLAN) [ahd. <u>ehir</u>, mhd. <u>eher</u>] *(Korn-)Ähre.* {015}

arunte (ADV.) [„her" + „unten"] *hier unten.*

aschig(i)n (VERB) [von „Asche" + produktive Nachsilbe <u>-ig(i)n</u> (= *mit etwas bestreuen, -streichen, -netzen* usw.)] *mit Asche bestreuen: Priester streut am Aschermittwoch Asche aufs Haupt der Gläubigen.*

Aß, s (NOM. PL. ABO) [ahd., mhd. <u>eiz</u> (= *Geschwür*)] *Furunkel, Abszess, Eitergeschwür.* {029}

aua (ADV.) [„auf" + „her"] *herauf, nach hier oben.*

aubm (ADV.) [„auf" + „hin"; <u>f</u> in „auf" durch <u>h</u>-Ansatz in „hin" zu <u>b</u> umgebildet, <u>n</u> in „hin" durch <u>b</u> in <u>aub</u> zu <u>m</u> assimiliert, Wegfall des <u>i</u>] *hinauf (vom Sprecher weg).*

Aufaŕtn, s (NOM.) [„Auffahrt"] *Christi Himmelfahrt.*

augikuicht (ADJ.) [Präfix: „auf" + ahd. <u>kuohho</u>, mhd. <u>kuofe</u> (= *Kufe*);] *aufgebogen (wie eine Kufe).* {026}

Augnğloss, s (NOM. PL. AUGNĞLEISO) [„Augenglas", sowohl Pl. als auch Sg. für ein Stück gebräuchl.] *Brille.*

auhärpfn (VERB) [v. mhd. <u>harpfe</u> (= *Harfe*); *auf der Harpfe aufhängen*] *Getreidegarben auf der Harpfe (siehe unter → Herpfe) aufhängen.*

auhausn (VERB) [„auf" (wohl verstärkend, Vollständigkeit/Ende ausdrückend, wie in „aufbrauchen") + <u>hausen</u> (i.S.v. *wirtschaften, haushalten*)] *pleitegehen.*

aukoltn (VERB) [„auf" + „behalten"] *aufbewahren, aufheben, aufsparen, noch nicht verbrauchen.*

aunemm (VERB) [in zush. mit Fortpflanzung: *(den Samen) aufnehmen*] *Trächtig werden (meist von Stalltieren).*

aupleckn (VERB) [ahd., mhd. <u>blecken</u> (= *aufblitzen, glänzen*, später *durchscheinen lassen, entblößen*)] *Spielkarte aufdecken.* {026}

aureidn (VERB) [„aufreden"] *(jdn. gegen jdn.) aufhetzen, aufstacheln.*

ausa (ADV.) [„aus-her"] *heraus.*

auschellig (ADJ.) [„auf" + mhd. <u>schellic</u> (= *laut tönend, lärmend*, also „schallend", in der Folge auch *wild, aufgeregt*)] *übermütig, aufgedreht.* {029}

Auschlite, do (NOM. PL. AUSCHLITN) [„Aufschlitten", wahrscheinlich, weil er auch hinten „aufgebogen" ist] *Transportschlitten, dessen Kufen auch* *hinten aufgebogen sind, damit die Kufenenden beim Manövrieren/Zurücksetzen nicht in den Boden einstechen.*

ausfratschl (Verb) [„aus" + „ver" + mhd. (h)eischen (= *fordern, fragen*)] *ausfragen (aus Neugierde); abwertend.* {035}

ausfusn (Verb) [kärnt. fusen (= *herumsuchen, tasten, sich mit Kleinigkeiten beschäftigen*), dieses vll. zu mhd. vese (= *des Getreidekorns*); mögl. Zusammenhang mhd. visel (= *Faser*) oder mhd. visōl (= *Bohne*), v. lat. faseolus/phasēlus, aus griech. φάσηλος (phásēlos)] *(Erbsen) schälen.* {015}

Auskeare, di (Nom. Pl. Auskearn) [„Auskehre", von einer alten Bedeutung von „kehren", *wenden*, ausgehend bedeutet „kehren" hier auch *leiten, lenken*; also *etwas zum Ausleiten (von Wasser)*] *Wasserrinne quer über den Weg.*

ausmochn (Verb) [„ausmachen"] *1. vereinbaren, sich verabreden 2. betragen, ins Gewicht fallen 3. von Butter: „Putto ausmochn" = Butter mit Modeln (meist aus Holz mit Reliefschnitzereien) zu Stücken formen.*

ausn (Adv.) [aus + hin] *hinaus.*

ausnraachn [„hinausrauchen"] *mit der Räucherpfanne/dem Weihrauchfass den Sarg aus dem Haus begleiten (Reinigungsritual).*

ausschaddl (Verb) [mögl. Analogie zu veraltet ausschänden (= *schimpfliche und niedrige Vorwürfe machen, verunglimpfen*); mögl. Vermischung v. „Schaden" und „Schande"] *hänseln, ausgrenzen.*

außoŕtom (Adv.) [mhd. ūzerent (= *außerhalb*) + mögl. dem, also wörtl. *außer dem*] *auf der talauswärts gelegenen Seite (z.B. des Hauses).* {050}

Auswertige, di/do (Nom. Pl. Auswertige) [ahd. -wart, mhd. -wertes (= *hingewendet*): Genitivadverben, abgeleitet von Adjektiven auf mhd. -wert, welches wiederum auf in werden enthaltene indogermanische Wurzel *wert- (= *sich wenden*) zurückgeht] *von auswärts Kommende/-r, nicht Einheimische/-r.* {026}

auswuŕzn (Verb) [1. Teil: Präfix: aus-, 2. Teil: Herkunft unklar, mittel-/südbairisch; Zushg. mit frühnhd. auswurzen (= *entwurzeln*) unwahrscheinlich, eher Zushg. mit Saugwirkung v. Pflanzenwurzeln od.: vgl. Duden: wurzen (= *süddt. ausnutzen*), wohl *an der Wurzel abschneiden*] *jemanden ausnutzen.*

Auto, s (Nom. Pl. Auto) [ahd. ūtar (= *Euter*)] *Euter.* {026}

auwatzl (VERB) [„auf" + mögl. „wetzen", i.S.v. *schnell bewegen*, mögl. auf das Mundwerk bezogen] *sich aufregen.*

auwoŕtn (VERB) [v. mhd. <u>warten</u> i.S.v. *auf ... achten*, vgl. nhd. <u>Warte</u>] *auftischen.* {026}

awaus (ADV.) [„ab" + „aus"] *hinunter.*

awwe (KONJ., UNBETONT) [„als" + „wie"] *wie (bei Vergleichen).*

awwogea (INTERJ.) [„ach" + „was" + „geh"] *Ach was.*

awwowo (INTERJ.) [„ach" + „was" + „was/wohl"] *Ach was.*

Axgotto, do (NOM. PL. AXGATTO) [„Achse" + „Gatter"] *dreieckige Verbindung zwischen Deichsel und Wagen.*

B

B Durch die Anlautverhärtung ist das stimmhafte <u>b</u> im Sextnerischen am Wortanfang völlig verloren gegangen. Für Wörter, die im Standarddeutschen mit B-/b- anfangen, siehe in diesem Wörterbuch unter P-/p-.

D

dahame (ADV.) *daheim.*

daimpeiggn (ADV.) [„deinetwegen"] *aus Gründen, die dich betreffen.*

deichto (ADV./KONJ.) [v. mhd. <u>doch</u>, vermutl. mit Adverbial- oder Komparativendung -er über <u>döcher</u> (Angleichung von <u>o</u> an <u>e</u> ergibt <u>ö</u>) + t-Einschub zu <u>döchter</u>, was lautlich im Sextnerischen <u>deichto</u> ergibt] *doch.*

deis (PRON.) [aus altem Dual hervorgegangen, im Gotischen als <u>it</u> (= *ihr zwei*), im Dt. nur in altbairischen Dialekten weiter erhalten geblieben, als <u>es</u> (= *ihr*), im Sextnerischen durch falsche Trennung von vorangehenden Wörtern zu <u>deis</u> geworden, z.B. <u>ot eis</u>, (= *habt ihr*), zu <u>o(t)|deis</u>.] *Personalpron. 2. P. Pl.: ihr; auch als ältere Höflichkeitsform mit Sg.- und Pl.-Bedeutung;* {035}

Derfl, s (NOM. PL. DERFLAN) [„Dörflein"] *Dorf(-kern); ins Derfl gian = ins Dorfzentrum (von Sexten) gehen.*

Do leischte Dorfschraia

Es ist noch gar nicht so lange her, dass man in Sexten, was die Kommunikationsmittel anbelangt, noch in einer ganz anderen Zeit lebte. Kein Handy, nur einzelne Telefone und Fernsehgeräte, und auch der Straßenverkehr war kaum entwickelt: Ende der 1970er Jahre war die letzte Zeit, in der ein hagerer Mann namens Sebastian noch als Dorfschreier das Wichtigste, was in den jeweils folgenden Wochen an Erledigungen anstand, lauthals verkündete.

Jeden Sonntag nach dem *Schpeitakirchn* („Späterkirchen" = Messe) stellte er sich unmittelbar danach *unton Kirchgodn* (am Fuße eines in den Hang gebauten Anbaus der Friedhofsmauer). Er stand auf dem halbrunden Treppenabsatz in der Stufenreihe, die nach oben zum Totentanzgemälde führt und verkündete mit kräftiger Stimme: *in Eiřta isch do Fairaisnkranz zi zohl* (am Dienstag ist die Feuerversicherung zu bezahlen), *in Mitta kimmpt do Pato* (am Mittwoch kommt der Pater), *in Pfinzta isch zi meldn, wer Pame zachn lossn will* (am Donnerstag ist zu melden, wer Bäume zum Fällen anzeichnen lassen will), *in Fraita kemmse van KVW* (am Freitag kommt jemand vom Katholischen Verband der Werktätigen vorbei – einem Sozialverband in Südtirol) usw. Er war es, der die Dorfbevölkerung über das Wichtigste informierte, damit niemand wichtige Termine verpasste.

Sein Publikum, die vielen Kirchgänger, standen ringsum auf der Straße neben dem Pfeifhofer Haus und der alten Grundschule. Die wenigen Autos, die es gab, mussten warten, bis der Zauber vorbei war, und die Hektik war damals vielleicht auch noch nicht so groß. Das Ganze erinnerte etwas an eine Thingversammlung eines germanischen Stammes im Frühmittelalter. Man traf sich und wartete zusammen, bis der *Waschtl* (Sebastian) alle bürokratischen Neuigkeiten – wie von der Kanzel herunter – verkündet hatte. War der Dorfschreier aus irgendeinem Grund an einem Sonntag nach dem Gottesdienst einmal nicht auf seinem angestammten Platz, so fühlte man eine große Leere. Dem engagierten Dorfpolitiker Sebastian – dem letzten Dorfschreier – gebühren für diese damals äußerst notwendige Tätigkeit im Nachhinein Dank und Ehre.

Dịlle, di (NOM. PL. DILL) [mhd. <u>dille</u> (= *Brett, Fußboden, oberer Boden des Hauses*] *Seitenabteil im Stadel (= Teil des Hauses, in dem das Heu gelagert wird).* {026}

dịnne (ADV.) [von <u>darinnen</u>] *drinnen.*

diọnschtla (ADJ.) [„dienstlich"] *hilfsbereit.*

Diọrn, di (NOM. PL. DIERN) [mhd. <u>diern(e)</u> (= *Magd*)] *Magd.* {029}

Abb. 1: s Derfl = der Dorfkern

Diorndle, s (Nom.Dim. Pl. Diorndlan) [Diminutiv zu mhd. diern(e) (= *Magd*)] *Dirndl(-kleid).* {029}

Dirre, di (Nom. Pl. Dirrn) [„Dürre"] *abgestorbener Baum.*

do- (1) (Präfix für Verbform des vollendeten Aspekts) [wird Verben vorangestellt um Vollendung oder Möglichkeit der Vollendung einer Handlung anzuzeigen, in Kombination mit sächlichem Personalpronomen s: „I doschlofs eit" = „Ich kann nicht schlafen."] *Ähnlich wie im Dt. er- in erreichen.*

do- (2) (Adjektivpräfix) [Präfix v. Partizipialadjektiven, die eine Neigung/Gewohnheit/Tendenz ausdrücken: z.B. dolougn (= verlogen), dostunkn (= stinkig), dostoul (= diebisch/zum Stehlen neigend)]

-do (1) (Personalpron., klitisch) [ahd. dir; z.B.: „I gibbdo eippas." (= *Ich gebe dir etwas.*] *dir.*

-do (2) (Indefinitpronomen, klitisch) [wahrscheinl. v. deren in partitiver Bedeutung, z.B. „Es sanndo no." = „Es gibt deren noch." (= *Es gibt noch welche.*)] *welche; z.B.: „Mir brauchn Neiggl, oschido no?" = „Wir brauchen Nägel, hast du noch welche?".*

dofraġġn (Verb) [Präfix do- (= er-, zer-) + mögl. nordital. Dial.: fraccare (= *drücken, quetschen*)] *unsauber abschneiden.*

dofrojrn (Verb) [zu ahd. friosan, mhd. vriesen (= *frieren*)] *erfrieren.* {028, 029}

doġeischton (Verb) [Herkunft unklar, vll. v. mhd. kesten (= *kasteien, züchtigen, quälen, büßen lassen, strafen*)] *Ruhe/Ordnung stören, etwas durcheinander bringen/in Aufregung versetzen (z.B. ein Kind, das schon fast eingeschlafen wäre).* {029}

dogremm (Verb) [ahd., mhd. gram (= *gram, böse*) bzw. ahd. (gi-)gre(m)men (= *reizen, erregen, erzürnen*)] *beleidigen, reizen, auch im übertragenen Sinn (Muskel, Gelenk usw.).* {029, 026}

dohame (Adv.) *daheim.*

dohouttlt (Adj.) [Präfix → do- + Houttl (= intensivierend zu → Huddo = *Fetzen, Lappen, Lumpen*)] *zerlumpt, schlampig (angezogen).* {035}

Doige/o, di/do (Nom. Pl. Doige) [„Da-iger/-e", analog zu standarddt. hiesig] *Einheimische/-r, Hiesige/-r.*

dokaidn (Verb) [mhd. kiven (= *scheltend zanken*)] *beleidigen, die gute Laune nehmen.* {026}

dokleickn (Verb) [mhd. klecken (= *genügen*), vll. ursprünglich ein Schallwort, das auf das Bersten von etwas prall Gefülltem verweist] *ausreichen, genug sein.* {029}

doleischton (Verb) [nicht ganz klar, lautlich wäre es ein „zerletztern" („-letz" bedeutet ursprünglich *matt*), also *matt/schwach werden*] *zerfallen (von gebundenen Holzgefäßen, wenn sie zu stark austrocknen und dadurch ihre Spannung und Dichtigkeit verlieren).*

dolemport (Adj.) [zu mhd. lampen (= *schlaff herunterhängen*), von diesem auch standarddt. Lumpen; mögl. vermittelt durch das schweiz. Lämpen (= *Lumpen*); also *zerlumpt*] *heruntergekommen.* {026}

dolouttort (Adj.) [v. mhd. lotter (= *locker, leichtsinnig*), vgl. mhd. lot(t)er (= *lockerer Mensch, Taugenichts, Gaukler*)] *zerlumpt, schlampig (angezogen).* {035, 010}

dorichtn (Verb) [Präfix do- (= *er-, zer-*) + ahd., mhd. rihten (= *richten*)] *schaffen (i.S.v. bewerkstelligen).* {029}

doridn (Verb) [wahrscheinl. Präfix do- (= *er-, zer-*) + mhd. riden (= *drehen, wenden*)] *durcheinander bringen, zerwühlen (Frisur, Wollknäuel usw.).* {029}

dorzimol (Adv.) [„darzumal"] *damals.*

dosaido (Adv.) [Präfix do- (= hier wahrscheinl. *da-*) + ahd. sīdor (Komparativ von sīd = *spät*), dann mhd. sider (= *seit*)] *seitdem.* {026}

dosalligin (Verb) [Präfix do- (= *er-, zer-*) + unklarer Teil; mögl. v. „Mühsal" oder „Scheusal" abgetrennt; mögl. auch vom ausgestorbenen Beruf des Saliterers, der auf der Suche nach Salpeter für die Schießpulverherstellung mit Vollmacht des Landesherren die Böden und Wände von Ställen abschabte und für die Bauern eine Plage darstellte.] *quälen.*

doschnatzl (Verb) [Verb zu mhd. sni(t)z (= *abgeschnittenes Stück*), wahrscheinlich als augmentative (vergrößernde) Form mit -a- statt -i- gebildet, also *in grobe Stücke schneiden* oder *grob zerschneiden*] *zerschnippeln.* {026}

doschtentn, sich (Verb, reflexiv) [Präfix do- (= *zer-*) + ital. stentare (= *mühen*)] *sich abmühen.*

dosiddo (Konj.) *siehe → dosaido.*

dosindon (Verb) [Präfix do- (= *zer-*) + mhd. sundern (= *trennen*)] *sortieren.* {029}

dosoul (VERB) [Präfix <u>do-</u> (= *zer-*) + mhd. <u>sole</u> (= *Sohle*) - „zersohlen", also *schinden, bis die Sohle abfällt* oder *etwas (zer-)schinden wie eine Schuhsohle*] *abschinden.* {029}

dotaischtl, eippas/ans (eitt) (VERB) [Präfix <u>do-</u> (= *zer-, er-*) + mögl. mhd. <u>dihsel</u> (= *Deichsel*)] *jmd./etw. (nicht) im Griff haben.* {026}

dotetschn (ADJ.) [Präfix <u>do-</u> (= *zer-, er-*) mhd. <u>tetschen</u> (= *patschen*), dieses wohl lautmalend] *(tw.) zerdrücken, quetschen, plattdrücken (z.B. Obst, Frisur, Gebäck)* {029}

dotottoŕt (ADJ.) [Präfix <u>do-</u> (= *zer-, er-*) + mhd. <u>tateren</u> (= *schnattern, plappern*; später regional *zittern, stottern, aus der Fassung gebracht sein*)] *verdattert.* {026, 015}

dowail (ADV.) [mhd. <u>der wīl(e)</u> (= *der Weile*)] *derweil, inzwischen.* {009}

Dowail, do/s (NOM., KEIN PL.) [Genitivus partitivus v. mhd. <u>wīle</u> (= *Weile, Zeit*) also *der Weile (viel, keine usw.)*; v. ahd. <u>(h)wīla</u>, aus germ. **hwīlō*, dieses L-Bildung zum indogerm. Stamm **kʷeiə-* (= *ruh-*), verwand z.B. mit it. <u>tranquillo</u>] *Zeit (für etwas): ka(-n) Dowail hobm = keine Zeit haben.* {026}

dowailonk (in ans/in eippas) (ADV.) [„der Weile lang"] *Sehnsucht (nach jdm./etw.), Heimweh.*

dowearn (VERB) [mhd. <u>erwerden</u> (= *zunichte werden, verderben*)] *verderben, zugrunde gehen.* {029}

dowearnt (ADV.) [v. mhd. <u>wer(e)n</u> (= *dauern*)] *währenddessen.* {026}

Dowischilats, s (NOM.) [v. <u>dowischn</u> (= *erwischen*), v. mhd. <u>wischen</u> (= *sich schnell bewegen*) + Substantivierungssuffix <u>-ilats</u>] *Fangen (Spiel).* {029}

Dremmbl, do (NOM. PL. DREMMBL) [mhd. <u>trēmil</u> (= *kleiner Balken*), zu mhd. <u>drāme</u> (= *Balken, dickes Brett*)] *großes, schweres, längliches Holzstück.* {029}

Driom, do (NOM. PL. DRIOME) [ahd. <u>riomo</u>, mhd. <u>rieme</u> (= *Riemen*); das D- ist durch falsche Abtrennung von einem vorangehenden Wort bzw. durch zusammenhängende Aussprache mit diesem entstanden. Wahrscheinlich vom <u>-n</u> eines Artikels in <u>an riom</u> („ein Riemen"), da <u>ndr</u> leichter auszusprechen ist als <u>nr</u>.] *Riemen.* {026}

Drischl, do (NOM. PL. DRISCHL) [ahd. <u>thriskil</u>, mhd. <u>drischel</u> (= *Dreschflegel*)] *Dreschflegel.* {026}

Drischte, di (Nom. Pl. Drischtn) [mhd. <u>trüster</u>, <u>drüster</u> (= *Haufen, Schar*), weitere Herkunft unklar] *Heuschober in konischer Form mit Mittelstange.* {029}

Drọle, do (Nom. Pl. Drol) [wahrsch. zu dt. <u>drehen</u>/ *etwas, das gedreht ist*; vgl. dt. <u>Draht</u>] *Garbenband.*

droll (Verb) [genaue Herkunft nicht geklärt, wohl verwand mit standarddt. <u>drall</u> (Adj.), dieses aus mittelniederdt. <u>dral</u> (= *fest gedreht, wie z.B. ein Seil*), zu einem nur wenig früher bezeugten <u>drillen</u>. Gleicher Herkunft ist das Substantiv <u>Drall</u> (= *Drehbewegung; Neigung, sich in eine bestimmte Richtung zu bewegen*). Eine Rolle kann auch mhd. <u>trollen</u> (= *in kurzen Schritten laufen*) bzw. <u>trolle</u> (= *Unhold, ungeschlachter Mensch, Tölpel*), von germ. <u>*trulla-</u> (= *Troll*) gespielt haben.] *spielen, nur in der Wendung „Puppm droll" = „mit Puppen spielen".* {026, 029}

dummedụmme (Adv.) [wahrsch. lautl. Vereinfachung von „drumherum"] *rundherum, drumherum.*

durch (Adv.) [neben standarddt. Bedeutung v. *durch* auch Bed. *weg*, *fort*, mögl. v. Zusammensetzungen, die mit Flucht in Zushg. stehen (<u>durchgehen</u>, v. Pferden, <u>durchbrechen</u> usw.), zu Bed. *weg* verallgemeinert; standardsprachl. in keiner Schicht bezeugt] *weg, fort.*

durchgịon (Verb) [→ <u>durch</u> (= *fort*) + „gehen"] *weggehen.*

durchtịon (Verb) [→ <u>durch</u> (= *fort*) + <u>tun</u> (i.S.v. *bewegen, befördern*; vgl. dt. „Tu das weg."] *stehlen.*

E

Ẹadeipfl, do (Nom. Pl. Eadeipfl) [„Erdapfel"] *Kartoffel.*

Ẹadeipflribbla (Nom. Pl. Eadeipflribbla) [→ <u>Eadeipfl</u> + → <u>ribbl</u>] *Reibekuchen aus Kartoffelteig.*

ẹadlass (Adj.) [ahd. <u>ōdi</u>, mhd. <u>oede</u> (= *öde, gering*)] *zu wenig gesalzen.* {026}

Ẹarschtan, di (Nom. Pl. Earschtan) *die Ersteren.*

Ẹarschtjunga, di (Nom. Pl. Earschtjunge) [die „Erstjunge"] *Rind, das zum ersten Mal kalbt.*

Ẹaschpa, do (Nom. Pl. Easchpa) [starke lautliche Vereinfachung von <u>rdb</u> zu <u>schp</u>] *Erdbeere.*

Ẹggo̊te, di (Nom. Pl. Ẹggo̊rtn) [ahd. egerda, mhd. egerde, egerte, vll. aus ēwa (= *Ehe*, im Sinne von *Legitimiertes*) und gart (= Garten, i.S.v. Eingezäuntes), also *(rechtmäßig) einem Bestimmten gehöriges Stück Land*, später Verallgemeinerung auf *Stück Land* generell; im Gegensatz zur standarddt. Allmende, die gemeinschaftlich genutzt wird] *Feldstück; Grasland, das in anderen Jahren als Acker benützt wird.*

Ẹggo̊thai, 's (Nom.) [→ Ẹgo̊te + Hai (= Heu); urspr. wohl das Heu vom Brachland, ohne nähre Spezifikation, wann im Jahr es geerntet wird] *erster Heuschnitt/erstes im Jahr geerntetes Heu.*

eibmp (Adv.) [ahd. eban (= *glatt, gleich, ähnlich*), mhd. eben(e), ebent (= *gerade, gleich, genau, deutlich*)] *ganz (als Steigerung), v.a. in d. Wendung „in eibmp Frio" = „ganz früh am Morgen".* {029}

Ẹiggatte, di (Nom. Pl. Ẹiggatn) [ahd. agida, mhd. egegde (vermutl. von indogerm. *ak- = *spitz*, vgl. lat. acutus)] *Egge (Metallgitter mit nach unten gerichteten Zinken, das zur Lockerung des Bodens über das Feld/den Acker gezogen wird).* {026}

Ẹig̊g̊ima, do (Nom. kein Pl.) [Herkunft unklar; mögl. gleicher Stamm wie standarddt. Segge, welches aber aus dem Niederdt. kommt und im Oberdt. (mhd.) als saher erscheint; eine (erneute) Übernahme aus dem Niederdt. unter falscher Abtrennung des S- (also dann *Egge) könnte die Grundlage des Wortes sein. Segge selbst ist wohl auf ein Wort zur Sippe „säg-" (also *schneiden*) zurückzuführen, welches auf die schneidenden oder sägenden Blattränder dieser Grasarten verweisen könnte. Der zweite Wortteil -ma könnte auf „Mahd" zurückgehen, also darauf, dass es hier um etwas zu Mähendes handelt.] *Seggenarten (Grasarten der Gattung Carex).* {026}

Ẹipflkio̊chl, s (Nom. Pl. Ẹipflkiochlan) *Apfelküchlein (Apfelscheiben im Teigmantel frittiert).*

ẹippa (Adv.) [ahd. eddeswaz, mhd. ete(s)war (= *irgendwo*)] *1. etwa, 2. wohl (i.S.v. „vermutlich").* {026}

eitt (Adv.) [ahd. niwiht (zusammengerückt aus *ne aiwin wihtes = *nicht eines Wesens*), in Dialekten im süddt. Raum net/nit, im Sextnerischen Verlust des n- am Wortanfang, zwischen Vokalen wird es wieder ergänzt: „I on aneitt gschlofn." = „Ich habe auch nicht geschlafen."] *nicht.* {026}

ẹittawa (Adv.) [„nicht etwa"] *nicht besonders.*

ẹittlane (Pronomen, Zahlwort) *etliche.*

Eitze, di (Nom.) [ahd. ezzen (= *beißen*), mhd. etzen (= *weiden, füttern*)] *dritter Graswuchs, der im Herbst abgeweidet wird.* {029}

elbe (Adj.) [ahd./mhd. elwes (= *gelb, bräunlich*)] *hellbraun (besonders von Schafen).* {035}

Elbe, s (Nom. Pl. Elbm) [vgl. → elbe] *bräunliches Schaf.*

Ellant, s (Nom.) [ahd. elilenti, mhd. ellende (ursprüngl. *außer Landes seiend,* i.S.v. *vertrieben, verstoßen*)] *Elend.* {026}

Elze, di (Nom. Pl. Elzn) [germ. *alizō, ahd. erila, mhd. erle] *Grau-/Grünerle.* {026}

endo (Adv.) [v. ahd. (j)enēr (= *jener*, also nicht *dieser hier*)] *jenseits. „Endon Poche" = „jenseits des Bachs".* {035}

Englschtan, do (Nom. Pl. Englstane) [„Engelstein"] *Frühlingskrokus.*

enk (Pron.) [alter Dual, Dat. und im Akk. pl.] *1. alte Höflichkeitsanrede gegenüber einer einzelnen Person, 2. euch.* {035}

Enkl, do (Nom. Pl. Enkl) [ahd. enchil (zu anka = *Glied*), mhd. enkel (= *Fußknöchel*)] *1. Fußknöchel, 2. Enkel.* {029}

enkoans (Adv.) [„euereins"] *jemand wie ihr.*

ente (Adv.) [v. ahd. (j)enēr (= *jener*, also nicht *dieser hier*)] *drüben.* {035}

Ergile, s (Nom. Pl. Ergilan) [„Örgelchen", also *kleine Orgel*] *Ziehharmonika, Ziehorgel.*

Escht, s (Nom. Pl. Eschto) [ahd. nest; Verlust des n am Wortanfang] *1. Nest, 2. Kehricht.*

eschtn (Verb) [„nisten"] *1. unruhig sein, sich ständig hin- und herbewegen, 2. kleinteilig vor sich hin arbeiten; klauben; (beides in Analogie zu den scharrenden, klaubenden Bewegungen eines Elternvogels im Nest).*

essn awwe a Drescha [„essen wie ein Drescher"] *viel essen.*

F

faaltse nicht [„(Da) fehlt sich nichts."] *kein Problem; du brauchst keine Angst zu haben.*

faascht (Adj.) [ahd. feiz(i)t, mhd. veiz(e)t (= *feist, fett*)] *1. fett, 2. dick.* {026}

Abb. 2: à Poochtǧrutte vo Escht = Kehrschaufel voll Kehricht

Faatschpouppile, s (Nom. Dim. Pl. Faatschpouppilan) [ital. fascia (= *Bandage*) + frühnhd. puppe/boppe, aus lat. puppa (Variante von pūpa = *kleines Mädchen*)] *Windelkind.* {026}

fackl (Verb) [→ Focke] *Junge werfen (von Schweinen).*

Fackl, s (Nom. Pl. Facklan) [→ Focke] *Ferkel.*

Facklfocke, do (Nom. Pl. Facklfockn) [→ Focke; „Ferkelschwein"] *Sau, die vor kurzem geworfen hat.*

Faichte, di (Nom. Pl. Faichtn) [ahd. fiuhta, mhd. viehte; geht mögl. auf indogerm. *peuk- (= *stechen*) zurück, womit die Nadeln das Benennungsmotiv wären.] *Fichte.* {026}

Fairmat, do (Nom. Pl. Fairmate) [durch Metathese umgestellte Form von „Feierabend"] *Feierabend; „Fairmat lossn" = „Feierabend machen".*

Fairta, do (Nom. Pl. Fairta) [v. ahd. fīr(r)a, mhd. vīre, entlehnt aus lat. fēriae (= *Tage, an denen keine Geschäfte vorgenommen werden*)] *Feiertag.*

Faloutt, do (Nom. Pl. Falouttn) [v. franz. falot (= *komischer, belustigender Mensch*), aus engl. fellow] *Gauner, Lump.* {009}

feachat (Adj.) [v. mhd. vēch (= *bunt, schillernd*) aus ahd. fēh (*bunt, gesprenkelt*)] *sommersprossig.* {035}

Feare, di (Nom. Pl. Fearn) [Herkunft unklar, vll. v. ahd. ferro, mhd. verre (= *fern*, hier vll. als *weit* verstanden)] *großes Feldstück.* {026}

fearnt (Adv.) [ahd. ferrana, mhd. ferren(e) (= *von ferne*)] *v.a. in der Wendung „va fearnt" = „von weitem", „aus der Ferne".* {026}

feartn (Adv.) [mhd. vert (= *im vorigen Jahr, ein verflossenes Jahr*), v. germ. *ferudi, *feruþi (= *im Vorjahr*)] *letztes Jahr.* {029}

Feasche, di (Nom. Pl. Feaschn) [ahd. fers(a)na, mhd. versen(e), das -r- ist abgeschliffen worden.] *Ferse.* {029}

fechtn (Verb) [ahd. fehtan, mhd. vehten (= *kämpfen, erringen*)] *(auf erschleichende Art) betteln.* {026}

Feddopall, do (Nom.) [„Federnball", „Ball" i.S.v. *Tanzveranstaltung*, nicht *Spielgerät/etwas Rundes*] *„in Feddopall gion" = „schlafen gehen", also „auf den Federnball gehen".*

feenggn (Verb) [Herkunft unklar; wahrscheinl. v. mhd. venken (= *Feuer machen, Funken schlagen*), also in Anlehnung an die halb schlagende, halb reibende Bewegung beim Feuermachen mit dem Feuerstahl; Moser schlägt mhd. <u>vegen</u> (= *fegen*) vor, was inhaltlich und lautlich nicht ganz so gut passt.] *1. etw./sich an etw. reiben, 2. schlecht geigen.* {035}

f<u>ei</u>nschtolan (VERB) [von „Fenster"; vgl. bairisch <u>fensterln</u>] *die Geliebte nachts besuchen, indem man durchs Fenster einsteigt.*

F<u>ei</u>rre, di (NOM. PL. FEIRRN) [ahd. <u>for(a)ha</u>, mhd. <u>vorhe</u>] *Föhre.* {026}

fenn (VERB) [ahd. <u>findan</u>, mhd. <u>vinden</u>] *finden.*

F<u>e</u>ntsche, do (NOM. PL. FENTSCHN) [Herkunft unklar, mögl. Zusammenhang mit → <u>Faatschpouppile</u>, mögl. auch Einfluss von „Vinschgerl" (kleine so bezeichnete Roggenbrötchen aus dem Vinschgau] *(uneheliches) Kind, tw. abwertend, u.a. für unansehnliche/dickliche Kinder.*

Ferg̣l, di (NOM. PL. FERG̣L) [lat. <u>ferculum</u> (= *Traggestell*)] *Gerät zum Heuziehen im Winter.* {035}

Fettn <u>au</u>slossn (NOM.) *Durch das Auslassen/Ausbraten/Ausschmelzen von Fett aus Speck Schmalz gewinnen.*

fetzg̣el (ADJ.) [„pissgelb"; 1. Teil: → <u>fetzn</u>, 2. Teil: ahd. <u>gelo</u>] *gelb wie Urin.*

f<u>e</u>tzilat (ADJ.) [zu mhd. <u>vetze</u> (= *Fetzen, Lumpen*), dieses entweder v. germ. *<u>fat-jōn</u> (= zum Kleid Gehöriges) oder gleichen Ursprungs wie ital. <u>pezza</u> (= *Fetzen, Lumpen, Flicken*) aus mittellat. <u>pettia</u> (= *Fetzen, Lappen*), dieses wiederum vermutl. keltischen Ursprungs, vgl. kymr. <u>peth</u> (= *Stück, Sache*); mhd. mögl. Bedeutung des aufgenähten Flickens auf Kleidungsstücken] *kleinlich.* {026, 039}

F<u>e</u>tzkochl, do (NOM. PL. FETZKACHL) [→ <u>fetzn</u> + ahd. <u>chachala</u>, mhd. <u>kachel</u> (= *irdener Topf*)] *Nachttopf.* {035}

fetzn (VERB) [Herkunft unklar, mögl. ein Wort, das ursprüngl. nur oder auch *koten* bedeutete: Bei Grimm findet sich Fetzer für *Gesäß*, mit der Erklärung, dass dieses „gestrichen" bzw. „gefetzt" werde; eine Rolle mag in diesem Zusammenhang auch lat. <u>faex</u>, Pl. <u>faeces</u> (= *Bodensatz, Hefe*, dann auch *Kot*) gespielt haben. Auch ein Zusammenhang mit mhd. <u>visel, vesel</u> (= *Penis*) ist nicht ausgeschlossen.] *urinieren.* {015, 029}

F<u>i</u>llile, s (NOM.PL. FILLILAN) [„Füllen" ist ein Diminutiv und zugleich eine oberdt. Variante von „Fohlen", beide gehen auf ahd. <u>folo</u>, mhd. <u>vol(e)</u> (= *Fohlen*) zurück, welches wohl zu einem noch älteren Wort für *Tierjunges* gehört.] *Fohlen, Füllen.* {026}

fin<u>o</u>ndo (ADV.) [wahrscheinlich „für-einander", als *vor einander* zu verstehen] *hin und hin, über eine längere Strecke; hauptsächlich in der*

Wendung „finondo oidn" = „abwärts hin und hin" (z.B., wenn etwas beschrieben wird, das sich über einen ganzen Hang hinab hinzieht). Vgl. auch → afanondo oidn.

Fi̯o̯ngg̊e, do (NOM. PL. FIONGG̊N) [mögl. v. ahd. <u>(h)lanca</u> (= *Flanke, Hüfte, Seite, Niere*), vgl. ital. <u>fianco</u> (= *Hüfte, Seite*)] *ein großes Stück Fleisch.* {028}

fioton (VERB) [ahd. <u>fuotaren</u>, mhd. <u>vüoteren</u> (= *füttern*)] *füttern.* {029}

fir(r)- (PRÄFIX) [ahd. <u>furi</u> (*vor, für*), mhd. <u>vür</u>] *vor-.* {029}

fira̯u (ADV.) [→ <u>fir-</u> + „auf"] *bergauf.*

fira̯us (ADV.) [→ <u>fir-</u> + „aus"] *talauswärts.*

firo̯ (ADV.) [→ <u>fir-</u> + „ab"] *bergab.*

fi̯rra (ADV.) [→ <u>fir-</u> + „her"] *hervor; auch: aus dem Haus, z.B.: „nimma firra gian" = „nicht mehr aus dem Haus kommen".*

fi̯rsche (ADV.) [Moser analysiert als „für + sich + hin"; wahrscheinlicher: → <u>fir-</u> + „-hin", wobei der zweite Teil durch das <u>-r-</u> im ersten lautlich zu <u>-schin</u> und in späterer Folge durch Auslautschwächung zu <u>-sche</u> wurde; dafür spricht auch das analoge → <u>hintosche</u> (= *rückwärts*), welches als „hinter + sich + hin" wenig plausibel ist; vgl. auch Nordtiroler Entsprechung <u>firchi</u>, ohne Zischlaut.] *vorwärts.*

Fischg̊i̯de, di (NOM. PL. FISCHG̊IDN) [mögl. v. ital. <u>vischiaia/fischiarella</u> (= *Vogelfang mit Lockvogel*), dieses hat mögl. zwei Etymologien: ital. <u>fischiata</u> (= *Pfeifen, Pfiff*) und ital. <u>vischio</u> (= *Mistel*), v. lat. <u>viscum</u> (= *Mistel*), aus deren klebrigen Beeren der Leim für die Leimruten zum Vogelfang gemacht wurde.] *anzügliche, unartige, sich anbietende Körperhaltung einer Frau (mit den Beinen).* {059, 052}

fi̯schpon (VERB) [ahd. <u>wispalōn</u>, mhd. <u>wispeln</u> (= *flüstern, pfeifen, zischen*). Die Bildungen sind sicher lautmalend und stellen den Reibelaut <u>s</u> heraus.] *flüstern.* {026}

Fi̯se, di (NOM. PL. FISN) [mhd. <u>vese</u> (= *Hülse des Getreidekorns*); mögl. Zusammenhang mit mhd. <u>visel</u> (= *Faser*) oder mhd. <u>visōl</u> (= Bohne), v. lat. <u>faseolus/phasēlus</u>, aus griech. φάσηλος (phásēlos)] *Hülse (von Erbse, Bohne).* {015}

Fi̯tzile, s (NOM. PL. FITZILAN/FUTZILAN) [v. mhd. <u>vetze</u> (vgl. → <u>fetzilat</u>) oder <u>visel</u> (= *Faser*)] *1. Fussel, 2. Schnipsel.* {029}

fla̯ddon (VERB) [rotwelsch <u>fleddern</u> (= *bestehlen*, vermutlich zunächst *waschen* zu rotw. <u>Flatter</u> (= *Wäsche (die im Wind flattert)*)] *(eine Kleinigkeit) stehlen, entwenden.* {026}

flạntschn (Verb) [vermutl. zu mhd. <u>vlans</u> (= *Mund, Maul*); vlg. dazu ahd. <u>flannēn</u> (= *den Mund verziehen*), woraus nhd. <u>flennen</u>; weiter die nhd. verwandten <u>Flunsch</u> (= *zum Weinen verzogener Mund*) und <u>Flansch</u> (= *lippenartiges Verbindungsstück*); mögl. auch ein späterer Einfluss des ital. <u>piangere</u> (= *weinen*)] *heftig weinen (Kind).* {026}

fleạze (Adj.) [nach Moser v. mhd. <u>vlōz</u> (= *Strömung, Flut*); mögl. v. ahd. <u>flezzi</u> (= *flacher/bearbeitbarer Boden, Fußboden*), mhd. <u>vletz(e)</u> (= *Tenne, Stubenboden*), also etwas Flaches und/oder Gerades] *knapp am Rand.* {035}

Fleck, do (Nom. Pl. Flecke) [ahd. <u>flek</u> (= *Fleck, Mal, Stückchen*), mhd. <u>vlec</u> (= *Fleck, Stück Haut, Kuttel*), v. germ. *<u>flekka</u> (= *Fleck*), zu indogerm. *<u>plēk̑</u>- (= *reißen, schälen*)] *1. Fleck, 2. Zunge (Organ).* {029}

fleckn (Verb) [wahrscheinl. zu ahd. <u>flekko</u>, mhd. <u>vlecke</u> (= *Fetzen, Stück, Flecken, Lappen*), also *sich Stücke erbetteln*] *abbetteln.* {029}

flẹddon (Verb) [zu mhd. <u>vlederwisch</u> (= *Gänseflügel zum Abwischen*), ursprünglich <u>vederwisch</u> und sekundär an mhd. <u>vleder(e)n</u> (= *flattern*) angeglichen; also eigentlich *etwas zum Wischen, aus Federn*] *im Haus Staub aufwirbeln.* {026}

Fleiǧǧe, di (Nom. Pl. Fleiǧǧn) [mhd. <u>vlecke</u> (= *Brett, Balken, Bohle*), weitere Herkunft unklar] *(großes) Brett; übertragen: großes Stück von etwas (allgemein).* {029}

Fliẹtsche, di (Nom. Pl. Flietschn) [v. mhd. <u>vletach</u> (= *Fittich, Flügel*), mögl. auch mhd. <u>vletzen</u> (= *ebnen, ausbreiten*) oder <u>vletz</u> (= *geebneter Boden*), beide v. ahd. <u>flaz</u> (= *flach, breit*), vgl. standarddt. <u>fletschen</u> (i.S.v. *breitziehen/-schlagen*)] *breite Hutkrempe; übertr.: allgemein etw. Flaches, Breites.* {035, 015, 026}

Flịndole, s (Nom. Pl. Flindolan) [mhd. <u>vlander</u>] *kleiner Schwebstoff, Staubflocke.* {035}

flinsn (Verb) [mögl. zu ahd. <u>flins</u> (= *Feuerstein*), mhd. <u>vlins</u> (= *harter Stein*); mögl. gemeinsames Benennungsmotiv (Knall) mit → <u>Klopf</u> (= *Fels*)] *ohrfeigen.*

Flịoge, di (Nom. Pl. Fliogn) [ahd. <u>fliuga</u>, mhd. <u>vliege</u> (= *Fliege*)] *Fliege.* {026}

flịttat (Adj.) [v. → <u>Flutt</u>] *schelmisch, heimtückisch.*

Flịttich, do (Nom. Pl. Flittiche) [siehe unter → <u>Flietsche</u>] *Hülsen des Hafers.*

Floạch, do (Nom. Pl. Fleache) [mhd. <u>vlō(ch)</u>, ahd. <u>flōh</u>, germ. *<u>flauha</u>; sehr altes Wort unklarer Herkunft, vll. v. indogerm. *<u>plus</u> (= *Floh*), vgl. griech. ψύλλα (psýlla); im Dt. mgl. an „fliehen" angelehnt;] *Floh.* {026}

floign (VERB) [ahd. fliogan, mhd. vliegen; aus germ. *fleug-a-; das -oi- ist aber nicht ursprünglich, sondern hat sich im Anschluss an mhd. -iu- gebildet; → Einleitung: Abschnitt „Lautliche Besonderheiten" zu typischem -oi-] *fliegen.*

Flotscha, do (NOM. PL. FLOTSCHA) [wohl vergrößernd zu → Flietsche] *1. große Ohren, 2. übertragen: ungeschlachter, dummer Mensch.*

Flotto, di (NOM. PL. FLOTTON) [zu Variante frühnhd. flattern v. mhd. vlackern (dieses ursprüngl. mit Bedeutung *flattern*), wohl zu indogerm. *pläk- (= *schlagen*)] *1.Flügel, 2. Pflugschar.* {026}

Flouck, do (NOM. KEIN PL.) [Herkunft unklar] *nur in der Wendung „an Flouck hobm": leicht verrückt sein.*

Flox, do (NOM. PL. FLAXE) [Es wird oft mit dt. Flachs (Pflanze bzw. deren Fasern) in Verbindung gebracht, oder einem alten „Flecht-Sehne", aber wegen der späten Bezeugung nicht nachweisbar und wenig überzeugend; ersteres ist das Plausiblere von beiden, da Flachsfasern eine gewisse Ähnlichkeit mit Sehnen haben.] *Sehne.* {026}

Flutt, do (NOM. PL. FLITTE) [mögl. v. Falott, aus älter französisch falot (= *komischer, belustigender Mensch*), mögl. aus engl. fellow (älter: felow)] *Lump, Tunichtgut, Taugenichts.* {009}

Focke, do (NOM. PL. FOCKN) [ahd. farh, mhd. varch, vake (= *Schwein, Ferkel*), v. germ. *farha- (= *Schwein*), v. indogerm. *porḱos (= *Wühler, Schwein*)] *1. Schwein, 2. übertragen: unsauberer Mensch.* {029}

Focknploto, di (NOM. PL. FOCKNPLOTON) [mhd. vake (= *Schwein*) + ahd. blat(a)ra, mhd. blätere (= *Blase, Pocke*)] *getrocknete Schweineblase (fand als Säckchen Verwendung).* {029, 026}

Fodn, do (NOM. PL. FADDNE) [ahd. fadum, mhd. vadem, v. germ. *faþma- (= *Umarmung, Klafter*); vermutl. vom Fadenmaß zur heutigen Bedeutung von „Faden" erweitert] *Faden.* {026}

Foir, s (NOM. PL. FOIRDO) [ahd. fiur, mhd. viur, vi(u)wer] *Feuer.*

Foirhaus, s (NOM. PL. FOIRHAISO) [„Feuerhaus"] *Feuerhaus (Wohnhaus), im Gegensatz zum → Fuitohaus.*

folchat (ADJ.) [mögl. Zusammenhang mit dt. fahl und falb (letzteres eine Nebenform von mhd. val, die zumindest bei Tierfellen eine semantisch passende Farbbezeichnung darstellt); mögl. Zusammenhang auch mit standarddt. Falke, welches etymologisch mit „fahl" in Zusammenhang gebracht werden kann] *rothaarig und sommersprossig.* {026}

Fone, do (NOM. PL. FUN) *siehe unter → Fune.*

Fongilats (NOM. KEIN PL., OHNE ARTIKEL) [„Fangiges", „fangen" + Endung -ilats (= -iges)] *Fang-Spiel; „Vosteickilats tion" = „Fangen spielen".*

fonichta (ADV.) [„für" + „nichts"] *1. unnütz, 2. „fonichta san": „sich nicht gesund fühlen", „schwächeln".*

Foseile, di (NOM. PL. FOSEIL) [mhd. visōl (= *Bohne*), v. lat. faseolus/phasēlus, aus griech. φάσηλος (phásēlos)] *Gartenbohne (österr. Fisole).* {039}

Foseilsuppe (NOM.) [→ Foseile (= *Gartenbohne*) + „Suppe"] *Bohnensuppe.*

Fouggatze, di (NOM. PL. FOUGGATZN) [ahd. fochenza, mhd. vochenz(e) (= *Kuchen, Weißbrot*) aus lat. focācia, zu lat. focus (= *Herd*); vgl. it. focaccia] *süßes Gebäck in Form einer Henne zu Allerheiligen.* {028, 029}

fouschgl (VERB) [Herkunft unklar, mögl. zu „basteln"] *ein präzise Arbeit nur schwer schaffen (z. B. einen Faden ins Nadelöhr einfädeln).*

Foutzhoubl, do (NOM. PL. FOUTZHEIBBL) [„Mundhobel"; mhd. → vut + spätmhd. hovel (= *Hobel*), welches eine Rückbildung des aus dem mndd. übernommenen Verbs spätmhd. hoveln (= *hoblen*) darstellt, das selbst auf germ. *hubila- (= *Hügel, Unebenheit*) zurückgeht] *Mundharmonika.* {026}

Fouze, di (NOM. PL. FOUZN) [mhd. vut (= *Hintern, Gesäß, Vulva, Scheide*), das selbst unklarer Herkunft ist; wahrscheinlich ist eine Abstammung von indogerm. *pu- (= *dick, rund*), v.a. in Zusammenhang mit der früheren Bedeutung *Gesäß*, welche sich dann wohl zu *Scheide* gewandelt hat; auch kann die Bedeutung *Mund (mit dicken Lippen)/Schmollmund* ursprünglicher sein und später zu *Scheide* erweitert worden sein.] *Maul, abwertend für Gesicht und Mund; im Gegensatz zum Standarddt. wird das Wort nicht für Scheide/Vulva verwendet.*

fragoniarrn (VERB) [vermutl. scherzhafte Verkomplizierung von → fregiorn, mögl. als Augmentativbildung] *an der Nase herumführen, zum Narren halten.*

Fraithouff, do (NOM.) [ahd. frīthof, mhd. vrīthof (= *eingehegter, eingefriedeter Bereich*)] *Friedhof.* {029}

Fraithouffzaine, di (NOM.) [Friedhof + Zaun] *Wörtl. „Friedhofzäune"; Ortsbezeichnung für das eingezäunte Wegstück vom „Sattler Eck" bis zum Friedhof (Osteingang) in Sexten.*

fregiorn (VERB) [v. ital. fregare (= *reiben*, übertragen *stehlen, hereinlegen*) v. lat. fricāre (= *reiben*), vgl. die ähnlich motivierten Begriffe im Deutschen: anschmieren, abstauben.] *hereinlegen, betrügen.*

frei̯tn (Verb) [ahd. fratōn, mhd. vretten (= *sich wund reiben, quälen*)] *sich plagen und abmühen, kaum über die Runden kommen.* {029}

Frisärpude, di (Nom. Pl. Frisärpudn) [„Frisörbude"] *Frisörsalon.*

frisch (Adv.) [ahd. frisk, mhd. vrisch (= *neu, munter, keck*)] *1. jetzt gleich (statt später), 2. sogar, sogar schon.* {029}

Froa̯ne, di (Nom. Pl. Froan) [wahrscheinlich v. mhd. vrōne (= *Herrschaftsdienst, Frondienst*), zu ahd. frōn (= *dem Herren gehörig*), zu germ. *frauja- (= *Vorderer, Herr*), zu indogerm. *prō̯u̯o- (= *vorwärts*).] *ebene Felder auf dem Sextener Talboden, orografisch links.*

Froa̯nila, do (Nom. Pl. Froanila) [→ Froane (= in diesem Fall: *Feldabschnitt in Sexten, wo Gerste angebaut wurde*) + -ila: Zugehörigkeitssuffix (= entspricht dt. -ler wie in Wissenschaftler)] *Gerstekaffee.*

Fro̯tsche, di (Nom. Pl. Frotschn) [vermutl. zu dt. Fratze, aus ital. frasche (= *Possen*), wahrscheinl. zu ital. frasca (= *Laubbast, der als Zeichen für eine geöffnete Schänke ausgesteckt wurde*) ; Bedeutungsübertragung vom ausgelassenen Treiben in Schänken auf *entstelltes Gesicht*] *1. hässliches Gesicht 2. beleidigtes Gesicht.* {035, 026}

Fro̯tze, do (Nom. Pl. Frotzn) [frühnhd. fratz(e): vermutl. selbe Herkunft wie unter →Frotsche aufgeführt; ital. frasca (= *ausgelassener, unsteter, liederlicher Mensch*)] *Fratz, unfolgsames Kind.*

froṷtzl (Verb) [Herkunft unklar, viell. zu ital. frottola (= *Flause, Scherzlied, Märchen*) oder zu → Frotze] *zum Narren halten, an der Nase herumführen (abweichend vom standarddt. frotzeln, welches auf verbales Necken beschränkt ist)* {026}

frui̯tig (Adj.) [mhd. vruotic (= *eifrig, behende, munter*), dieses vll. zu ahd. fruoi (= *früh, morgendlich*)] *lebhaft, quirlig.* {029}

fu̯ddo (gion) (Adv.) [von mhd. vu(r)der (= *weiter nach vorn*; „vor" + „dar")] *1. weiter nach vorne (gehen), 2. aufstehen, sich von wo wegbewegen (meist i.S.v. aus dem Weg gehen, Platz machen); auch als Aufruf: „Fuddo!" = „(Na los,) weg da!".* {035, 029}

Fu̯ddomott, s (Nom. Pl. Fuddomeido) [Herkunft des ersten Teils unklar, mögl. v. → fuddo (= *weiter nach vorn, fort*), wegen der peripheren Lage der Bergwiesen, + mhd. māt (= *Mahd, Mähen, Heuernte, Heu, Wiese*)] *Mahd der Bergwiesen.* {029}

Fui̯do, s (Nom. Pl. Fiedo) [ahd. fuodar, vermutl. Instrumentalableitung zu fahren, mhd. vuoder (= *Fuder, Wagenladung*)] *Fuder, Wagenladung, beladener Schlitten/Wagen (Heu, Holz, Korn).* {026}

Fuiß, do (Nom. Pl. Fießе) [ahd. <u>fuoz</u>, mhd. <u>vuoz</u>] *Fuß.* {029}

Fuitohaus, s (Nom. Pl. Fuitohaiso) [„Futterhaus"] *Futterhaus (hier sind Futtermittel wie Heu untergebracht, in moderner Zeit auch der Stall), im Gegensatz zum → <u>Foirhaus</u>.*

Fune, do (Nom. Pl. Fon (bzw. Fun)) [ahd. <u>fano</u>, mhd. <u>van(e)</u>, aus germ. <u>*fanōn</u> (= *Tuch*); hier hat sich im Dialekt das männliche Geschlecht erhalten, welches im Neuhochdeutschen weiblich ist.] *Fahne.* {026}

Funze, di (Nom. Pl. Funzn) [mögl. Ableitung von „Funke", vgl. dt. <u>Funzel</u> (= *schwache Lampe*); ein inhaltlich zwar plausibler Zusammenhang mit ahd. <u>funs</u> (= *bereit, bereitwillig, willig, geneigt, aufnahmebereit, gespannt*), auf welches im Niederdt. <u>funseln</u> (= *die Hände rasch/verstohlen bewegen; kleinteilige Arbeiten verrichten; durch Hin- und Herfahren mit den Händen an einer Arbeit diese stümperhaft mache*n) zurückgeht, ist aufgrund der Beleglage unwahrscheinlich.] *jammerndes, lästiges Weib (im Gegensatz zu österr. Bedeutungen, wo eher eine dumme, eingebildete Frau gemeint wird).* {026, 015}

Furbm, do (Nom. Pl. Firbme) [mhd. <u>form</u>, <u>furm</u>, v. lat. <u>fōrma</u> (= *Gestalt, Schönheit*)] *1. Form (einer Sache), 2. Figur (Körperform eines Menschen oder Tiers).* {029}

Fusslwerch, s (Nom. kein Pl.) [„Fusselwerk", Herkunft unklar, wohl Variation zu mhd. <u>visel</u>, <u>vesel</u> (= *Faser*)] *wertlose, kleine Reste.* {026}

Futzile, s → *Fitzile*

Fux passn [„Fuchs" + <u>passn</u> (= *warten auf, abpassen*) von frz. <u>passer</u> (= *vorübergehen, hingehen*), welches zu <u>aufpassen</u> und <u>abpassen</u> i.S.v. *sich hinwenden* geführt hat; in Anlehnung an den Jäger, der vor dem Fuchsbau darauf wartet, dass das Tier herauskommt;] *Warten des Mannes auf die Geburt seines Kindes.* {026}

fuxat (Adj.) [mhd. <u>vuhseht</u>: <u>vuhs</u> (= *Fuchs*) + Adj.suffix <u>-eht</u>, also *fuchsig*; vgl. standarddt. <u>fuchsicht</u>] *rothaarig.* {035, 015}

G

ga (Adv.) [ahd. <u>gagan</u>, mhd. <u>gagen</u> (= *gegen, in Richtung von*)] *nach ..., in Richtung von ...; „ga Mousa" = „nach Moos" (Moos: Ortsteil von Sexten).* {029}

gach(e) (Adv.) [ahd. <u>gāhi</u>, mhd. <u>gāch</u> (= *jäh, schnell*)] *schnell.* {029}

g̊ag̊l/g̊ang̊l (Verb) [ahd. gougalōn, mhd. goukeln/gougeln (= *sich ausgelassen gebärden, hin und her gaukeln, sich hin und her bewegen, flattern*), mögl. auch Einfluss v. mhd. gāch (= *jäh, rasch*)] *fuchteln, gestikulieren; mit Vorsilben (z.B. → oidn-) auch „stoßen", z.B. etw. aus Versehen vom Tisch stoßen.* {029, 026}

g̊aig̊on (Verb) [Herkunft unklar, vll. zur selben Grundlage wie unter →g̊ag̊l/g̊ang̊l ausgeführt] *zögern.*

G̊aische, di (Nom. Pl. G̊aischn) [vll. v. mhd. gouse bzw. d. Verkleinerungsform göuse (= *hohle Hand, auch als Maßeinheit*)] *kleiner Bauernhof mit wenig Besitz.* {015, 029}

g̊ale (Adj.) [vielleicht zu mhd. galle (= *Galle, Bitteres*) oder mhd. gol (= *munter*)] *geschmacklos, ungesalzen.* {035, 029}

G̊ammaze, di (Nom. Pl. Gammazn) [ahd. gamiza, mhd. gemeze; aus spätlat. camōx, dieses wohl aus einer älteren Alpensprache, z.B. zu einer keltischen Wurzel *cam- (= *gekrümmt*), die auf die Hörner der Gämse Bezug nehmen könnte] *Gämse.* {019, 059}

g̊ammazn (Verb) [Schallwort: *wie eine Gämse machen*] *erbärmlich jammern und schreien.*

G̊ane, di (Nom. Pl. G̊an) [ahd. gnanisto, mhd. ganeist (= *Funke*)] *Funke.* {029}

G̊ang̊g̊o, do (Nom. Pl. G̊ang̊g̊on) [vermutl. v. altnord. Beinamen des Gottes Odin „gangari" (= *der Wanderer*), siehe Abschnitt Gylfaginning in der Snorri-Edda; die Bedeutung unter 4. hat vermutl. eine andere Etymologie, in einem Wort, das mit *weben* zu tun hat, vgl. z.B. finn. kankuri (= *Weber*)] *1. Teufel, 2. böses Kind, 3. vermutl von 2. abgeleitet: Linkshänder. 4. Weberknecht.* {026}

G̊ang̊g̊ole, do/s (Nom. Pl. G̊ang̊g̊olan) [siehe unter → G̊ang̊o] *Verkleinerungsform von → G̊ang̊o.*

Gänserupfn (Nom. Pl.) [in Anlehnung an Aussehen der Haut einer gerupften Gans] *Gänsehaut haben.*

G̊arndle, s (Nom. Pl. Garndlan) [ahd. gadum (= *Haus/Hütte mit nur einem Raum*), mhd. gadem, bair., österr. mit Erweichung des -d- zu -r-.] *Nebenraum der Küche/Stube.* {015, 029}

G̊arnle, s (Nom. Pl. Garnlan) [ahd., mhd. garn (= *Garn*); zu indogerm. *ǵh(e)r-n- (= *Darm*); Garn wurde also ursprünglich aus Darm gefertigt.] *Garnbündel, die ausgekocht wurden, damit sie weiß und weich wurden. Daher die Redewendung „Soidn awwe Garnlan" (= sieden wie Garnbündel; wird gesagt, wenn etwas heftig kocht).* {026}

g̊arrazn (VERB) [lautmalend, mit für Schallwörter typischem Suffix „-(et)zen"] *knarzen.*

G̊arre, di (NOM. KEIN PL.) [ahd. <u>karra</u>, <u>garra</u>, mhd. <u>karre</u>, <u>garre</u> (= *Karren*), v. germ. *<u>karruz</u>, dieses v. lat. <u>carrus</u>, aus gall. <u>carros</u>, zu indogerm. *<u>k̑ers</u>- (= *laufen*), in der Wendung „va do G̊arre gion" also wörtl. „aus dem Karren gehen", was wohl meint „dem Karren aus dem Weg gehen"] *nur in der Wendung „va do G̊arre gion" = „ausweichen", „aus dem Weg gehen".* {029}

Gas, di (NOM. PL. GAS) [ahd., mhd. <u>geiz</u>] *Ziege (süddt., österr. Geiß).* {029}

g̊aschton (VERB) [vll. v. ital. Verb <u>incastrare</u> mit einer mögl. alten Bedeutung *einschließen*, dann wäre es *irgendwo hineinscheuchen.* Mögl. auch Zusammenhang mit „hasten" (vgl. mhd. <u>heistieren</u> = *eilen, laufen*), mit Vorsilbe „ge-"] *(ver-)scheuchen.* {059}

Gaßestraube, di (NOM. PL. GAßESTRAUBM) [ahd., mhd. <u>geiz</u> (= *Ziege*), +mhd. <u>strübe</u> (= *Backwerk, unregelmäßig gitterartiger Spritzkrapfen, abgeleitet v. wörtl. Bed. „Sträuben (der Federn)"*), also *Strauben für die Ziegen*] *1.Sammelbegriff für Rentierflechte und Isländisches Moos, 2. Kammkoralle, Goldgelbe Koralle (Pilze).* {029}

Gaßl, di (NOM. PL. GAßL) [ahd. <u>geisila</u>, mhd. <u>geis(s)el</u> (= *Peitsche*)] *Peitsche, Geißel; mit do Gaßl klopfn = traditionelles Knallen mit der Peitsche zu Kirchweih (siehe auch unter → <u>kir̊taklapfn</u>)* {029}

g̊atzig̊ (ADJ.) [Herkunft dunkel; mehrere Möglichkeiten: 1. v. → <u>gazn</u> (in diesem Zusammenhang als *verwöhnen* verstanden), 2. v. oberd. <u>gatzen</u> (= *schwätzen, gackern*), 3. v. rotwelsch <u>Gatz</u> (= *Kind*)] *eitel, kokett.* {035, 015}

g̊azn (VERB) [Vorsilge <u>ge-</u> + mhd. <u>atzen</u>, aus ahd. (alem.) <u>āzzen</u> (= *füttern, zu essen geben*)] *ein Vogeljunges füttern (durch Elternvögel oder auch Menschen).* {026}

ge (kurzes e); Varianten: gell, gelt (INTERJ.) [mhd. <u>gelte</u> (= *es möge gelten*)] *gell?, nicht wahr?.* {026}

G̊eeng̊mase, di (NOM. PL. GEENG̊MASN) [→ <u>g̊eeng̊n</u> (= *nörgeln, jammern*) + →<u>Mase</u> (= *Meise*)] *Weidenmeise (Poecile montanus).*

g̊eeng̊n (VERB) [mhd. <u>twengen</u> (= *zwängen, eine Beengung verursachen*) > <u>quenge(l)n</u>, oberd. <u>quenken</u>] *jammern, nörgeln.* {026, 015}

gel (ADJ.) [ahd. <u>gel(o)</u>, mhd. <u>gel</u>] *gelb.* {026}

Abb. 3: mit do Gaßl klopfn = mit der Peitsche knallen

gelf (ADJ.) [mhd. <u>gel(p)f</u> (= *glänzend hell, jugendlich lebensvoll*, in Südtirol, z.B. auch in Passeier, teilw. Bedeutungsverschiebung von *glänzend* zu *glatt*)] *schlüpfrig anzufassen.* {015, 035}

Ĝẹrre, di (NOM. PL. ĜERRN) [vll. zu mhd. <u>gerren</u> (= *grell schreien*); mögl. auch Zushg. mit ital. <u>pecora</u> (= *weibl. Schaf*), wofür ein Anlautverlust anzunehmen wäre] *Mutterschaf.* {035}

gfi̯ọrig (ADJ.) [„geführig", also *etwas, das sich leicht führen lässt*] *leicht zu handhaben, praktisch.*

ğfrẹarn (VERB) [kausative Form zu ahd. <u>friosan</u>, mhd. <u>vriesen</u> (= *frieren*)] *zum Gefrieren bringen, meist mit Vorsilben: „ogfrearn" = „etwas durch Frost abtöten" (z.B. im Garten), „ingfrearn" = „(etwas) einfrieren".* {026}

Ĝfrẹitt, s (NOM. PL. ĜFREITTO) [ahd. <u>fratōn</u>, mhd. <u>vretten</u> (= *wund reiben, plagen*)] *schwer zu bewältigende Situation.* {035, 029}

Ĝfriss, s (NOM. PL. ĜFRISSO) [ahd. <u>frezzan</u>, mhd. <u>v(e)rezzen</u> (= *aufessen*; Differenzierung in <u>essen</u> für Menschen und <u>fressen</u> für Tiere beginnt erst in mhd. Zeit)] *hässliches Gesicht (abwertend).* {026}

ğfroi̯rn (VERB) [ahd. <u>friosan</u>, mhd. <u>vriesen</u> (= *frieren*)] *gefrieren, zufrieren.* {026}

ğhẹarn (VERB) [ahd. <u>gihōren</u> (= *erhören, gehorchen, hören auf*), mhd. <u>gehœren</u> (= *hören auf, gehören*)] *gehören.* {029}

ğhott (PTZ.) [„gehabt"] *gehabt.*

Gidạldo, s (NOM.) [mögl. zu mhd. <u>tolde</u> (= *Dolde, Pflanzenkrone, Ast*), vgl. rheingauisch <u>Gedalle</u> (= *Gezweig*)] *wildes Durcheinander.* {003, 015}

gidạucht (ADJ.) [ahd. <u>dūhen</u>, mhd. <u>diuhen</u> (= *schieben, eindrücken, niederdrücken, tauchen*)] *gebeugt (von der Körperhaltung).* {015, 029}

gidrọnge (ADV.) [v. mhd. <u>gedrange</u> (= *drängend, fest, innig, dringend*) + <u>gehen</u>, also *mit Müh und Not/unter Bedrängnis davonkommen*] *nur knapp; „Desch gidronge gong" = „Das war knapp".* {015, 029}

Ĝi̯etsche, di (NOM. PL. ĜIETSCHN) [laut Grimm vll. mit <u>gätsch</u> (= *mutwillig, übermütig*), als Subst. *liederliche Weibsperson,* verwandt, vgl. auch <u>Gatsch</u> (= *körperlich und geistig unreifes Mädchen*); auch möglicher Zusammenhang mit „Kitz" (= *Ziegenjunges*)] *Mädchen (im Osten Südtirols und in Osttirol ist „Gitsche" nicht abwertend, sondern die Normalbezeichnung für junge weibliche Personen).;* → <u>olta Ĝi̯etsche</u> = *ältere unverheiratete Frau.* {015}

** g̊ig̊g̊azn** (VERB) [ahd. gickezzen, mhd. gigezen (= gicksen, einen leichten Schrei ausstoßen; vermutl. lautmalerisch)] *stottern.* {029}

g̊ig̊g̊l, ame eippas (VERB, M. DATIV) [wohl Diminutiv zu mhd. gucken, also „gückeln"] *jm. etw. zeigen, aber dann nicht geben.* {035}

Ĝig̊g̊o, do (NOM. PL. ĜIG̊G̊ON) [lautmalend in Anlehnung an den Ruf des Tiers] *Hahn.*

Ĝig̊g̊ole, s (NOM. PL. ĜIG̊G̊OLAN) [Herkunft unklar, vll. Zushg. mit bair. Kucke (= halbe Eierschale)] *ein Fingerhut voll.*

gikaschtlt (ADJ.) [„gekästelt", also mit Kästchen (Vierecken)] *kariert.*

gilaime (ADJ.) [mhd. gelīme (= eng anstoßend, zusammengeleimt)] *1. eng (anliegend), 2. knapp; „an Gilaim olossn" = „etwas ganz knapp schaffen".* {029}

Gilase, s (NOM.) [ahd. gilāz, mhd. gelāz (= Benehmen, Verhalten, Haltung, Gelassenheit, Ergebenheit etc.)] *1. Getue, Gehabe, 2. „a Gilase mit ame hobm" = „jdm. besonders zugetan sein".* {029}

gilentn (PARTIZIPIALADJ.) [mögl. zu ahd., mhd. lenten (= „länden", landen, heimkehren, ans Ziel bringen, beenden), also (mit den Kräften) am Ende sein] *1. welk, 2. erschöpft.* {029}

Gilgile, s (NOM. PL. GILGILAN) [Verkleinerungsform von → Gulge] *Teigrolle aus Nudelteig wird in kleine Stücke geschnitten; jedes Stückchen (Gilgile) wird schließlich zu einem Kreis ausgewalkt.*

giliddig (ADJ.) [v. mhd. gelide (= Glied, Gebein), vermutl. nicht belegte mhd. Bildung *gelidic analog zu nachgewiesenem geleichic (geleich = Gelenk) = gelenkig] *gelenkig, beweglich.*

giliochte (ADJ.) [mhd. liuhtic (= licht, hell), zu mhd. (ge)liuhte (= Licht, Helligkeit), dieses v. ahd. liuhta (= Licht, Lampe), germ. *leuhta (= Licht), indogerm. *leuk- (= licht, hell, sehen)] *licht, hell, er-/beleuchtet.* {029}

Ĝilla, do (NOM. PL. ĜILLA) [mögl. Entlehnung aus dem Süd-/Westslaw.: vgl. guliti (= schinden, schaben) im Serbokroat. und Slow., gula (= Beule, Geschwulst) im Poln.] *Beule am Kopf (Schwellung von einem Schlag, Stoß).*

Gineat, do (NOM. KEIN PL.) [mhd. genoete (= Not, Bedrängnis)] *Eile; „an Gineat hobm" = „es eilig haben".* {029}

Gineat, do (NOM.) [mhd. genoete (= eifrig, beflissen), zu mhd. nōt (= Not, Bedrängnis, Anlass)] *Eile.* {035}

gineatig (ADJ.) [siehe unter → Gineat] *eilig; „s gineatig hobm" = „es eilig haben".*

G̊ingg̊e, do (NOM. G̊INGG̊N) [Vermutl. durch Lautassimilation des P- am Wortanfang an das -g̊- im Wortinneren aus → Pingg̊l; mögl. auch Einfluss des gegenteiligen → G̊ung̊e] *Hügel.*

G̊innile, s (DIM., NOM. PL. G̊INNILAN) [Verkleinerungsform v. → G̊unne] *1. kleine Mulde, 2. Grübchen im Gesicht.*

gion (VERB) [ahd./mhd.: gān, gēn] *gehen.* {029}

g̊iotla (ADV.) [mhd. güetlich, im Gegensatz zum strengem oder gewaltsamem Vorgehen] *leise, mit Bedacht.* {015}

Giraffl, s (NOM.) [Substantiv Geraffel zu raffeln – oberdt. Nebenform von rappeln; es geht also um *Klapperzeug*] *wertloses Zeug.* {015}

Girichte, s (NOM.) [mhd. rihten (= hier i.S.v. *in einen Zustand bringen*) mit manchmal pejorativ gebrauchter Vorsilbe gi- (Standarddt. ge-: vgl. Getue, Gehabe, Gerede)] *große Unordnung.* {029}

giroidn (VERB, M. AKK.) [ahd. riuwan, mhd. riuwen (= *reuen, beklagen, schmerzen*)] *bereuen: „Des giroitme" = „Das bereue ich".* {029}

Gitaatsche, s (NOM.) [„Ge-" + lautmalerischer Teil, also ca. *Gepatsche*] *(Schnee-)Matsch.*

gitatig (AJD.) [Adj. zu mhd. getāt (= *Tat, Werk, Beschaffenheit*), wohl in Anlehnung an die Bearbeitbarkeit] *weich, geschmeidig (Stoff).*

G̊itschile, s (DIM., NOM. PL. G̊ITSCHILAN) [Siehe unter → G̊ietsche] *kleines Mädchen.*

Giwasso, s (NOM.) [„Gewässer"] *Hochwasser (nicht „Gewässer", dieses heißt einfach Wosso).*

Giwilke, s (NOM.) [„Gewölk"] *Wolken, Gewölk.*

Giwont, s (NOM. PL. GIWANTO) [mögl. Bezug zu ahd. giwant, mhd. gewant (= *etwas Gewendetes*, vll. in Bezug auf Tuch in Ballenform, worin das Tuch aufgewickelt/gefaltet, also *gewendet* ist), als *Kleidung* aber wahrscheinlich Umdeutung aus ahd. giwāti, mhd. gewāte (= *etwas Gewebtes*)] *Hauptbedeutung: Kleidung; Nebenbedeutung: Gewand.* {026}

g̊lag̊g̊l (VERB) [lautmalend wie klacken] *1. baumeln (meist v. etwas fast Abgerissenem/-geschlagenem), 2. die Klinke einer (abgeschlossenen) Tür mehrmals hintereinander schnell betätigen, 3. übertr.: schleifen (lassen): „Lossz la eitt g̊lag̊g̊l!" = „Lass es mal nicht schleifen/Werde nicht nachlässig!".*

ğlai (ADV.) [ahd. gilīh, mhd. gelīch(e) (= *gleiche Gestalt habend*); bei der zeitlichen Bedeutung ist wohl *im gleichen Moment* gemeint.] *gleich, sofort.* {026}

ğlangğon (VERB) [wohl zu mhd. glunkeren, glanken (= *baumeln*), dieses zu mhd. glunke (= *Locke*) bzw. zu indogerm. *hlanka- (= *Bieg-, Beug-*)] *1. baumeln, 2. Zeit vertrödeln.* {029, 015, 019}

ğlaschtig (ADJ.) [mhd. glast (= *Glanz, Schimmer*), wohl zu „Glanz"-wörtern; der Lautliche Zusammenhang ist nicht hinreichend klar.] *1. durch den Wind glatt gewetzt , 2. vor fettigem Schmutz glänzend (z.B. Lederhose).* {026}

Ğleiğğl, s (DIM., NOM. PL. ĞLEIĞĞLAN) [siehe unter → Ğlouğğe] *Glöcklein.*

ğleischpon (VERB) [wahrscheinlich selbe Herkunft wie → ğlaschtig; das -p- im Wortinneren kommt möglicherweise von einer Analogiebildung zu anderen Wörtern mit -schp.] *glitzern (z.B. Christbaumschmuck).*

Ğlifl, s (DIM., NOM. PL. ĞLIFLAN) [mhd. glufe (= *Stecknadel*); Verkleinerungsform von → Ğlufe] *Stecknadel.* {026}

Ğlinschtra, do (NOM. PL. ĞLINSTRA) [mhd. glinstern (= *glänzen, strahlen*), zu mhd. glins, v. ahd. glinz (= *Glanz*)] *heftiger Blitz.* {029}

Ğlitsch, do (NOM. PL. ĞLITSCHE) [Herkunft unklar; der Wortstamm steht normalerweise mit der Bed. *gleiten* in Zusammenhang, welche hier wenig plausibel erscheint; mögl. Zusammenhang mit ahd. glizza (= *Zweig*), mhd. glitze (= *Speer, Spieß*), was auf eine Bauweise des gemeinten Pferchs aus Ästen/Stangen hinweisen könnte; auch mögl. Zushg. mit slaw. kletka (z.B. slowen.) für *Käfig*] *1. (Tier-, Schweine- usw.) Pferch, 2. mit Holz abgetrennte Nische zur Lagerung von Kartoffeln.*

Ğloara, do (NOM. PL. ĞLOARA) [Substantiv zu → ğloarn] *willenloser, nachlässiger Mensch (männl.).*

Ğloare, di (NOM. PL. ĞLOARN) [Substantiv zu → ğloarn] *willenloser, nachlässiger Mensch (weibl.).*

ğloarn (VERB) [wahrscheinlich zu mhd. glar(r)en (= *stieren*), zu germ. *glas- (= *glänzen*), zu indogerm. *ghel- (= *glänzen, schimmern*); der semantische Zusammenhang ist aber wenig klar; vll. *jemand, der nur in die Luft starrt*] *trödeln, Zeit verplempern.* {029, 015}

Ğlondo, do (NOM.) [lat. coriandrum/coliandrum, ahd. kullantar] *Koriander.* {035}

ğlosskato (ADJ.) [ahd./mhd. glas + mhd. heiter (= *klar*, vom Himmel)] *wolkenlos, sternenklar (besonders in kalten Nächten).* {029}

ǧlottawaus (ADV., HAUPTSÄCHL ALS INTERJ. VERWENDET;) [„glatt“ + → awaus (= *hinunter, tw. hinaus*), also ≈ *glatt heraus, vollständig*] *tatsächlich.*

ǧlotzat (ADJ.) [ahd./mhd. glaz (= *Kahlkopf*)] *1. kahlköpfig, 2. abgefahren (Zustand von Fahrzeugreifen).* {029}

Ǧloudo, do (NOM. PL. ǦLOUDO) [vermutl. mhd. goder (= *Gurgel, Schlund*)] *Wamme (= Hautfalte an der Unterseite des Halses der Kuh).* {035}

Ǧlouǧǧe, di (NOM. PL. ǦLOUǦǦN) [ahd. glocka, klocke, aus dem air. cloc(c) (= *Schelle*), selbst vermutl. lat. Ursprungs; die irischen Missionare, welche die Christianisierung West- und Mitteleuropas maßgeblich vorantrieben, trugen Handglocken, deren Bezeichnung später auf große Kirchenglocken übertragen wurde.] *Glocke.* {026}

Ǧlufe, di (NOM. PL. ǦLUFN) [mhd. glufe (= *Stecknadel*)] *1. Sicherheitsnadel, 2. Haarnadel.* {026}

Ǧluǧǧhenne, di (NOM. PL. ǦLUǦǦHENN) [mhd. klucke (= *Bruthenne*); lautmalend] *Gluckhenne.* {029}

ǧluǧǧn (VERB) [lautmalend] *glucken (besondere Laute der Gluckhenne).*

Ǧlump, s (NOM. PL. ǦLUMPO) [„Gelump“, zu „Lumpen“] *wertloses Zeug.*

ǧlunzn (VERB) [wahrscheinl. v. mhd. glünsen (= *glimmen*)] *mit halb zugekniffenen Augen schauen (wenn jemand kurzsichtig ist).* {029}

Ǧnaǧǧ, s (NOM. PL. ǦNAǦǦO) [mhd. genicke, welches im Ablaut zu ahd./mhd. nac (= *Hinterhaupt, Nacken*) steht, welcher im südbair. Raum nicht übernommen wurde, womit ge- dazukommt, das -a- aber bleibt und nicht durch -i- ausgetauscht wird] *Genick.* {026}

Goale, di (NOM. PL. GOAL) [mögl. v. mhd. geil (= *mutwillig, lustig, übermütig, ungestüm, gierig* u.a.); mögl. Zushg. mit ahd. zōha, mhd. zōhe (= *Hündin*), als Weiterbildung mit -l-, vgl. standarddt. Töle] *Hund (abwertend; nicht nur für weibliche Tiere).* {026}

ǧoapm, mit ame (VERB) [mhd. gapen (= *spielen, gaukeln, hin und her gaukeln*)] *1. mit einem kleinen Kind spielen, hin und her gaukeln, 2. bei Erwachsenen: flirten.* {029}

goddon (VERB) [wahrsch. lautmalend] *glucksen (Baby).*

Goǧǧile, s (NOM. PL. GOǦǦILAN) [vermutl. in Anlehnung an das lautmalende gackern; mögl. Einfluss von österr. Kucke/bair. Gucke (= *halbe Eierschale, v.a. als Hohlmaß*), welches derselben Herkunft sein kann; auffällig ist auch das ital. (seltene/ältere) cocco (= *Ei*), welches auch vom Gackern des Tiers abgeleitet wird.] *Ei.* {039}

ǧoǧǧon (VERB) [lautmalend] *gackern (v.a. nach dem Eierlegen).*

Ĝoǧilǫre, do (NOM. PL. ĜOǦILORA) [Herkunft unklar, vll. zu standarddt. <u>Kokolores</u> (= *Unsinn, Getue*), 17. Jh.; das Wort stammt wohl aus der Über- lieferung, in der zum Anschein der Gelehrsamkeit pseudo-lateinische Wörter gebraucht werden; so etwa in englischem Kontext <u>cockalorum</u> für *Hahn.* Vermutlich ist ein solches Wort (mit späterer Umgestaltung) stellvertretend für eitles Prahlen verwendet und dann verallgemeinert worden. Die Bedeutung *Pantoffelheld* passt hier einigermaßen: Jemand, der groß redet, zu Hause aber nichts zu sagen hat.] *Pantoffelheld.* {026}

goißn (VERB) [ahd. <u>giozan</u>, mhd. <u>giezen</u>] *gießen.*

Gǫlfant, s (NOM. PL. GOLFANT) [mhd. <u>galvei</u> (= *Trockenmaß für Getreide*)] *Ge- treidehohlmaß.* {029}

Gǫlge, do (NOM. PL. GOLGN) [Herkunft unklar, vll. scherzhaft *so steil wie ein Galgen?* Mögl. auch ein Zusammenhang mit → <u>wolgn</u> (= *stürzen und ins Rollen kommen*] *sehr steiles Feld.*

Gǫllemǫřt, do (NOM.) [Hl. <u>Gallus</u> (Namenstag am 16. Okt.) + <u>Markt</u>] *großer Markt im Herbst in der nahegelegenen Marktgemeinde Innichen.*

golt (ADJ.) [ahd./mhd. <u>galt</u> (= *unfruchtbar*)] *unfruchtbar (bei Tieren).* {029}

Gǫltvich, s [→ <u>golt</u> + Vieh] *Galtvieh (noch nicht Milch gebendes weibli- ches Rind).*

Ĝomęlga, do (NOM. PL. ĜOMELGA) [siehe unter → <u>Ĝomelgn</u>] *Bewohner des Comelico (Nachbargebiet Südtirols in der Region Venetien).*

Ĝomęlgn, s (NOM., GEOGR. BEZ.) [von ladin. <u>Comélgo</u> (= Gebiet südwestlich des Kreuzbergpasses in Venetien mit ladinischsprachiger Minderheit); die Sextner Bezeichnung leitet sich von diesem Begriff ab, der dort in der Form <u>Comelico</u> in den Namen einiger Gemeinden vorkommt.] *Come- lico, gemeint ist hauptsächlich das Gebiet Cadore (Nachbargebiet Südtirols in der Region Venetien, eine Tallandschaft bzw. histori- sche Landschaft).*

Ĝomįlbmtee, do (NOM.) [mhd. <u>gamille/kamele/camille</u> + <u>Tee</u>] *Kamillentee.* {029}

Gǫnsa, do (NOM. PL. GONSA) [„Ganser"] *männliche Gans.*

Ĝǫntomǫřt, do (NOM.) [Hl. <u>Candidus</u> + <u>Markt</u>] *großer Markt (Blumen- markt) im Mai in der nahegelegenen Marktgemeinde Innichen.*

Goorn, s (NOM.) [ahd./mhd. <u>garn</u> (= *Garn*), zu indogerm. <u>*ǵh(e)r-n-</u> (= *Darm*); Garn wurde also ursprünglich aus Darm gefertigt.] *Garn.* {026}

gor (ADJ.) [ahd. <u>garo</u>, mhd. <u>gar</u> (= *fertig, bereit*), v. germ. *<u>garwa-</u> (= *fertig, bereit*)] *1. fertig (aufgebraucht), 2. zu Ende (nicht von Speisen; für „gar" i.S.v. „durchgekocht" wird <u>feirtig</u> oder <u>durch</u> verwendet).* {029}

Gǫrbe, di (NOM. PL. GORBEN) [ahd. <u>garba</u>, mhd. <u>garbe</u> (= *Garbe*), vermutlich zu indogerm. *<u>gherbhō</u> (= *Büschel, Rupfung*; wörtl. *das, was ergriffen wird/werden kann*), von welchem auch lat. <u>herba</u> (= *(Heil-)Kraut*); eine Garbe war ursprünglich so viel Korn, wie man mit der Hand umfassen und dann mit der Sichel abschneiden konnte.] *Garbe (= Getreidebündel).* {026}

Ġǫrġe, do (NOM. PL. ĠORĠŅ) [mögl. v. ahd. <u>karag</u> (= *betrübt*), mhd. <u>karc</u> (= *sparsam, listig, geizig, knapp, unfruchtbar* u.a.)] *1. minderwertiger Baum, 2. langes Bein, 3. großer, hagerer Mann.* {029}

Ġǫrrna, do (NOM. PL. ĠORRNA) [ahd. <u>karra</u>, mhd. <u>karre</u> (= *Wagen*), aus lat. <u>carrus</u>, welches selbst aus gall. <u>karros</u> (zu einem Verb für *laufen, fahren*)] *Karrner (Landstreicher).* {026}

Gǫřte, do (NOM. PL. GAŘT(N)E) [ahd. <u>garto</u>, mhd. <u>garte</u>, zu indogerm. *<u>ghortó-</u> Umzäunung] *Garten.* {029}

Ġǫtze, di (NOM. PL. ĠOTZN) [ital. <u>cazza</u> (= *Topf, Pfanne, Schöpflöffel*), v. mittellat. <u>cattia</u> (= *Tiegel, Schöpflöffel*), mögl. unter Einfluss v. lat. <u>catīnus</u> (= *Schüssel*) aus griech. κύαϑος (kyathos = *Tasse, Becher*) entlehnt; das Diminutiv v. <u>catīnus</u>, <u>catillus</u> (= *Schüsselchen*) hat u.a. zu ahd. <u>kezzī</u> (= *Kessel*) und schließlich dem heutigen <u>Kessel</u> geführt.] *Schaumlöffel, Schaumkelle.* {039, 026}

Ġǫuġe, do (NOM. PL. ĠOUĠŅ) [vll. von einem rom. <u>cocco/-u</u>, zu lat. <u>coccum</u> (= *Kern, Beere*), dieses aus griech. κόκκος (kókkos = *Kern, Beere*)] *Pickel, kleine Eiterbeule.* {035, 052}

Gǫusche, di (NOM. PL. GOUSCHN) [Herkunft unklar, vll. v. lat. <u>geusiae</u> (Pl., = *Schlund, Rachen*)] *1. abwertend für Mund, 2. Schelte.* {035}

Ġraipe, di (NOM. PL. ĠRAIPM) [ahd. <u>grieben</u> (Pl.), mhd. <u>griebe</u>; Herkunft aber uneindeutig: zugrunde liegt lautlich wohl ein westgerm. *<u>greub(j)ōn</u>; vgl. ahd. <u>griobo</u> (= *kleingemachtes Feuerholz*) und ahd. <u>griobo</u> (= *Pfanne*) – vll. liegt ein gemeinsames Schallwort (für *brutzeln*) zugrunde; auch mögl. Zusammenhang mit <u>Graupe</u>, welches vermutlich slaw. Herkunft – vgl. obersorb., poln. <u>krupa</u>, tschech. <u>kroupa</u> usw. (= *Getreidegraupe, Hagelschloße*)] *1. Griebe (= Rest vom Fettauslassen – Graipenkuchen wurde daraus gemacht), 2. schwächlicher Mensch.* {026, 015}

Ġraipmkuchn (NOM. ĠRAIPMKICHNE) [→ <u>Ġraipe</u> (= *Griebe*) + „Kuchen"] *Griebenkuchen.*

Grait, s (NOM. PL. GRAITE) [„Gereit", wahrscheinlich später auf „reiten" umgedeutet von ursprünglichem ahd. girāti, mhd. geræte: Kollektiv zu Rat (raten); demgemäß ist die Bedeutung althochdeutsch *Beratung, Fürsorge*, altsächsisch *Vorteil*. Da das Grundwort, wohl ausgehend von *Vorsorge*, zunehmend konkrete Bedeutung übernimmt (vgl. auch *Hausrat, Vorrat, Unrat*), bekommt auch das Kollektiv zunehmend die Bedeutung *Gerätschaft/Gerät*. Im Sextnerischen wäre außerdem *Girait zu erwarten, was darauf hindeutet, dass das Wort aus dem Norden (Bayern/Nordtirol) eingeführt worden ist: Dort ist die Vorsilbe ge-/gi- zu g- geschwunden.] *Hebel oben am Pflug zum Einstellen der Arbeitstiefe.* {015, 026}

Grallile, s (NOM. PL. GRALLILAN) [v. Koralle, das stimmhafte G- (dieses deutet meist auf ein früheres (stimmhaftes) g hin, im Gegensatz zu (stimmlosem) ğ, welches meist von einem früheren k stammt) ist durch das stimmhafte r beeinflusst; oft auf die Kügelchen des Rosenkranzes bezogen] *Kügelchen (z. B. am Rosenkranz).*

Ĝrampla, do (NOM. PL. ĜRAMPLA) [mhd. grempler, welches selbst v. mhd. grempen (= *Kleinhandel treiben*), über ital. comprare (= *kaufen*) aus lat. comprāre (= *verschaffen*)] *Kleinhändler.* {026}

Grante, di (NOM. PL. GRANTN) [Verwandt oder abstammend von ladin. granëta (= *Preiselbeere*); dieses aus einer kelt. Verkehrsspr. der Alpen in vorröm. Zeit: *granitta (= wohl *Körnchen*), das selbst auf indogerm. *granó- (= *Korn*) zurückgeht, wovon auch lat. granum und dt. Korn abstammen] *Preiselbeere.* {022, 026}

grantig (ADJ.) [ev. Zusammenhang mit oberdt. grennen (= *weinen*)] *zornig und schlecht gelaunt.* {026}

ğrantschl (VERB) [lautmalend] *1. geräuschvoll kauen, 2. mit den Zähnen knirschen.*

Grate, di (NOM. PL. GRATN) [Rückbildung aus dem Pl. v. mhd. grat (= *Grat*), zu einer indogerm. Grundlage *gʰer- (= *Spitze*)] *1. Granne (= Borste von Kornähren), 2. Fischgräte.* {026}

ğratschn (VERB) [lautmalend] *krachen, laut knistern (brechendes Holz, knisterndes Feuer).*

Greatile, s (NOM. PL. GREATILAN) [von „Gretchen" (= häufiger Frauen-/Mädchenname in niederen Gesellschaftsschichten, daher auch stellvertretend für *Magd, Dienerin*); oft werden (scheinbare) Berufsbezeichnungen auf Gegenstände übertragen, die eine ähnliche Funktion erfüllen, vgl. Stiefelknecht, Pfannenknecht usw.] *dreiwandiger, vorne offener Behälter zum Tragen von Küchenholz.*

Ġreġġe, do (Nom. Pl. Ġreġġn) [Bed. 1. unklarer Herkunft; laut Grimm Bed. 2. von Griggel (= *verwachsener Mensch, Krüppel*), welches v. mhd. griggen/grit(t)en (= *spreizen, sich gabeln*), später mit Bed. 1. vermischt] *1. Schlafsand (im Augenwinkel), vertrockneter Augenschleim, 2. etwas Kümmerliches.* {015}

Ġrettl in do Staude, di (Nom. kein Pl.) [„Gretel in der Staude"; es ist unklar, woher die onomastische Bildung/Personifizierung stammt.] *Schwarzkümmel (Nigella sativa).*

Ġrifflpuxe, di (Nom. Pl. Grifflpuxn) [„Griffelbüchse"] *Griffelkasten, Federpennal (aus Holz), in der Schule verwendet.*

grill (Verb) [wahrscheinl. v. mhd. grellen/grillen (= *schreien, jaulen*), selbst mögl. aus indogerm. *gʰer- (= *rasseln, lärmen, gurgeln, murren*); Bed. von den Geräuschen auf das Erbrechen selbst übertragen] *erbrechen.* {029}

Grint, do (Nom. Pl. Grint) [ahd./mhd. grint (= *Schorf*, auch *Glatze*), zu Wörtern für *reiben*, also wohl von der *kahlen/kahlgeriebenen Stelle am Kopf* auf den Kopf als Ganzes übertragen] *1. Kopf, 2. Dickschädel.* {026, 029}

Ġrischpile, s (Nom. Ġrischpilan) [mögl. zu mhd. kraspeln (= *rascheln, knistern, knacken*), dieses wahrscheinl. lautmalend, und/oder ahd. krusta, mhd. kruste (= *Kruste*), diese aus lat. crūsta (= *Kruste*), ursprünglich *verkrustetes Blut*, zu lat. cruor (= *Blut*); mögl. Einfluss v. lat. crīspus (= *kraus*)] *(knusprige) Teigreste (Kügelchen und Tropfen), die beim Backen von Apfelküchlein in der Pfanne zurückbleiben.*

Grite, di (Nom. Pl Gritn) [mhd. griten (= *die Beine spreizen*), aus ahd. gritmāli (= *Schritt*, i.S.v. *einen Fuß vor den anderen setzen*), aus germ. *gridi- (= *Schritt*)] *Schritt (höchste Stelle zwischen den Beinen).* {029}

Grombl, di (Nom. Pl. Grombl) [ital. gramola (= *Breche, Gerät zum Flachs brechen, das dem hier gemeinten Gerät im Aufbau ähnelt*)] *Gerät zum Zerkleinern von hartem Brot: Brett mit einem Hackmesser, das an der Spitze mit einem Gelenk am Brett befestigt ist, sodass das Brot mithilfe der Hebelwirkung unter der Klinge zerkleinert werden kann.* {035}

Ġrompe, do (Nom. Pl. Ġrompm) [zunächst liegt ein Zusammenhang mit dt. Krampe (= *Türhaken, Klammer*) nahe, welches aber erst im 17. Jh. aus dem Niederdt. in die Hochsprache übernommen wurde – es wäre demnach spät ins Sextnerische gekommen; sprachhistorisch entspricht Krampe in den oberdt. Dialekten nämlich Krampf, das -pf wäre also auch im Sextnerischen zu erwarten; wahrscheinlicher ist daher eine Abstammung von (dem wohl auch verwandten) ahd. krumb/mhd. krump (= *ge-*

Abb. 4: di Grombl/di Proatgrombl = Gerät zum Zerkleinern von hartem Brot

krümmt, verdreht), das Wort bedeutete demnach ursprüngl. *der Krumme*] *ungeschickter, plumper Mensch.*

Gront, do (Nom. Pl. Grente) [ahd. grant (= *Trog, Becken, Mulde, Eimer, tro-gartiges ehernes Gefäß*), mhd. grant (= *Trog, Behälter, Eimer, Mulde*)] *große Getreidetruhe mit Abteilungen.* {028}

Ĝroongĝe, do (Nom. Pl. Ĝroongĝn) [mhd. kanker (= *Weberknecht, Spinne*); trotz seiner späten Bezeugung offenbar ein altes Wort. Mit verschiedenen lautlichen Umgestaltungen vgl. nordfränk. kunker, altnord. kongurváfa, altengl. gongelwæfre; zugrunde zu liegen scheint ein Wort für *weben*, weswegen eine mögl. Verwandtschaft mit lat. cancer (= *Krebs*) unwahrscheinlich ist; vgl. die Entlehnung ins Finnische kangas (= *Gewebe*), finn. kankuri (= *Weber*)] *Spinne.* {026}

ĝroschpl (Verb) [laumalend; siehe auch unter → Ĝrischpile] *rascheln.*

Gross, s (Nom. Pl. Greiso) *Gras.*

Ĝrotte, do (Nom. Pl. Ĝrottn) [meistens abgeleitet v. ahd. kratto, mhd. kratte/gratte (= *Korb*), von einem indogerm. *gret- (= *Flechtwerk*), es kann aber auch lat. carrus bzw. die abgeleitete Form lat. carrūca (= *Reisewagen*) zugrundeliegen oder mitgewirkt haben, welche ihrerseits auf gall. karros (zu einem Verbum für *laufen, fahren*) zurückgeht.] *1. Wagen (zum Ziehen), 2. abwertend für mehrspuriges Fahrzeug (Auto, Lastwagen usw.).* {035, 028}

ĝroupazn (Verb) [mhd. kropfizen, v. ahd./mhd. kropf (= *Hals, Bissen, Vormagen, Beuel, Kropf, Rumpf*) + Suffix -zen (= *sagen, ein Geräusch machen wie ...; bezogen auf den Wortstamm*), also *ein Halsgeräusch von sich geben*] *rülpsen.* {029, 026}

ĝroutschn (Verb) [wohl v. ahd. krazzōn (= *(zer-, zusammen-)kratzen, foltern, rupfen, zerfleischen*), mhd. kratzen/kroutzen] *etwas aus der Ordnung bringen.* {029}

gruddl (Verb) [ahd. kuzzilōn (= *kitzeln, nach etwas lüstern sein, reizen, erregen*), mhd. kitzeln/kützeln/kutzeln, das -r- ist vermutlich expressiv und hat zur Sonorisierung des k- und des -t(z)- (zu g- und -dd-) geführt.] *kitzeln.* {026}

Gruimat, s (Nom.) [mhd. grüenmāt, grummat (= *die grüne Mahd, vermutl. weil es der Schnitt der grünen, also jungen, nachgewachsenen Triebe ist*)] *Grummet (zweiter Heuschnitt im Jahr).* {026}

grunnig (Adj.) [vll. verwandt mit „grunzen", dieses lautmalend] *mürrisch.*

Gsaibrare, s (NOM.) [v. ahd. sūbaren (= *säubern, reinigen*), dieses vermutl. aus lat. sōbrius (= *nüchtern*); mhd. sūberen (= *säubern, reinigen, Nachgeburt ablegen, sich absondern aus, befreien von*)] *Nachgeburt bei Tieren.* {029}

Ĝsatzl, s (NOM. PL. ĜSATZLAN) [„Gesätzlein", also *etwas Festgesetztes, eine bestimmte Menge*] *ein Wenig, eine kleine Menge, z.b. für kurze Zeit: „a Ĝsatzl petn" = „ein wenig beten", „a Ĝsatzl → rearn" = „ein wenig weinen".*

Ĝsatzl, s (DIM. NOM. PL. ĜSATZLAN) [„Gesätzlein"; Verkleinerungsform von „Satz" mit perfektivem Präfix „ge-", welches Vollständigkeit, Abgeschlossenheit, Intensität ausdrückt] *Abschnitt beim Rosenkranz.*

ĝscheeřt (ADJ.) [ahd. skeran, mhd. scheren (= *scheren, die Haare schneiden*; Bauern durften kein langes Haar tragen), also ursprünglich *bäuerlich, ungehobelt, provinziell*] *eingebildet, schlechte Manieren habend; allg. abwertend für einen Menschen.* {029}

Ĝschirre, s (NOM.) [ahd. giskirri (= *Waffen, Rüstzeug, Gefäß*), mhd. geschirre (= *Geschirr, Gerät, Einrichtung, Ordnung, Gemächt, Gefäß, Zeug*)] *1. Geschirr (in der Küche), 2. Geschirr (Riemenzeug der Zugtiere).* {029}

Ĝschmochn, do (NOM. PL. ĜSCHMACHNE) [ahd. gismak, mhd. gesmac (= *Geruch, Geschmack, Geschmackssinn, Duft, Gestank, Gefühl, Empfindung*)] *1. Geruch, 2. Geschmack.* {029}

ĝschmorganz (ADV.) [adh. morgan, mhd. morgen (= *Morgen, morgen*), mit prosthetischem -t (→ Einleitung: Abschnitt „Besonderheiten des Wortschatzes"): morgnt; der Rest der Lautgestalt ist wahrscheinlich so zu erklären: das anlautende g- ist wohl aus einem -z- entstanden, welches in benachbarten Dialekten in der Form zmorga(n)ts erhalten ist und als zu- zu interpretieren ist, also *zum Morgen*; z- wird oft zu tsch- umgelautet, dieses entsteht oft aus ĝsch-, hier scheint dieser letzte Prozess umgekehrt worden zu sein, wahrscheinlich, da das tsch- als fehlerhaft empfunden wurde.] *morgens, am Morgen.* {029}

ĝschnochz (ADV.) [zu „Nacht"; zur Lautgestalt siehe unter → ĝschmorganz] *abends, am Abend.*

Ĝschnochz, do (NOM. PL. ĜSCHNACHZE) [Substantivierung von → ĝschnochz] *der Abend.*

ĝschoffn (VERB) [ahd. giskaffōn (= *schaffen, bilden, hervorbringen, errichten, gründen, festsetzen, bemessen, bewirken, wiederbeleben*), aus perfektivem Präfix gi- + skaffōn (= *schaffen, hervorbringen*), letzteres mögl. aus einem indogerm. *skap- (= *Holz bearbeiten*); mhd. geschaffen (Bedeutung nahezu unverändert); die Bedeutung im Tiroler Raum (*miteinander auskommen*) ist wohl auf das perfektive Präfix zurückzuführen, das hier die Möglichkeit anzeigt; das Wort würde dann bedeuten *miteinander arbeiten können*] *1. sich vertragen, 2. Platz haben.* {028}

Ĝschtrain, do (NOM. PL. ĜSCHTRAINE) [v. ital. <u>castrone</u> zu <u>castrare</u> (= *kastrieren*)] *kastrierter Widder.* {035}

Ĝschwanz, s (NOM. PL. ĜSCHWANZO) [mhd. <u>swanzen</u> (= *sich schwenkend bewegen*)] *sehr flüssige, wenig nahrhafte Kost.* {029}

Ĝschwischtratkint, s (NOM. PL. ĜSCHWISCHTRATKINDO) [„Geschwisterkind"] *Kusin/-e.*

Ĝsiff, s (NOM.) [„Gesöff"] *schlechtes (meist alkoholisches) Getränk.*

Ĝsoutt, s (NOM.) [ahd. <u>siodan</u>, mhd. <u>sieden</u>, + Präfix „ge-", also *Gesiede*] *Brühfutter, Häcksel.* {035}

Ĝspuila, s (NOM.) [zu „spülen", v. ahd. <u>spuolen</u>, mhd. <u>spüelen</u>, + Präfix „ge-", also *Gespül*; vgl. standarddt. <u>Spültrank</u> gleicher Bedeutung] *Spültrank (Schweinefutter aus Küchenabfällen).* {026, 035}

Ĝsteibbo, s (NOM.) [„Gestöber", v. mhd. <u>stöuber</u> (= *Jagdhund als „der Aufscheucher"*), dieses zu mhd. <u>stöuben</u>, dieses Kausativum zu <u>stieben</u>, also *stauben machen*] *Schneegestöber.* {026}

ĝsteissn (PARTIZIPIALADJ.) [von einem in anderer Form als dem Partizip nicht oder nicht mehr verwendeten Verb <u>*steissn</u> (= *stoßen*) – das normal gebrauchte Verb für *stoßen* lautet <u>stoaßn</u> (P.P.: <u>ĝstoaßn</u>); es handelt sich also um ein versteinertes Partizip.] *1. verwarnt, 2.gerügt.*

ĝuffn (VERB) [v. ahd. <u>kupfa</u> (= *Becher, Kopfbedeckung, Spitze, Gipfel*), mhd. <u>gupf</u> (= *Gipfel, Spitze*)] *Spiel am Ostertisch: je zwei Ostereier werden Kuppe an Kuppe gegeneinander geschlagen, wessen Ei zuletzt noch ganz ist, gewinnt.* {028, 029}

Ĝufo, s/do (NOM. PL. ĜUFO) [spätmhd. <u>coffer</u> aus frz. <u>coffre</u> (= *Lade, Truhe*), aus lat. <u>cophinus</u> (= *Weidenkorb*), dieses aus griech. κόφινος (kóphinos = *Korb*)] *Koffer (früher eine Holztruhe).* {026, 035}

Ĝuĝĝa, do (NOM. PL. ĜUĜĜA) [von mhd. <u>gucken</u> bzw. <u>gucken-berglin</u> (= *verstecken spielen*). Herkunft unklar. Wenn das Wort alt ist, kann es als germ. <u>*gugg-</u> zu indogerm. <u>*gheuĝh-</u> (= *verstecken*) gehören und würde wohl zunächst *aus einem Versteck hervorschauen* bedeutet haben.] *Feldstecher.* {026}

Ǧụǧǧamụime (NOM. KEIN PL.) [von mhd. gucken (siehe dazu unter → Ǧụǧǧa), der Teil -muime steht wohl für *Muhme* (= *Tante mütterlicherseits*, oder andere weibliche Verwandtschaftsgrade), aus ahd. muoma, mhd. muome, dessen Verwendung in diesem Zushg. nicht ganz klar ist, das Spiel hieße dann nämlich in etwa *Gucktante*] *„Ǧụǧǧamụime tion"* = *„Blinde Kuh spielen".* {029}

Ǧụǧǧohontsche, do (NOM. PL. Ǧụǧǧohontschn) [v. „Kuckuck", welches lt. Moser früher in Pflanzenbezeichnungen häufig war, + „Handschuh" (vll. wegen der Ähnlichkeit zum Finger eines Handschuhs?)] *Stängelloser Enzian (die beiden Pflanzenarten Gentiana clusii und Gentiana acaulis).* {035}

Ǧụǧǧu, do (NOM. PL. Ǧụǧǧu) [lautmalend zum Kuckucksruf] *Kuckuck; steht oft für den Adler des Amtssiegels (z.B. den Gerichtsvollzieher oder dessen Plaketten).* {026}

Gụlge, do (NOM. PL. GULGN) [Herkunft unklar; mögl. zu mhd. gugel(e) (= *Kapuze*) mit Metathese (Lautumstellung), v. lat. cuculla (= *Kapuze*), zu indogerm. *keu- (= *bedecken*)] *verworrener Haufen (Wolle, Heu, Haar).* {026, 029}

Ǧụmpe, do (NOM. PL. ǦụMPM) [mhd. kumpe (= *Schüssel, Napf, Gefäß, Wetzsteingefäß*) - Begriffe für Gefäße werden oft als Bezeichnungen für den Kopf verwendet; mögl. auch Einfluss von mhd. kumpf (= *stumpf*)] *begriffstutziger Mensch.* {029}

Ǧụngǧe, do (NOM. PL. ǦụNGǦN) [vll. v. ital. conca (= *Becken, Mulde*)] *Senke im Gelände.* {035}

Ǧụnne, di (NOM. PL. ǦụNN) [Herkunft unklar, mögl. Verwandtschaft mit → Ǧụngǧe; mögl. Zush. mit mhd. künne (= *Vulva*), v. lat. connus (= *Vulva*), zu indogerm. *keut- (= *bedecken, umhüllen*)] *Mulde.* {029}

Ǧụpf, do (NOM. PL. ǦụPFE) [v. ahd. kupfa (= *Becher, Kopfbedeckung, Spitze, Gipfel*), mhd. gupf (= *Gipfel, Spitze*)] *1. Erhebung im Gelände, 2. abgerundeter Teil von etwas (Brotende).* {028, 029}

Gurfl, di (NOM. PL. GURFL) [wahrscheinl. lautl. Variation von Marmel/Murmel, wobei das g- von einer Vermischung mit „Kugel" kommen könnte] *Murmel.* {026}

ǧuschn (VERB) [aus der Jägersprache: kusch (Befehl an den Hund, sich hinzulegen/still zu sein), aus frz. couche (= *„leg dich"*)] *1. gehorchen, 2. sich unterwerfen.* {026}

Abb. 5: do Ġuġġohontsche = Stängelloser Enzian

gu̲schtrig (ADJ.) [Herkunft unklar, mögl. aus dem ital. ligustro (= *Liguster*), aus lat. ligustrum, welches selbst unklarer Herkunft; es handelt sich dabei um eine Pflanze, die zu den Ölbaumgewächsen gehört, welche oft einen knorrigen Wuchs aufweisen.] *unregelmäßig gewachsenes, knorriges Holz.*

g̑usn (VERB) [Herkunft unklar; mögl. Zushg. mit → g̑lunzn] *mit zusammengekniffenen Augen schauen, weil oder als ob kurzsichtig.*

H

ha̲ambla (ADJ.) [„heimlich"] *heimlich.*

hachl (VERB) [v. mhd. hachel/hechel, Instrumentalbildung zur Sippe, zu der auch das Wort „Haken" gehört, also *etwas, mit dem gehakt wird*] *Flachs durch die Hechel (stacheliges Gerät zum Kämmen) ziehen.* {026}

Hachl, di (NOM. PL. HACHL) [v. mhd. hachel/hechel, Instrumentalbildung zur Sippe, zu der auch das Wort Haken gehört] *stacheliges Gerät zur Flachsbearbeitung, um die Fasern vom Werg durch Kämmen zu trennen.*

Ha̲de, do (NOM.) [zu ahd. heida, mhd. heide (= *ebenes, unbebautes, wildbewachsenes Land*)] *Schneeheide (Pflanze: Erica carnea).* {028, 029}

Ha̲deschlo̲ifa, do (NOM. PL. HADESCHLOIFA) [→ Hade + Schloifa (= *Schliefer/Schlüpfer*), v. ahd. -sliofan, mhd. sliefen (= *schliefen/schlüpfen*), also *Heide(-kraut-)schlüpfer*] *Bergeidechse (Zootoca vivipara).* {026}

Haftl, s (NOM. PL. HAFTLAN) [v. mhd. haftel/heftel: Diminutiv zu mhd. haft (= *Fessel, Haken*)] *Verschluss aus Öse und Haken an Kleidungsstücken.* {026}

Ha̲ftlanpitscha, do (NOM. PL. HAFTLANPITSCHA) [→ Haftl + Pitscha, v. pitschn (= *zwicken, zusammendrücken*)] *1. Handwerker, der Heftel (Verschlusshaken) fertigte, 2. besonders sparsamer Mensch, 3. „aupassn awwe a Haftlanpitscha" = „sehr aufpassen" (wie ein Heftelmacher bei seiner schwierigen Arbeit mit sehr kleinen Drahtstücken).*

hag̑l (ADJ.) [frühnhd. heikel, mögl. aus vordt. *haikula- (= *eigen*)] *wählerisch beim Essen/Fressen.* {026}

Ha̲i, s (NOM.) [ahd. hou(wi), mhd. höu(we)/heu (= vermutl. *gehauenes Gras*)] *Heu.* {026}

ha̲ifl (VERB) [„häufeln"] *anhäufeln (teilweises Bedecken der jungen Kartoffelpflanzen mit mehr Erde, um Platz für das Wachsen von mehr*

Kartoffeln im so entstehenden Damm zu schaffen); kann mit einer Hacke von Hand oder mit einem schmalen Pflug erfolgen.

Haihupfa, do (NOM. PL. HAIHUPFA) [→ Hai + Hupfa (= *Hüpfer*), also *Heuhüpfer*] *Heuschrecke.*

Hailile, s (DIM. NOM. PL. HAILILAN) [v. ahd. houwa, mhd. houwe (= *Haue*)] *kleine Haue.* {029}

haint (ADV.) [ahd., mhd. hīnaht (= *heute Nacht*), Bedeutungserweiterung auf den ganzen Tag laut Grimm erklärlich durch den im früheren Sprachgebrauch bereits nach dem Mittagsmahl beginnenden Abend sowie die ältere Zählung in Nächten statt Tagen] *heute.* {029, 015}

Haiplooche/Haiploe, di (NOM. PL. HAIPLOOCHN/HAIPLODN) [→ Hai + mhd. blahe (grobes Leintuch), aus ahd. blaha; verwandt mit „Plane"] *Heutuch, mit dem ein → Petze geschnürt wurde.* {026}

Haisl, s (NOM. PL. HAISLAN) [„Häuslein"; Toiletten waren früher außen am Haus gelegene oder ganz frei stehende hüttenähnliche Bauten;] *Toilette; „ins/afs Haisl gian" = „auf die Toilette gehen".*

haislraggon (VERB) [→ Haisl + raggon (= *schwer arbeiten*), v. niederdt. rackern (= ursprüngl. *die Arbeit eines Rackers = Abdeckers/Totengräbers verrichten, also Unrat fortschaffen*), vermutl. zu niederdt. racke (= *Kot, Unrat*); Grimm nimmt eine unabhängige parallele Entstehung des Wortes auch im Oberdt. an.] *Sickergrube des Plumpsklos entleeren.* {026, 015}

haitschn (VERB) [Herkunft unklar, mögl. Zusammenhang mit dem kindersprachlichen Wort „heia" für *schlaf-*] *streicheln.*

hale (ADJ.) [germ. *hēla- (= *erforen, glatt*), ahd. hāli (= *glatt, schlüpfrig, glitschig, hinfällig, fallend machend, gleitend, strähnig, unbeständig, flüchtig, unsicher*), mhd. haele (= *verhohlen, verborgen, vergänglich, schlüpfrig, glatt*)] *1. schlüpfrig, 2. schmeichlerisch.* {028, 029}

halfouzat (ADJ.) [→ hale + → Fouze, also *glattmäulig*] *überfreundlich, schleimerisch.*

Hamfeirting, di (NOM.) [ca. „Heimfertigung", v. „heim" + mhd. vertic (= *bereit zum Aufbruch, zur Fahrt*), vgl. standarddt. abfertigen] *kleines Mitbringsel von zuhause (Brot, Wurst...).* {026}

hamilan (VERB.) [ahd. heima, mhd. heim (= *Heim, Welt*) + produktive Nachsilbe -ilan (= *nach etwas anmuten, riechen oder aussehen*)] *heimelig anmuten, sich nach Zuhause anfühlen.* {026}

Hammbl wattn [„Hammel", gemeint war aber ursprünglich wohl → haambla (= *heimlich*) + → wattn] *blind watten (eine Form des Kartenspiels Watten).*

Hammbra, do (Nom. Pl. Hammbra) [„Hammerer", kürzere Bezeichnung für Hammerwurz, dessen Herkunft unklar] *Weißer Germer (Pflanze: Veratrum album).*

hamtrochtn (Verb) [„heimtrachten"] *heimwärts ziehen.*

Hangale, s (Nom. Pl. Hangalan) [„Hängerlein"] *Geschirrtuch.*

hantig (Adj.) [ahd. hantag (= *schwer, bitter, scharf, herb, rau, wild*), mhd. handic (= *schneidend, stechend, scharf, bitter*)] *bitter.* {028, 029}

Hapsschlissl, do (Nom. Pl. Hapsschlissl) [Herkunft unsicher, vll. v. „Hauptschlüssel", mögl. auch v. „happ-" als *schnapp-*, also ein *Schnappschlüssel*, vom schnappenden Geräusch beim Öffnen des zuvor fest verschlossenen Mechanismus] *Dietrich.* {035}

harban (Adj.) [v. ahd. haro (= *Flachs, Flachsfaden, Leinen, Lein*), mhd. har (= *Flachs*)] *aus feinem Leinen, z.B: „harba Tuich" = „Tuch/Stoff aus feinem Leinen".* {028}

Harbmle, s (Nom. Pl. Harbmlan) [ahd. harmilī(n), Verkleinerungsform zu harmo (= *Wiesel*), welches wiederum von indogerm. Zugehörigkeitsbildung zu *kormo- (= *Reif, Schnee, Hagel*) abstammt – das Hermelin ist also „das Schneefarbene".] *Hermelin.* {026}

hasrig (Adj.) [ahd. heis(ar), mhd. heiser, usprüngl. Bedeutung mögl. *rauh*] *heiser.* {026}

Hattile, s (Nom. Pl. Hattilan) [vermutlich zu mhd. hader (= *Lumpen, Fetzen*)] *armseliges Geschöpf.* {035}

Haus hiotn [„Haus hüten"] *auf das Haus aufpassen (z. B. während der Hochzeit).*

hausla (Adj.) [„häuslich", v. mhd. hiuslich, das u.a. *geheim* bedeutet] *vorsichtig.* {029}

hawediere [„Habe die Ehre"] *Grußformel.*

Hawidaschge, do (Nom. Pl. Hawidaschgn) [Herkunft unklar] *unzuverlässiger Mann.*

Haxe, do (Nom. Pl. Haxn) [ahd. hāhs(i)na (= *Achillessehne*), mhd. hachsen (Pl., = *Kniebug der Pferde und Hunde*, selten im Sg. *Schenkel*)] *Bein (anatom.).* {026}

hearisch (ADJ.) [„herrisch"] *überheblich.*

Heaŗtraf, do (NOM. PL. HEAŘTRAFE) [„Herdreif"] *Herdreif: Holzherde haben in der Deckplatte einen kreisrundes Loch, welches mit mehren, konzentrisch ineinanderpassenden Reifen abgedeckt wird, so dass ein kleineres Loch durch Entfernen des jeweils innersten Reifens frei gelassen werden kann und durch Entfernen weiterer Ringe weiter vergrößert werden kann, z.B. um von oben Holz nachzulegen oder auf das Loch gestellte Töpfe/Pfannen direkt der Hitze der Flammen auszusetzen, um (schneller) höhere Temperaturen erzielen zu können.*

Heibbedaxl, s (NOM. PL. HEIBBEDAXLAN) [ahd. ewidehsa (= *Eidechse*), wobei der zweite Wortteil im 19. Jh. falsch zu Echse abgetrennt wurde und eigentlich Dechse heißen müsste; die ursprüngliche Bedeutung ist wenig klar, könnte auf indogerm. *ogᵂʰi- (= *Schlange*) und *tek- (= *laufen*) zurückgehen, womit die Eidechse die *laufende Schlange* wäre.] *Bergmolch (Ichthyosaura alpestris).* {026}

Heinich, do (NOM. KEIN PL.) [ahd. honag, mhd. honic, aus indogerm. *knǝko- (= *goldfarben*)] *Honig.* {026}

Heirl, s (NOM. KEIN PL., MEIST MIT UNBEST. ART. A) [mhd. herel (= *Flachsbündel*), zu ahd. haro (= *Flachs*), also *etwas Kleines, Leichtes*] *ein wenig.* {029}

heiŗte (ADV.) [„härte", also *hart*] *total, vollständig (als Intensivierung): „heiŗte vo Orbat" = „voll mit Arbeit", „schwer beschäftigt".*

Heitz, di (NOM. PL. HEITZN) [v. mhd. hetzen (= *verfolgen, hetzen*, daher auch „Hetzjagd")] *Spaß; „va Heitz" = „zum Spaß".* {029}

helfgoutt [„helfe Gott", früheste Belege in mhd. Zeit, wahrscheinlich aber schon früher verwendet, um gesundheitlichen Schaden abzuwenden, der vom Niesen angekündigt werden könnte] *Gesundheit! (nach dem Niesen).* {015}

Help, s (NOM. PL. HELPO) [ahd. halb, helb (= *Stiel, Heft*), mhd. halp, help (= *Handhabe, Stiel, Heft*), aus germ. *halbi- (= *Handhabe*)] *Heft (= Stiel) eines (meist einhändigen) Werkzeugs.* {028, 029}

Hemmat, s (NOM. PL. HEMMATO) [ahd. hemidi, mhd. hemede (= *Hemd, Unterbekleidung*)] *Hemd. In Sexten eher ungebräuchlich, das Standardwort ist →Pfat.* {026}

Henngair, do (NOM. PL. HENNGAIRE) [„Hennengeier"] *Habicht (Accipiter gentilis).*

Abb. 6: s Heibbedaxl = Bergmolch

Hennkouch, s (NOM. KEIN PL.) [„Hennen(ge)koch"] *als Hühnerfutter ge-kochter Brei.*

her- (VORSILBE) *Vorsilbe mit perfektiver und/oder intensivierender Be-deutung: „herschlogn"* = *„verprügeln" (statt nur schlagen), „her-strofn"* = *„eine saftige Strafe verpassen" (statt nur bestrafen), „hertschippl"* = *„heftig an den Haaren ziehen", usw.*

Herbischt, do (NOM. PL. HERBISCHTE) [adh. herbist(o), mhd. herb(e)st; ur-sprünglich wohl *Ernte*] *Herbst.* {026}

Herbischthade, do (NOM. KEIN PL.) [„Herbstheide(kraut)"; vgl. auch → Hade] *Besenheide (Calluna vulgaris).*

herell (VERB) [mögl. v. ahd. abrello, mhd. aberelle (= *April*), also als Erschei-nung des Aprilwetters, mögl. Zusammenhang mit dem niederdt. hurreln (= *stürzen, brausen*) oder Hurrel (= *Wirbelwind*)] *graupeln.* {029, 012}

herpaitl (VERB) [Vorsilbe → her- + mhd. biuteln (= *beuteln, sieben*), also eigentlich *heftig schütteln*] *(heftig) elektrisieren, einen elektrischen Schlag verpassen.* {029}

Herpfe, di (NOM. PL. HERPFN) [ahd. har(p)fa, mhd. harpfe: wohl in Anleh-nung an Ähnlichkeit mit dem Musikinstrument Harfe] *Schutzbau aus meistens zwei aufgerichteten Baumstämmen mit Querstangen da-zwischen und Dach darüber. Zwischen die Querstangen werden Korngarben zum Trocknen aufgeschichtet.* {029}

Herpfl, s (DIM.NOM. PL. HERPFLAN) [Diminutiv zu → Herpfe] *kleines Holz-gestell, um darauf Heu locker aufzuschichten.*

Hersicht, di (NOM. KEIN PL.) [v. „hersehen" i.S.v. *aussehen* sowie *koopera-tiv/nicht widerständig sein* (auch von Gegenständen)] *Aussicht auf Er-folg; „Es ott ka Hersicht."* = *„Es sieht nicht gut aus/es hat keinen Zweck."*

Hexnpaitl, do (NOM. PL. HEXNPAITL) [„Hexenbeutel"] *Kartoffelbovist (Pilz: Scleroderma citrinum).*

hi unt do *hie und da, ab und zu.*

Hiandowade, di (NOM. KEIN PL.) [„Hühnerweide"] *Alpenazalee (Pflanze: Loiseleuria procumbens).*

hiazan (ADV.) *siehe unter* → *hiazamo.*

hilldon (VERB) [ahd. hellan (= *klingen, erschallen, Töne von sich geben, har-monieren*), mhd. hellen (= *ertönen, hallen, dröhnen, schallen*)] *dröhnen, hallen, widerhallen.* {028, 029}

hilzan (ADJ.) [zu ahd., mhd. <u>holz</u>, aus germ. <u>*hulta-</u> (= *Holz*), lt. Kluge ist Ausgangsbedeutung *die Gesamtheit der zu schlagenden Schösslinge des Niederwaldbaums*] *hölzern.* {026}

hilzrich (ADJ.) [„hölzrig"] *holzig, sehr fasrig (z. B. eine Rübe o.a. Gemüse).*

himmblazn (VERB) [mhd. <u>himellitzen</u> (= *blitzen, wetterleuchten*) aus <u>himel</u> (= *Himmerl*) und <u>bliczen/blitzen</u> aus ahd. <u>blekkezzen</u> (= *schimmern, glitzern*)] *wetterleuchten.* {029}

Himpa, do (NOM. PL. HIMPA) [ahd. <u>hintberi</u>, mhd. <u>hintber</u> (= *Himbeere*), mögl. zu „Hinde" (= *Hirschkuh*) oder (allerdings mit schlechter Beleglage) zu griech. <u>κεντέω</u> (kentéō = *stechen*), also *Strauch, der sticht*] *Himbeere.* {026}

hin (ADJ.) [ahd. <u>hin(n)a</u>, mhd. <u>hin(e)</u> (= *fort*, ursprüngl. *von hier*)] *1.tot (Lebewesen), 2. kaputt (Ding).* {026}

Hinfollnte, s (NOM. KEIN PL.) [„das Hinfallende"] *Epilepsie, veraltet: Fallsucht.*

hintelossn (VERB) [„hinten lassen"] *zurücklassen.*

hinto (1. ADV., 2. PRÄP.) [„hinter"] *1. zurück, 2. hinter.*

hinto- (VORSILBE) [„hinter-"] *Vorsilbe mit der Hauptbedeutung „zurück": „hintogian" = „zurückgehen", „hintokemm" = „zurückkommen" usw.*

hinto(r)sche (ADV.) [ahd. <u>hintar</u>, mhd. <u>hinter</u> + siehe unter →<u>firsche</u>] *rückwärts.* {029}

hintofoutzig (ADJ.) [ostoberdt. Herkunft, mögl. zu <u>fotzeln</u> (Lautvariante zu <u>frotzeln</u>), dann also *hinter dem Rücken zum Besten haben*, oder Ableitung v. bair. <u>Fotz</u> (= *Maul, Mund, Gesicht*)] *hinterhältig, unaufrichtig. Weniger derb als das standardsprachliche* <u>hinterfotzig</u>. {026}

Hintrasofraudntok, do (NOM.) [„Hinter-Unserfrauentag" also *kleiner Marienfeiertag*] *Mariä Geburt (Feiertag, 8. September)*

hintre Laib, do [„der hintere Leib", analog zum *Unterleib* beim Menschen zu verstehen.] *Gebärmutter (von vierbeinigen Säugetieren); „Ba der kimmp do hintre Laib!" = „Die (Kuh) erleidet einen Gebärmuttersturz!" (beim Kalben).*

Hiondl, s (NOM. PL. HIONDLAN) [v. ahd./mhd. <u>huon</u> (= *Huhn*); eigentl. ein Diminutivum] *1. junges Huhn; 2. Küchensprache: Hühnchen.* {026}

Hiondodorbm, do (NOM. PL. HIONDODARME) [„Hühnerdarm"] *Vogelmiere (Pflanze: Stellaria media).*

hioz (ADV.) [mhd. jeze, von älterem je zuo, also *je* + *zu* (analog zu immerzu) mit Bedeutungsverengung auf den gegenwärtigen Zeitpunkt] *jetzt.* {026}

hiozamo (ADV.) [→ hiaz + „einmal"] *vor einigen Tagen, kürzlich, neulich.*

Hirn, s (NOM. PL. HIRNE) [ahd. hirn(i), mhd. hirn(e), wahrscheinlich v. germ. *hersnja- (= *das im Schädel Befindliche*), im Gegensatz zum Standarddeutschen wird das i lang ausgesprochen] *1. Stirn, 2. Gehirn.* {026}

Hoachnsofraudntok, do (NOM.) *Hochunserfrauentag, Mariä Himmelfahrt (Feiertag, 15. August).*

Hobbo, do (NOM.) [ahd. habaro, mhd. habere (= *Hafer*)] *Hafer.* {026}

Hobbogas, di (NOM. PL. HOBBOGAS) [Zugehörigkeitsbildung zu einem alten Wort für *Ziegenbock*, das z.B. für das Altengl. (haefer) und das Altnord. (hafr) nachgewiesen ist. Es handelt sich also um die *Bockziege*, nicht die *Haferziege*, wie das Wort oft volksetymologisch erschlossen wird; Bedeutung wohl von den meckernden, Ziegenlauten ähnlichen Lauten des Tiers abgeleitet] *Waldkauz (Strix aluco; im Unterschied zur gemeindeutschen Bedeutung „Sumpfschnepfe" - Vögel der Gattung Gallinago).* {026}

Hofn, do (NOM. PL. HAFNE) [ahd. havan, mhd. haven (= *Hafen/Topf*), aus germ. *habanō (= *Hafen/Topf*), dieses mögl. zu indogerm. *kap-, *kəp- (= *fassen*)] *Topf mit einem (vertikalen) Henkel und häufig mit Schnabel.* {028, 029}

Holfto, di (NOM. PL. HOLFTON) [„Halfter", v. ahd., mhd. halfter] *Hosenträger.* {026}

Hollekroge, do (NOM. PL. HOLLEKROGN) [Herkunft unklar, mögl. eine tautologische Zusammenfügung zweier gleichbedeutender Substantive zur Bedeutungsverstärkung: mhd., ahd. hals + mhd. krage, aufgrund der Beweglichkeit des Spechthalses wäre der Vogel demnach der *Halskragen*; lautlich kann beim ersten Element dann ein romanischer Einfluss z.B. des Italienischen bestehen, wo das -s im Wort collo (= *Hals*), das gleicher Abstammung wie Hals ist, verloren gegangen ist.] *Specht.*

Holz traibm [„Holz treiben"] *Holzbringung vom Berg ins Tal.*

Hone, do (NOM. PL. HON) *siehe unter* → Hune.

Honnif, do (NOM. KEIN PL.) [ahd. hanaf/hanif, mhd. hanef/han(i)f (= *Hanf*)] *Hanf.* {026}

Hontsche, do (NOM. PL. HONTSCHN) [„Handschuh", mit geschwächtem Auslaut] *Handschuh.*

Abb. 7: do Hollekroge = Specht

Hǫntwaggile, s (NOM. PL. HONTWAGGILAN) [„Handwägelchen"] *zweirädriger Schubkarren.*

Hoongǧe, do (NOM. PL. HOONGǦN) [ahd. hācke, mhd. hāke, das Akkusativ-n ist im Sextnerischen ins Wortinnere gewandert (durch Metathese oder über den Umweg einer Assimilation k > nk und dann Tilgung des endständigen -n)] *Haken.* {026}

Hǫr, s (NOM. 1. PL.: HOR, 2. KEIN PL.) [1. ahd., mhd. hār (= *Haar, Fell, Mähne*); 2. ahd. har(o), mhd. har (= *Flachs*), aus germ. *hazwa- (= *Flachs*); nicht verwandt mit Haar i.S.v. *Menschen-/Tierhaar*] *1. Haar, 2. (nicht zubereiteter) Flachs (nur im Singular verwendet, als Substanzbezeichnung).* {026}

horell (VERB) *siehe unter →* herell.

hoŕt tion (ADJ. + VERB) [„hart tun"] *1. sich schwer tun, 2. schwer lernen (in der Schule).*

Hoschpl, do (NOM. PL. HOSCHPL) [ahd. haspil, mhd. haspel (= *Haspel*)] *Haspel (Garnwinde).* {029}

Hoscht, do (NOM. KEIN PL.) [19. Jh. Harsch; zu einer indogerm. Wurzel *kers- (= *kratzen, schaben*)] *Harsch (vereiste Schneedecke), v.a. in der Wendung „Do heibs Hoscht." = „Der Harsch hält hier." (Hier kann man über den Schnee laufen, ohne einzubrechen).* {026}

Hosneąrl, s (NOM. PL. HOSNEARLAN) [„Hasenöhrchen"] *dreieckige, mit Marmelade gefüllte, frittierte Süßspeise, die eine gewisse Ähnlichkeit mit Hasenohren hat.*

Hǫuffeschtott, di (NOM. KEIN PL.) [„Hofstatt"] *Platz zwischen Feuerhaus (Wohngebäude) und Futterhaus (Scheune und/oder Stall).*

Hǫulweck, do (NOM. PL. HOULWEGE) *Hohlweg.*

Hǫuppra, do (NOM. PL. HOUPPRA) [Herkunft unklar, mögl. Zush. mit „holpern"] *Erhebung/Buckel auf dem Weg.*

Hǫurn, s (NOM. PL. HOURN) [ahd., mhd. horn] *Horn.*

Hǫurnschliete, do (NOM. PL. HOURNSCHLIETN) [„Hornschlitten"] *Hornschlitten: (meist großer) Schlitten mit vorne senkrecht in die Luft stehenden verlängerten Kufen zum Lenken und Halten. Früher zum winterlichen Heutransport verwendet.*

Hǫuŕze, do (NOM. HOURZE) [mögl. eine Vermischung von „Hügel"/„Haufen" und → Pouŕze oder nur eine lautliche Abwandlung von Letzterem] *ein großer Haufen.*

houssl (VERB) *siehe unter* → *houssl.*

Housslmouss, s (NOM. PL. HOUSSLMEISO) [→ houssl + → Mouss, also wohl *sumpfiger Boden, auf dem die Schritte federn/wackeln*] *sumpfiger Boden.*

housson (VERB) [mhd. hossen (= *schnell laufen*)] *1. wackeln, federn, 2. schaukeln (kleine Kinder auf dem Schoß).* {029}

Houttl, di (NOM. PL. HOUTTL) [intensivierend zu → Huddo] *billiges Kleidungsstück/abwertend für Kleidungsstück.* {035}

Huddo, di (NOM. PL. HUDDON) [mhd. belegt in Kompositum huderwāt (= *zerlumpte Kleidung*); vgl. kärnt. Huda (= *schlechtes Tuch*)] *1. (Putz-)Lappen; 2. abwertend für Kleidungsstücke (meist im Pl.; vgl. m. Fetzen im österr. Dt.).* {035, 015}

Huff, di (NOM. PL. HIFFE) [ahd., mhd. huf (= *Hüfte*)] *Hüfte.* {026}

Huit, do (NOM. PL. HIETE) [ahd., mhd. huot (= *Hut*)] *Hut.*

Hune, do (NOM. PL. HUN) [ahd. han(o), mhd. han(e), aus germ. *hanōn (= *Hahn*, eigentlich *der Sänger*)] *Hahn.* {026}

Hunschtuze, do (NOM. PL. HUNSCHTUZN) [„Hahnenbein"; → Hune + → Schtuze] *Giersch (Pflanze: Aegopodium podagraria).*

huntl (VERB) [„hündeln"] *werfen (Junge bekommen, bei Hunden).*

Huntschontn, mit [„mit Hundschanden"; unklare Herkunft; mögl. Wurzeln sind „Hund", „Hunt", „hundert" sowie „Schande" und „schinden".] *mit extremer Anstrengung.*

Huntsputtn, olle [Zusammenziehung von „alle Hundsminuten"; der Bestandteil „Hund-" kann generell in abwertender Bedeutung gemeint sein; die volkstümliche (nicht gesicherte) Deutung ist ein Zusammenhang mit jungen Hunden, die häufig urinieren müssen.] *ständig, immer wieder, in kurzen Zeitabständen.*

huschpl (VERB) [zu → Huschpl] *umherhüpfen, -tollen (v.a. v. spielenden Kindern).*

Huschpl, di (NOM. PL. HUSCHPL) [Herkunft unklar, mögl. zu huschen, also *etwas (zu) schnell tun*, welches selbst vermutl. lautmalend] *flatterhafte Frau.* {026}

hussn (VERB) [mhd. hussen (= *sich schnell bewegen*), davon der Hetzruf an Hunde huss, von welchem wiederum die heutige Bedeutung] *hetzerisch auftreten, Zwietracht säen.*

Hutscheddra, do (NOM. PL. HUTSCHEDDRA) [Herkunft unklar, mögl. v. mhd. hudel/huder (= *Lumpen, zerrissenes Zeug*)] *Landstreicher.* {029}

I

ịbbo (Präp.) [ahd. ubar, mhd. über] *über.*

ịbbo(r)sche (Adv.) [ahd. ubar, mhd. über + hin; zur Lautgestalt siehe → firsche] *in die Höhe, nach oben.* {029}

ịbbohịotig (Adv.) [„überhütig", also *wie ein Hut überstehend*] *überhängend.*

ibboschrạttl (Verb) [„über" + Diminutivbildung zu mhd. schröten/schräten (= *schroten, hauen, schneiden*), also *überschlagen*] *ins Wanken oder Fallen bringen: „Mi otts ibboschrattlt." = „Ich bin hingefallen".* {029}

ịbo (Adv.) [ahd. ubar, mhd. über] *hinüber.*

ibohạpps (Adv.) [mhd. über houbet (= *ohne zu zählen, all, ganz und gar*)] *über den Daumen gepeilt.* {029}

in (Präp.) *1. in (weitestgehend wie im Standarddt. verwendet), 2. um (für Uhrzeiten): „in droi Nommittoge" = „um drei am Nachmittag", 3. ≈ um (zweckgerichtet): „in Schwämme gion" = „auf Pilzsuche gehen" (eigentlich, „um Pilze zu holen gehen"), 4. am: in Zusammenhang mit Bergen/Bergbezeichnungen: „in Perge oubm" = „oben am Berg/bei den Höfen am Berg"; „in Helbme" = „am Helm" (Hausberg von Sexten).*

ịnan (Pron., Dat. Pl.) *ihnen.*

inanoụ̈̂t(e) (Adv.) [„in einem Ort"] *irgendwo (bestimmtes), an einem unbekannten Ort.*

Indofẹltmandl, s (Nom.) [„Innerfeld" (kleines Tal am Ortseingang von Sexten) + „Männlein"] *Eine Sagengestalt, die im Innerfeldtal leben soll.*

ịndoȓtom (Adv.) [mhd. inrent (= *herein, innerhalb*), welches selbst vermutl. ein Dativ zu inner mit endständigem -t + mögl. dem, also wörtl. *inner(t) dem*] *auf der taleinwärts gelegenen Seite (z.B. des Hauses).* {015, 029}

ịndoxn (Verb) [„eindachsen": Der wachsame, nachtaktive Dachs ist ein schwer direkt zu jagendes Tier und wird daher eher mittels Fallenstellen bejagt.] *in die Falle tappen.*

ịnǧfrearn (Verb., kausativ) [ahd. friosan, mhd. vriesen (= *frieren*)] *einfrieren, zum Gefrieren bringen.* {026}

Ịngiraische, s (Nom. kein Pl.) [spmhd. in-geriusche (= *Tiereingeweide*), wohl zu germ. *rūs-ka- (= *roh-, fleisch-*) zu indogerm. *reu- (= *reißen*), also *das rohe Innere*] *Eingeweide.* {026}

inkaschtl (VERB) [„einkästeln", also *in einen Kasten geben/sperren*] *1. mit einem Rechteck umrahmen, 2. ins Gefängnis sperren.*

inkentn (VERB) [Präfix „ein-" + mhd. <u>künten</u> (= *zünden, heizen*), aus nicht bezeugtem ahd. <u>*kuntian</u>, germ. <u>*tundjan/*kundjan</u>; vgl. auch ahd. <u>kuntil</u> (= *Zündholz, Zündwerk*)] *(den Ofen) einheizen.* {028, 029}

inkoidn (VERB) [„einkauen", Präfix „ein-" + → <u>koidn</u>] *wiederkäuen.*

inna (ADV.) [„einher"] *herein (zum Sprecher hin).*

Va inndre Pettla und außra Wetto

Wetterregeln gibt es einige im Volksmund, besonders in ländlichen Gebieten und so auch in Sexten. Dabei gibt es für jede Jahreszeit andere. Besonders genau beobachtete man einst das Wetter im Sommer. Schließlich hing vom Wetter und davon, wie man damit umging, die Ernte ab. Am gefürchtetsten waren dabei die Sommergewitter. Die meisten ziehen von Westen ins Tal herein. Im Bereich der Alten Säge am westlichen Ende des Dorfes befindet sich nun eine kleine Wetterscheide. Dies ist dadurch bedingt, dass genau dort die Talmündung des Innerfledtales liegt. In dieses Tal verzieht sich häufig ein Großteil des düsteren Gewölkes und die Gewitter kommen nur in abgeschwächter Form im Siedlungsgebiet an. So ist zum Beispiel auch Hagel, eines der heftigsten Gewitterphänomene, im Dorf relativ selten. Von diesen Gewittern aus dem Westen rührt die Überschrift dieses Textes, denn sie spielt auf den folgenden Spruch an: *„Va indre Pettla und va außra Wetto prauchschide eitt zi firtn!"* – „Vor Bettlern aus dem Osten und Gewittern aus dem Westen musste man sich nicht fürchten". Das Eigenschaftswort *außo* bedeutet nämlich in diesem Fall *westlich*. Es bedeutet dies aber nicht grundsätzlich, sondern gehört zu einem im Sextnerischen vorkommendem System der Richtungsangabe, das nicht absolut ist wie die vier Himmelsrichtungen Osten, Süden, Westen und Norden, sondern relativ und zwar meistens auf ein jeweiliges Haus bezogen: *außo* bedeutet „talauswärts gelegen(es)", *indo* „taleinwärts gelegen(es)", *oubo* „bergauf gelegen(es)" und *unto* „bergab gelegen(es)". Je nach Krümmung und Richtung des Talverlaufs müssen diese Richtungsadjektive also nicht mit den klassischen vier Himmelsrichtungen übereinstimmen. Zu den Eigenschaftswörtern gibt es übrigens auch entsprechende Umstandswörter: *außoŕtom, indoŕtom, ouboŕtom und untoŕtom.* Diese können für sich alleine stehen und beantworten die Frage „wo?".

Was meinte man aber nun mit *indre Pettla*? Das waren Bettler/-innen, die früher aus den nächstgelegenen italienischen Dörfern hinter dem Kreuzbergpass im Südosten nach Sexten kamen, um sich etwas Essen zu erbitten. Sie wurden als so harmlos wahrgenommen wie eben die Gewitter, die vom Westen aufzogen.

Dazu gibt es eine Geschichte von einem schelmischen und in diesem Fall sogar arglistigen Sextner Knecht. Angela hieß sie, das ältere, leicht buckelige, liebenswürdige Mütterchen aus dem Comelico, hinter dem Kreuzbergpass. Jedes Jahr im Herbst, wenn in Sexten die Ernte eingebracht war und *zi Kiřta* (am Kirchtag) die Bauersleute für die vielen Früchte gedankt hatten, dann kam sie mit einem *Ruǧǧekorbe* (Rückenkorb) über den Pass, dürftig gekleidet und gemächlichen Schrittes, in der Hoffnung auf ein paar Gaben. Von Bauernhof zu Bauernhof wanderte sie unermüdlich, bettelte um Butter, Eier, Mehl, Speck und dergleichen, ohne jemals aufdringlich zu werden. Schließlich erreichte sie den Außerbacher Hof und klopfte an die Haustür. Es war jedoch niemand zuhause außer dem Knecht. Dieser aber – den Schalk im Nacken – schlich nach oben, huschte durch den Stadel an der Hinterseite des Hauses hinaus, um rasch einen Stein zu holen. *Schtumpfesouckat* (auf Socken), damit man seine Schritte nicht hörte, eilte er über den *Tenn* (Flur im ersten Obergeschoss) zurück und kroch hinaus auf den *Soldo* (Balkon). Direkt unterhalb von ihm stand sie immer noch, die Angela, und wartete auf Einlass. Da ließ er von oben den Stein genau in ihren Korb fallen. Die Eier, die sie zuvor geschenkt bekommen hatte, zerplatzten, liefen über den Rest ihrer Ware und tropften schließlich zwischen dem Flechtwerk des Korbes auf den Boden. Das alte Weiblein machte sich schimpfend davon und besuchte diesen Hof nie wieder. So hatte man wohl *indre Pettla* nicht zu fürchten, sie wohl aber manchen Sextner.

Den Spruch aus dem Titel gibt es allerdings auch umgekehrt: *indra Wetto, außre Pettla*. Türmten sich die Gewitterwolken hinter dem Kreuzberg im Osten, statt im Westen wie sonst und es kam zu einem *indon Wetto*, dann fuhr auch den Sextnern die Angst in die Glieder. Es waren dies nämlich die gefährlichsten Gewitter und nicht selten brannte dadurch in Sexten ein Hof wegen Blitzeinschlages nieder. Das machte auch manche Einwohner von Sexten zu Bettlern, die nun selbst auf fremde Hilfe angewiesen waren.

Ịnneleiga, do (NOM. PL. ỊNNELEIGA) [„Hineinleger"] *List, Falle.*

ịnsadn (VERB) *einsäen.*

ịnsam (VERB) [ahd., mhd. <u>soum</u>, zu ahd. <u>siuwen</u> (= *nähen*), aus indogerm. <u>*sjeu-</u> (= *nähen*)] *einsäumen.*

ịnschwarn (VERB) [„einschweren"] *geschnittenes Kraut (Kohl) beim Einlegen zur Verdichtung beschweren.*

Ịnslatt, s (Nom.) [ahd. <u>unsliht</u>, mhd. <u>unslit/ünslit</u> (= *Talg, Eingeweidefett*), von einem nicht belegten ahd. <u>*ungislathi</u> (= *das Schlacht-Unzeug*, also *Schlachtabfälle*)] *Unschlitt, Inselt (= (Rinder-)Speisetalg).* {026}

ịnso (Possessivpron.) *unser.*

ịnsoans (Adv.) *unsereins, jemand wie wir/ich.*

ịnsurn (Verb) [ahd., mhd. <u>sūr</u> (= *sauer, scharf, bitter*), auffällig ist der ausgebliebene Lautwandel <u>-ū-</u> ><u>-au-</u>, wie er bei <u>sauer</u> erfolgt ist. Dieser ist wohl auf die Auseinanderentwicklung der Bedeutungen der beiden Lautformen zurückzuführen. <u>Sūr</u> hatte in germ. und indogerm. Zeit auch die Bedeutungen *feucht* und *salzig*, wovon letztere im litauischen Wort für *salzig* <u>súras</u> und im russ. für *Käse* <u>cиp</u> (sir) erhalten geblieben ist. Im Dt. scheint bei der Lautform mit <u>-ū-</u> die Bedeutung *feucht* oder *flüssig*, wenn auch mit einem Bezug zum Würzen, zur zentralen Komponente geworden zu sein.] *Fleisch (meist Speck vor dem Räuchervorgang) beizen (≈ marinieren); vgl. standarddt. <u>Surfleisch</u>.* {026}

ịnwelch (Adj.) [Herkunft unklar, mögl. v. mhd. <u>ungewilliclich</u> (= *unwillig*)] *undurchschaubar, hinterhältig.* {029}

ịnwendig (Adv.) [mhd. <u>inwendic</u> (= *inwendig, innerlich,* wörtl. *nach innen gewandt*)] *inwendig, innen drinnen, auf/an der Innenseite.* {029}

ịnwindl (Verb) [Präfix „einwindeln", zu ahd. <u>wintila</u> (= *Windel, etwas zum Winden/Wickeln*), mhd. <u>wintel</u>; also *einwickeln*] *einsäumen.* {028, 029}

ịnzain (Verb) *einzäunen.*

loG̈se, do (Nom. Pl. IoG̈sn) [ahd. <u>uohasa</u>, mhd. <u>uohse/üehse</u> (= *Schulter, Achsel, Achselhöhle*)] *Achsel, Schulter; „unton IoG̈sn" = „in der Achselhöhle".*

ịopeir̈to (Pronom./Adj.) [mhd. <u>ietweder</u>, einer Entwicklungsvariante der Vorform von <u>jeder</u>: westgerm. <u>*aiwin-gi-hweþera</u> (= *immer + jeder von beiden*, also *alle beide*)] *jeder von beiden.* {026}

ịowa (Adv.) [zu 17. Jh. <u>jeweils</u>: „je" + „Weile", also *jede Weile*] *ab und zu.*

J

JạngG̈a, do (Nom. Pl. JangG̈a) [Zuerst als <u>jencker</u> bezeugt, als <u>janker</u> im 16. Jh.; mögl. v. <u>Jacke</u> abgeleitet, lautlich aber nicht geklärt] *kurze Oberbekleidung.* {026, 015}

Jauchefassl, s (Nom. Pl. Jauchfasslan) [„Jauche" + „Fässlein", wobei die Diminutivnachsilbe -l hier nicht mehr als solche wahrgenommen wird: Fassl ist das allgemeine Wort für *Fass*] *großes Holzfass, welches auf einen Wagen gestellt wurde, um Jauche zu befördern.*

Jouchgair, do (Nom. Pl. Jouchgaire) [„Jochgeier"; mit „Joch" ist die jochförmige Gebirgsformation gemeint, da das Tier in hohen Lagen lebt.] *Lämmergeier (Falco barbatus).*

Jouppe, di (Nom. Pl. Joppm) [mhd. jo(p)pe, aus it. giubba, guppa (= *Jacke, Wams*), dieses v. arab. ğubba (= *Oberbekleidung mit langen Ärmeln*)] *Jacke, meist schwerer als der → Jangg̊a.* {026}

Julle, do (Nom. kein Pl.) [lat. (mēnsis) Iūlius (= *der Juliusmonat*) nach G. J. Caesar, auf den die entsprechende Kalenderreform zurückgeht] *Juli.* {026}

Junne, do (Nom. kein Pl.) [lat. (mēnsis) Iūnius, nach der röm. Göttin Juno] *Juni.* {026}

K

kaidig (Adj.) [Herkunft unklar, mögl. zu ahd., mhd. heit (= *Person, Wesen, Beschaffenheit*), welches später als mhd. Suffix -keit auftritt] *genauso aussehend.* {029}

kaif (Adj.) [mhd. kīf (= *fest, derb, dicht*), weitere Herkunft unklar] *fest, stramm, prall (in Bezug auf Konsistenz).* {029}

kälbon (Verb) [„kälbern"] *kalben.*

Kaile, do (Nom. Pl. Kaile) [„Keil"] *Keil; „Kaile treibm" = „spalten", „einen Keil zwischen Leute treiben".*

Kampl, do (Nom. Pl. Kampl) [der Form nach Diminutivum zu → Kompe] *Kamm (für die Haare); im Gegensatz zu → Kompe nicht für Geländeformationen, Hahnenkamm usw. verwendet.*

Kappl, s (Nom. Dim. Pl. Kapplan) [siehe unter → Koppe] *kleine Mütze.*

Karfjoul, do (Nom. kein Pl.) [ita. cavolfiore (= *Blumenkohl*)] *Blumenkohl.* {015}

Karna Wolle [„Kärntner Wolle"] *Wolken, die von Kärnten her in Richtung des Nachbardorfs Innichen ziehen.*

Kaschtl hupfn [„Kästchen hüpfen"] *Kickelkasten, Tempelhüpfen usw. (das Spiel hat viele regional unterschiedliche Bezeichnungen).*

Kạsepạppile, s (Nom. Dim. Pl. Kasepappilan) [wörtlich „Käsekeks", welches folgendermaßen zu analysieren wäre: ahd. <u>kāsi</u>, mhd. <u>kaese</u>, v. lat. <u>cāseus</u>, dieses von einem alten Wort für *Gärung*, + mhd. <u>pappe</u>, <u>peppe</u>, ein lautmalendes Wort der Kindersprache für Brei; allerdings liegt es nahe, dass es sich bei dem Wort um eine volksetymologische Umbildung handelt, die auf ein ungefähres Wort *<u>Katzentalpile</u> (mhd. <u>talpe</u> = *Pfote*) zurückgeht, da *Katzenpfote* in der Standardsprache sowie auch in andere Sprachen (z.B. Englisch) in Anlehnung an die samtigen Blüten der Pflanze das Benennungsmotiv ist; eine semantische Grundlage für „Käsekeks" ist nicht ersichtlich;] *Katzenpfötchen (Pflanzen der Gattung Antennaria).* {026}

Kạssepolla, do (Nom. Pl. Kassepolla) [ahd. <u>kāsi</u>, mhd. <u>kæse</u>, v. lat. <u>cāseus</u>, dieses von einem alten Wort für *Gärung* + mhd. <u>ballen</u> (= *ballen, zu einem Ball werden*) zu ahd., mhd. <u>bal</u>, aus germ. *<u>ballu-</u> (= *Ball, Kugel*), dieses aus einem indogerm. *<u>bʰel-</u> (= *blähen*); also *geballter Käse*] *kegelförmige Käselaibchen.* {026}

kạssig (Adj.) [mhd. <u>gehazzic</u> (= *hassend*), zu indogerm. *<u>ḱad-</u> (= *sich auf etwas stürzen*)] *ganz scharf auf etwas.* {026}

kạto (Adj.) [„ge-heiter"] *heiter, wolkenlos.*

katzl (Verb) [„kätzeln"] *werfen (Junge bekommen, bei Katzen).*

Kạtzlkotze, di (Nom. Pl. Katzlkotzn) [zu → <u>katzl</u> (= *Junge werfen*, bei Katzen), also *eine Katze, die kürzlich geworfen hat*] *Katze mit Jungen.*

kearn (Verb) [ahd., mhd. <u>kēren</u> (= *wenden*)] *(halb getrocknetes) Heu wenden, auch allgemein „wenden".* {029}

kearumahọnt (Adverb) [„kehr-um-eine-Hand"] *auf einmal, plötzlich („im Handumdrehen").*

Kẹfo, do (Nom. Pl. Keffo) [ahd. <u>kevur</u>, mhd. <u>kever</u> (= *Heuschrecke* - Bedeutungsverschiebung zu *Käfer* erst im 18. Jh., als es das allgemeine Wort <u>Wiebel</u> für *Käfer* verdrängte)] *Käfer.* {026}

Keigl, do (Nom. Pl. Keiggl) [ahd. <u>kegil</u> (= *Pflock, Pfahl, Keil, Nagel*), mhd. <u>kegel</u> (= *Knüppel, Stock, Eiszapfen, uneheliches Kind*); mögl. wurde das Wort auf uneheliche Kinder übertragen, da Kinder auch klein und rundlich sind und in diesem Fall als „wertlos" wie ein Stück Holz abgestempelt wurden.] *1. uneheliches Kind, 2. lange Rundhölzer/entrindete Baumstämmchen, die mithilfe einer Nut im Torrahmen übereinandergereiht wurden, um das Heutor einer Scheune zu verschließen.* {026}

Abb. 8: do Kassepolla = kegelförmige Käselaibchen

Keimach, do (Nom. Pl. Keimache) [mhd. <u>kamīn</u>, <u>kemīn</u>, der Wortauslaut auf <u>-ch</u> ist durch einen Suffixersatz bedingt, der im Oberdt. vereinzelt vorkommt, z.B. auch bei <u>Kümmel</u>, welches bis in mhd. Zeit mit <u>-l</u>-Endung (<u>kümel</u>) belegt ist, im Oberdt. aber auch als <u>kümmich</u> vorkommt; der Vokalismus von <u>-ach</u> ist wohl durch das ursprüngliche <u>-a-</u> in <u>kamīn</u> beeinflusst, es kann also auch eine Form <u>*kamach</u> gegeben haben.] *Kamin.* {026}

Keirtot, di (Nom. Pl. Keirtate) [ahd. <u>kerien</u>, mhd. <u>ker(e)n</u> (= *fegen*) + →<u>Tot</u> (= *Lade*)] *Kehrschaufel.* {026}

Keirwisch, do (Nom. Pl. Keirwische) [„Kehrwisch"] *Handbesen.*

Keisslpeir, do (Nom. Pl. Keisslpeire) [„Kesselbeere", Herkunft unklar, mögl. da durch Kochen versucht wurde, der leichten Giftigkeit entgegenzuwirken] *Rauschbeere (eine den Heidelbeeren ähnliche Beerenart: Vaccinium uliginosum).*

keisslun (Adv.) [„kessel-an", *von innen am Rand des Kessels angelangt*] *ohne Ausweg, hauptsächl. in der Wendung „keisslun san" = „keinen Ausweg wissen".* {035}

kemm (Verb) [ahd. <u>kuman</u>, <u>queman</u>, mhd. <u>komen</u>, <u>kemen</u> (= *kommen*)] *kommen.*

Kentile, s (Nom. Pl. Kentilan) [ahd. <u>kuntil</u>, mhd. <u>kündel</u> (= *Zündholz, Zündwerk*), damit verwandt: mhd. <u>künten</u> (= *zünden, heizen*), aus nicht bezeugtem ahd. <u>*kuntian</u>, germ. <u>*tundjan/*kundjan</u>; vgl. auch →<u>inkentn</u>] *Span zum Feuermachen.* {028, 015}

kibbizn (Verb) [20. Jh. standarddt. <u>kiebitzen</u> (= *bei einem Spiel zuschauen und sich einmischen*), aus dem rotwelschen <u>kibitschen</u> (= *visitieren, beobachten*); das Wort wurde an den Namen der Vogelgattung Kiebitz, welcher lautmalerisch ist, angeglichen.] *sticheln.* {026}

kilbe (Adj.) [mhd. <u>gehilwe</u> (= *Nebel, Gewölk, Bewölkung*)] *bewölkt.* {029}

Kilpo, di (Nom. Pl. Kilpon) [ahd. <u>kilburra</u> (= *Lamm, weibliches Schaf*), mhd. <u>kilbere</u> (= *Mutterlamm, weibliches Lamm*); das ahd. Wort geht sehr wahrscheinlich wie das standarddt. <u>Kalb</u> auf das germ. Wort für *Kalb* zurück: eine Ableitung von germ. <u>*kalbaz-</u> (= *Kalb*) kann westgerm. <u>*kelbuzjō</u> (= *Mutterlamm*) und in weiterer Folge (über einen R-Plural) ahd. <u>kilburra</u> ergeben haben.] *weibliches Schaf vor dem Lammen.* {028, 029, 026}

Kime, do (Nom. kein Pl.) [ahd. <u>kumī(n)</u>, <u>kumih</u>, <u>kumil</u>, mhd. <u>kumin</u>, <u>kumil</u>, der Entlehnungsweg lässt sich bis zu einer semitischen Sprache zurückverfolgen (z.B. assyr. <u>kamûnu</u> (= *Mäusekraut*)) und führt dann weiter über griech. κύμινον (kýmīnon), lat. <u>cumīnum</u> und eine romanische Sprache (z.B. franz. <u>comin</u>) ins Dt.] *Kümmel.* {026}

Kịmmbra, do (Nᴏᴍ. Pʟ. Kɪᴍᴍʙʀᴀ) [mhd. <u>kumberen</u>, <u>kümbern</u> (= *belasten, quälen, beeinträchtigen*), aus mhd. <u>kumber</u> (= *Belastung*), dieses aus vorrom. <u>comberos</u> (= *Zusammengetragenes*); ab dem 12. Jh. auch Bed. *sich sorgen* sowie jägersprachlich *siechen, kranken, dahinvegetieren*, zunächst auf Pflanzen bezogen; davon dann auch das jägersprachliche <u>Kümmerer</u>, für einen Hirsch, der durch Kampf oder einen Schuss an den Hoden schwer verletzt wurde/diese verloren hat und dadurch schwächlich wird, sowie dem kein Geweih mehr – oder nur ein verkümmertes – nachwächst] *sehr alter Rehbock.* {026, 015}

Kịnge, s (Nᴏᴍ. Pʟ. Kɪɴɢᴇ) [ahd. <u>kin(ni)</u>, mhd. <u>kinne</u> (= *Kinn*)] *Kinn.* {026}

Kinigaigl, s (Nᴏᴍ. Dɪᴍ. Pʟ. Kɪɴɪɢᴀɪɢʟᴀɴ) [„Königäuglein"] *Mehlprimel (Primula farinosa).*

kinigopọll (Aᴅv.) [lautlich wäre es „König-oh-bald", die genaue Bedeutung ist unklar, wahrscheinlich handelt es sich um eine (scherzhafte) Anrufung Gottes (vgl. dazu →<u>paikinigoutt</u>), um den Wahrheitsgehalt einer Aussage übertrieben zu beschwören.] *so als ob.*

kinigọutt (Aᴅv.) [siehe unter → <u>paikinnigoutt</u>] *so als ob.*

Kịntsdiọrn, di (Nᴏᴍ. Pʟ. Kɪɴᴛsᴅɪᴏʀɴ) [„Kindsdirn"] *Kinderwärterin; Frau, welche die Kinder versorgte.*

kinzn (Vᴇʀʙ) [„kindsen"] *auf Kinder aufpassen, Kinder hüten, babysitten.*

Kịogross, s (Nᴏᴍ.) [„Kühegras"] *frisch gemähtes Gras für die Kühe, im Sommer oft täglich gemäht.*

Kịrchgodn, do (Nᴏᴍ. ᴋᴇɪɴ Pʟ.) [„Kirche" + ahd., mhd. <u>gadem</u> (= *Anbau oder Aufbau eines Gebäudes, Raum, Stockwerk*)] *in der Wendung „unton Kirchgodn", wörtl.: „unter dem Kirchgaden", d.h. am Eingang zum berühmten Totentanz; der Totentanz befindet sich am oberen Ende einer Treppe in einem Nebengebäude der Kirche in Sexten.* {029}

kịrnig (Aᴅᴊ.) [mhd. <u>kirnīn</u> (= *kernig, aus Kernen hergestellt*), die heutige Bedeutung bezogen auf das besonders feste Kernholz von Bäumen] *stark, robust.* {029}

Kịrrfåt, di (Nᴏᴍ. Pʟ. Kɪʀʀꜰᴀʀᴛɴ) [wohl „Kirchfahrt"] *Wallfahrt.*

kịřtaklapfn (Vᴇʀʙ) [„Kirchtag" + „klapfen" (lautmalerisch für *knallen*)] *Zum Kirchweihfest (Fest des oder der Schutzheiligen/Patrone der* *hiesigen Kirche) wird in einigen Gemeinden Südtirols der im österreichisch-bayrischen Raum (auch) in anderen Zusammenhängen gepflegte Brauch des Peitschenknallens ausgeübt (die Motivation ist also ähnlich wie beim Zünden von Böllern oder Salutschießen).*

Kitl, do (Nom. Pl. Kittl) [mhd. kit(t)el; die frühnhd. Form kütel geht auf Kutte zurück, welches auch die Herkunft des Wortes überhaupt sein könnte.] *Damenrock.* {026}

kitzon (Verb) [„kitzern"] *Junge werfen (bei Ziegen, Rehen usw.).*

Klachl, do (Nom. Pl. Klachl) [mhd. klachel (= *Klöppel, Glockenschwengel*), v. mhd. klachen (lautmalerisch)] *1. Glockenschwengel, 2. übertragen: großer Tropfen Spucke oder Rachenauswurf, (derb) Rachenrotz.*

Klapfa, do (Nom. Pl. Klapfa) [„Klapfer" (lautmalend)] *ein Stück Seidentuch, das am Ende der Kirchweihpeitsche angebracht ist und einen lauteren Knall ermöglicht. Zum Brauch selbst siehe →kirtaklapfn.*

klapon (Verb) [mhd. klebern (= *klettern, klimmen*), dieses aus ahd. klebēn, mhd. kleben (= *haften, hängen, kleben*)] *klettern.* {029}

kleazl (Verb) [mhd. klœzen (= *spalten*) v. ahd., mhd. klōz (= *Klotz, Klumpen, Keil*)] *im Essen herumstochern, sehr langsam und/oder nicht viel essen.* {028, 029}

Klebbo, di (Nom. Pl. Klebbon) [ahd. klība, mhd. klībe (= *Klette, „die Klebende/Haftende"*)] *Klebriges Labkraut (Galium aparine).* {029}

Klemmseickl, do (Nom. Pl. Klemmseickl) [„Klemmsäckel", also einer, der nichts aus dem Säckel lässt] *Geizhals.*

klipfig (Adj.) [mhd. klupf (= *Schreck*), zum bereits in ahd. Zeit vorhandenen, lautmalerischen Stamm klopf-] *(übermäßig) scheu, schreckhaft.* {029}

Kloa, s (Nom. Pl. Kloa) [ahd., mhd. klāwa] *Klaue.* {029}

Kloae, di (Nom. Pl. Kloadn) *siehe unter → Kloa.*

Kloaschto (Nom. Pl. Kleaschto) [ahd. klōstar, mhd. klōster, das ahd. Wort aus vorrom. *clōstrum, dieses aus lat. claustrum (= *das Abgeschlossene*)] *1. ein Abteilung in einer Getreidetruhe, 2. Kloster.* {026}

Kloaze, di (Nom. Pl. Kloazn) [zu „Kloster", siehe unter → Kloaschto, also humoristische Abkürzung zu „Klosterfrau"] *Klosterfrau, Nonne.*

kloibm (Verb) [ahd. klioaban, mhd. klieben] *spalten (wörtl.; zur übertragenen Bedeutung siehe → Keile treibm).* {026}

Klommpra, do (Nom. Pl. Klommpra) [zu mhd. klamp(f)erer, zu klemberen (= *fest zusammenfügen, klammern*), daher die Bedeutungen *Blechschmied, Kesselflicker*; Herkunft insgesamt ist, über „Klammer", das Wort „klemmen". Auffällig ist, dass die oberdt. Variante eigentlich klampferer lautet, wodurch auch das Sextner Wort ein -f- enthalten müsste. Das Wort ist möglicherweise später übernommen worden, als der Wandel -p- >-pf- bereits abgeschlossen war.] *1. Blechschmied, Kesselflicker, 2. ungeschickter Mensch, schlechter Handwerker (in Anlehnung an die Flickschusterei des Kesselflickers)* . {026, 029}

Klompfe, di (Nom. Pl. Klompfn) [19. Jh. bair. Klampfe (= ursprünglich *Zither*), welches ein wenig plausibles Klammer voraussetzen würde (mögl. ist Benennungsmotiv aber der klammerartige Daumenring, der beim Zitherspielen verwendet wird); hier spielt wohl eher „klimpern" eine oder vll. die zentrale Rolle.] *Gitarre.* {026}

Klonk, do (Nom. Pl. Klenge) [Es liegt eine Verwandtschaft mit Klinke nahe, welches zu einem mögl. germ. Verb *kleng-a- (= *festsitzen, gepackt sein*) gehört und auch mit der Sippe klimmen (= Ausgangsbedeutung *sich zusammenziehen*) zusammengehört; es wäre also der *eingesperrte Faden*] *Masche beim Stricken; vgl. standarddt. „Zunahme aus dem Klang" – hier bedeutet das Wort „Querfaden".* {026}

Klopf, do (Nom. Pl. Klapfe) [ahd. klapfōn (= *krachen, lärmen*), mhd. klapf (= *Knall, Riss, Spalte*), also wohl *der Abgespaltene*, oder Bedeutungsübertragung vom Geräusch, das Steine machen können] *Felsbrocken.* {029}

Klopo, di (Nom. Pl. Klopon) [mhd. klaber (= *Klaue*), dieses aus ahd. klāwa, welches zu ahd. klāwen (= *kratzen*)] *Kralle.* {029, 026}

Kloube, do (Nom. Pl. Kloubm) [ahd. klobo (= *gespaltenes Stück Holz*, v.a. zum Vogelfang), aus germ. *klubōn (= *Spalte*), mhd. klobe (= *Klemmholz, Klotz, weibliches Geschlechtsorgan*)] *knebelartige Spannvorrichtung zum Binden/Sichern von Heuladungen auf dem Wagen oder Schlitten, ähnlich einem Zweilochspanner für die Spannleinen eines Zelts.* {026, 029}

kluige (Adj.) [mhd. kluoc (= *klug, schlau, fein, zart*), weitere Herkunft unklar, mögl. geht das Wort auf ein indogermanisches Wort für *spitz, scharf* zurück.] *fein, weich, geschmeidig.* {026}

Kluppe, di (Nom. Pl. Kluppm) [ahd. klubba (= *Zange, Dochtschere*), mhd. kluppe (= *Zange, Zwangholz, abgespaltenes Stück Holz*), zum Verb klieben (= oberdt. für *spalten*), wohl ursprünglich zu einem Einklemmen mit nur teilweise gespaltenen Holzstücken; auch heute gibt es noch Wäscheklammern, die aus einem Holzstäbchen mit einem längs eingesägten Schlitz bestehen.] *1. Wäscheklammer, 2. Haarspange, 3. Kluppe (Gerät zum Bestimmen des Durchmessers von Rundholz, meist Baumstämmen, nach dem Prinzip des Messschiebers). 4. Bauklammern (ca. 30-40 cm große Eisenklammern mit zwei Spitzen, zum Verbinden von Balken im traditionellen Holzbau, die nach dem selben Prinzip wie das Tackern funktionieren).* {026, 028, 029}

kluppiorn (VERB) [siehe unter →Kluppe] *kluppen (Holzdurchmesser bestimmen, siehe 3. unter →Kluppe).*

kluppm (VERB) [siehe unter →Kluppe, ausgehend von den Bedeutungen *Zange, Schere*] *kastrieren.*

Knechtgschichtn

Wurde man am Hof nicht als erster Sohn geboren, war man meist – ob man wollte oder nicht – dazu bestimmt, sich auf einem anderen Hof als Knecht zu verdingen. Am Außerberg (am Nordhang des westlichen Sextentals) lebte einst ein Knecht, der sich das kärgliche Dasein durch seinen außerordentlichen Humor erhellte. Seine Streiche waren nicht wenige und man erzählte sich noch lange über sein Ableben hinaus davon.

Die Not in der Nachkriegszeit war groß und der Hunger plagte die Menschen. So ersann der Knecht eine List, wie er ohne (zumindest gleich) ertappt zu werden, an etwas Nahrhaftes käme. Er holte aus dem Stadel einen Strohhalm – also einen richtigen Halm aus Stroh – und schlich sich in die Speisekammer. Denn dort stand der *Schmolzkibl*. Das ist ein kleiner Bottich für das ausgelassene Fett, das nur langsam von oben nach unten gerinnt. Ganz am Rand des Bottichs nahm er nun gekonnt den Einstich vor und trank das noch flüssige Schmalz unter der geronnenen Oberfläche vorsichtig leer, ohne diese zum Einbruch zu bringen. Man kann sich denken, wie überrascht seine Mutter war, als sie mit einem Löffel Schmalz aus dem Bottich holen wollte – und durch die verbliebene Kruste ins Leere stach.

Im Winter hielt seine Mutter oft im Schnee nach seinen Spuren Ausschau, wenn sie wissen wollte, ob er schon vom Wirtshaus heimgekommen war und vielleicht schon *in do Kommo isch* (auf seinem Zimmer ist), oder ob er erst gegangen war. Dass ihm nachspioniert wurde, konnte er jedoch gar nicht leiden. Damit seine Mutter nicht merkte, dass er sich wieder davongemacht hatte, ging er entweder rückwärts vom Haus weg, um Spuren zu hinterlassen, die in die Gegenrichtung zeigten, oder er versuchte sich als Akrobat und sprang von

Zaunpfahl zu Zaunpfahl, sodass er auf dem Weg erst gar keine Spuren hinterließ.

Doch seine Mutter war nicht die einzige Leidtragende. Auf einem Bauernhof, wo er zu Diensten war, wusste die Familie eine ganze Reihe von kleineren und größeren Neckereien zu berichten. Einmal gab es dort zu Mittag Blutnudeln – ein traditionelles Gericht, für welches der Nudelteig aus Mehl und beim Schlachten anfallendem frischem Schweineblut gemacht wird. Die aus dem Teig geschnittenen Bandnudeln werden dann getrocknet. Für die Zubereitung werden sie gekocht und mit Kartoffelscheiben und viel Knoblauch und Butter in einer Pfanne gebraten. Die Bäuerin hatte nun für die vielen Esser nicht gerade eine Menge in der Pfanne. Wieder verfiel der Knecht auf eine List, um das Nahrungsangebot aufzubessern – ob er es gut oder böse meinte, weiß man bis heute nicht. Denn er fädelte still und leise sämtliche *leddran Schuicheneischtl* (ledernen Schuhbänder), die er am Hof finden konnte, aus den Schuhen, schnitt sie in Stücke und rührte sie in einem unbeobachteten Augenblick unter die Blutnudeln in der Pfanne auf dem Herd. Am Tisch wunderten sich schließlich alle, warum denn die Nudeln heute nur so zäh seien – fast alle wunderten sich.

Seine Späße waren nun nicht immer ungefährlich. Einem unliebsamen Nachbarn lehnte er eines Nachts einen *Prigl* (ein kurzes Stück eines Baumstamms) gegen die Haustür. Als der Bauer am Morgen nichtsahnend die Tür aufsperrte und nach dem Wetter schauen wollte, wurde er kurzerhand durch das Gewicht des Holzstückes zurückgeschleudert und landete *in do Labe* (im Hausflur des Bauernhauses) auf dem Hintern.

Der letzte Schwank aus dem Leben des listigen Knechts, der hier erzählt werden soll, hat, so könnte man sagen, mit der Landwirtschaft im engeren Sinne zu tun, denn der Knecht machte sich eines Nachts als Gärtner „nützlich". Das Ganze hatte wieder einmal mit dem stolzen und ungestümen Charakter unseres Knechts zu tun: Eine Bäuerin hatte ihn einmal beleidigt – die Details der Ehrenverletzung wird der Nebel der Vergangenheit nicht mehr freigeben. Jedenfalls, so dachte wohl der Knecht, dürfe die Tat nicht ungesühnt bleiben. So machte er sich, erneut im Schutze der Dunkelheit, daran, der Frau bei der Gartenarbeit zu „helfen". Er betrat den Gemüsegarten und beschloss, dass die Wurzeln der Salatköpfe doch etwas Frischluft vertragen könnten – und machte sich ans Werk. Einen nach dem anderen zog er die Salatköpfe aus der Erde und „pflanzte" sie mit den Wurzeln nach oben wieder ein. Dabei soll er auch ein fröhliches Liedchen auf den Lippen gehabt haben, und das ging in etwa so: *„Haint gařtlt do Pui, morgn gařtlt do Pui!"* – „Es arbeit' der Bub heut' im Garten, es arbeit' der Bub morg'n im Garten!" Der Salat und die Bäuerin werden von den Agrikulturkünsten des Knechts weniger begeistert gewesen sein.

knefn (Verb) [mögl. ein unsicheres ahd. *gnīfan (= *kratzen*), mhd. knīfen (= *kneifen, kratzen*)] *1. jemanden immer wieder lästig streifen (z. B. Kleinkinder tun dies oft), 2. Zeit totschlagen.* {028, 029}

Kneidl, s (Nom. Pl. Kneidlan) [mhd. knödel, Verkleinerungsform v. mhd. knode (= *Schlinge, Knoten, Knolle*)] *Knödel.* {029}

Kneidlwaibile, s (Nom.) [„Knödelweiblein"] *Sagenfigur.*

kneischton (Verb) [Herkunft unklar; auffällig ist, dass es auch im Rheinischen das Wort knöstern mit gleicher Bedeutung gibt] *verschiedene kleine Arbeiten verrichten, sich mit Kleinkram beschäftigen.* {036}

knill (Adj.) [Kluge gibt als Herkunft von knüll niederdt./mitteldt. (19. Jh.) Studentensprache an, vermutlich eine Rückbildung zu „knüllen", wobei das Benennungsmotiv unklar bleibt (etwa im Sinn von *zerknittert*?); es liegt also eine unmittelbare Verwandtschaft aufgrund des sozialen und geographischen Abstandes nicht nahe, sondern eher ein Zusammenhang mit dem mhd. knüllen, zu dessen Bedeutungen u.a. *erschlagen* gehört.] *erschöpft.* {026, 029}

Knio, s (Nom. Pl. Knio) *Knie; „ibbos Knio nemm" = „übers Knie legen".*

kniodn (Verb) [ahd. kniuwen, mhd. kniewen/chniun, aus germ. *knewa-, dieses aus indogerm. *genu- (= *Knie, Geschlechtsteil, Geschlecht*, vielleicht ursprünglich *Schenkelbeuge*)] *knien.* {026}

kniowach (Adj.) [„knieweich"] *1. zittrige Knie haben, 2. völlig erschöpft sein.*

knioweitzat (Adj.) [„kniewetzig", also mit aneinander wetzenden Knien] *x-beinig.*

Knitl, do (Nom. Pl. Knitl) [ahd. knutil, mhd. knüt(t)el, wohl zu „Knoten", dann also *Knotenstock* (= *knotiger, knorriger Stock, als Gehhilfe oder Waffe*)] *1. Knüttel, Knüppel, 2. grober, unverständiger Mann.* {026}

Knoile, do (Nom. Pl. Knoil) [ahd. kliuwilīn (= *kleine/-s/-r Knäuel, Kugel, Ball*), mhd. kniuwel (= *Knäuelchen*)] *Knäuel.* {028, 029}

Knottl, di (Nom. Pl. Knottl) [Das Wort gehört wohl zur Sippe kneten und ist vom starken Präteritumstamm knat abgeleitet.] *1. etwas Kleines, meist Rundes, 2. Kotklumpen, die sich im Fell an den Schenkeln* *von Stalltieren bilden können, 3. sehr unsaubere Hautstellen beim Menschen.*

Knoutte, do (Nom. Pl. Knouttn) [ahd. knoto, knodo, mhd. knote, knode, (= *Knoten, Knolle, Knöchel*); gehört wohl zum Bereich *verdickte Gegenstände* mit Anlaut kn- (vgl. Knolle); es kann sich aber auch um eine Erweiterung zu ig. *genu- „Knie" handeln;] *Fels, Berg.* {026, 029}

knoutteheißt (Adj.) [siehe unter Knoutte (= *Fels*), + „hart"] *steinhart.*

Kobis, do (Nom.) [ahd. kabuz, mhd. kabez (= *Weißkohl*), diese aus lat. caputium (= mögl. *der Kopfige*, also *kopfartiger Kohl*)] *Kohlkopf.* {028}

Kochl, do (Nom.Pl. Kachl) [ahd. kahhala (= *irdener Topf*), mhd. kachel(e) (= *irdenes Gefäß, Ofenkachel*), Entlehnung aus früh-rom. *cacculus (= *Kochgeschirr*), Variante von lat. caccabus m., dieses aus griech. κάκκαβος (kákkabos = *Tiegel, Schmorpfanne*), dieses seinerseits aus dem Semitischen (genaue Quelle unklar)] *Meist abwertend für „Topf" oder etwas Topfartiges (z.B. Nachttopf).* {026}

Kochla, do (Nom. Pl. Kochla) [wahrscheinlich von → Kochl abgeleitet, vll. in Bezug auf das Hohle eines Topfes] *einfältiger Mensch.*

koidn (Verb) [ahd. kiuwan, mhd. kiuwen (= *kauen*); das standarddt. kauen stammt von einer Nebenform ahd. kūwen, die lautliche Fortsetzung des -iu- der Hauptform kiuwen ist noch in wiederkäuen erhalten;] *kauen.*

kol (Verb) [ahd. kallōn, mhd. kallen (= *laut sprechen, schwatzen*), aus germ. *kalsōn, dieses aus indogerm. *gal- (= *rufen*)] *bellen (von Hunden), auch übertragen: (wütend) brüllen.* {029}

Kolbile, s (Nom. Pl. Kolbilan) [„Kalblein", zu ahd., mhd. kalp] *weibliches Jungrind.*

Kolch, do (Nom.) [ahd., mhd. kalc, frühe Entlehnung aus lat. calx f., dieses aus griech. χάλιξ (chálix = *Kies, Kalkstein, ungebrannter Kalk*). Die Germanen lernten die Verwendung des Kalks mit dem Steinbau von den Römern kennen und entlehnten mit der Sache das Wort. In ihrer ursprünglichen Bauweise benützten sie Lehm.] *1. Kalk, 2. Tünche.* {026}

koltn (Verb) [„gehalten", ahd. gihaltan (= *halten, bewachen, retten*), mhd. gehalten (= *halten, behüten, behalten*), diese aus germ. *gahaldan (= *behüten, behalten*), aus. indogerm. *kel- (= *treiben, antreiben*)] *behalten.* {029}

Komouttkoschte, do (Nom. Pl. Komouttkaschte) [„Kommodkasten"] *Kommode.*

Kọmpe, do (Nom. Pl. Kompm) [ahd. <u>kamb</u>, mhd. <u>kambe, kamme, kam(p)</u>, aus germ. *<u>kamba-</u> (= *Kamm*), aus indogerm. *<u>gómbʰo-</u> (= *das Gezähne*), der Kamm ist also ursprüngl. die *Zahnreihe*.] *Kamm: Geländeformation, Körperteil bei Tieren (z.B. Hahn) oder kammartige Frisur; nicht aber das Frisierwerkzeug – dieses heißt* → <u>*Kampl*</u>. {029}

Kondẹll (Nom.) *Candide (Dorf in Sextens Nachbargebiet Comelico, siehe unter* →<u>*Gomelgn*</u>*).*

Kọọchal, do (Nom.) [mhd. <u>gouchheil</u>, v. mhd. <u>gouch</u> (= *Narr*, abgeleitet von der Grundbedeutung *Kuckuck*; wohl, weil es ein Vogel ist, dessen Laute eintönig und daher dumm klingen sollen) + „heil", also *Narrenheil*; im Großteil des dt. Sprachraums sind damit Pflanzen der Gattung Anagallis gemeint, die früher als Heilmittel gegen Geisteskrankheiten galten.] *Schafgarbe (Pflanzen der Gattung Achillea).* {026}

Kọppe, di (Nom. Pl. Koppm) [ahd. <u>kappa, kapfa, gapfa</u>, mhd. <u>kappe</u>, ursprüngl. *Mantel mit Kapuze*] *Mütze, Kappe* {026}

korạssig (Adj.) [mhd. <u>kiesen</u> (= *wählen*, Prät. <u>kor</u>) + mhd. <u>atzen</u> (= *füttern, zu Essen geben*)] *wählerisch beim Essen.* {035, 026}

Korrịora, di (Nom. Pl. Korriora) [it. <u>corriera</u> (= *Überlandbus*)] *Autobus.*

koŕtn (Verb) [„karten"] *Karten spielen.*

Kotạr, s (Nom.) [frühnhd. (16. Jh.) <u>katarrh</u>, aus lat. <u>catarrus</u> (= *Schnupfen*), dieses zu griech. καταρρεῖν (katarrhein = *herabfließen*)] *Erkältung, Schnupfen.* {026}

Kotịor, s (Nom. Pl. Kotiordo) [16. Jh. aus franz. <u>quartier</u>, dieses aus lat. <u>quartarius</u> (= *Viertel*)] *Mieteinheit, Mietwohnung. „In Kotiere san" = „zur Miete wohnen".* {026}

Kọto, do (Nom. Pl. Koto(n)) [ahd. <u>kataro</u>, mhd. <u>kater(e)</u>] *Kater.*

Kotrạinegschwaddo, s (Nom.) [<u>Kathrein</u> (Variante von Katharina) + ahd. <u>(gi-)sweden</u> (= *wärmen*)] *Tauwetter gegen Ende November (zu Kathreini).* {026}

Kọtze, di (Nom. Pl. Kotzn) [ahd. <u>kazza</u>, mhd. <u>katze</u>; gehört zu einem gemeineuropäischen, aber recht spät auftretenden Wanderwort; vgl. spätlat. <u>cattus</u> (4. Jh.), Herkunftssprache unklar, die Lautform mögl. nordafrikanisch. Wildkatze ursprünglich mit dem Wort <u>Wiesel</u> bezeichnet (Wiesel, hier = *Frettchen*, dienten in der Antike als Mäusefänger), importierte Hauskatze brachte neue Bezeichnung, die auch für die Wildkatze übernommen wurde.] *1. Katze, 2. Pappus der Korbblütler – speziell des Löwenzahnes.* {026}

kotzpsouffn (ADJ.) [„katzbesoffen", Zusammenhang nicht ganz klar; möglicherweise von der Praxis, junge Katzen bei zu großer Zahl in einen Sack zu stecken und im Bach zu ertränken, also *so viel getrunken haben, als wäre man im Bach ertränkt worden*] *sturzbetrunken.*

Koufl, do (NOM. PL. KEIFFL) [frühneuhdt./oberdt. kofel, weiter Herkunft unklar] *1. Bergkuppe, 2. Felsbrocken.* {026}

koupfalouch(e) (ADJ.) [„Kopf(über)Loch"] *kopfüber.*

koupfschio (ADJ.) [„kopfscheu"] *unter Höhenangst leidend.*

Koupfziochl, s (NOM. PL. KOUPFZIOCHLAN) [„Kopfziehlein", also *Überzug für das Kopfkissen*] *Kopfkissenbezug.*

kouppm (VERB) [wahrscheinl. mhd. koppen (= *plötzlich steigen*)] *kopulieren (bei Geflügel).* {029}

Kouschtflaisch (NOM.) [„Kostfleisch"] *ein Ration Fleisch, die der Metzger nach dem Schlachten am Hof vom Bauern als zusätzliche Entlohnung geschenkt bekam.*

Koutto, do (NOM. PL. KEITTO) [mhd. kot(e) (= *Kate, Hütte*), mndd. kot(t)e. Altengl. cot (= *Hütte*) und cote (= *Stall*), altnord. kot (= *Hütte*) weisen auf germ. *kuta- (= *Hütte, Stall*)] *kleiner und/oder finsterer Raum.* {029, 026}

Koutze, do (NOM. PL. KOUTZN) [ahd. kozzo (= *Decke, Kleid, Rock*), mhd. kotze (= *grobes, zottiges Wollzeug, Decke*, westniederdt. auch übertragen für *Fleischabfälle, Innereien*, daher die Bedeutung *Erbrochenes*), mögl. aus lat. cottus (= *Mantel*)] *dicke Wolke.* {029, 026}

kraischtn (VERB) [mhd. krīsten (= *stöhnen, ächzen, husten*), weitere Herkunft unklar] *schwer atmen.* {029}

Kraiz, s (NOM. PL. KRAIZO) [ahd. krūzi, kriuze, mhd. kriuz(e), kriuce; entlehnt aus lat. crux (Akkusativ crucem)] *Kreuz.* {026}

Kraiza, do (NOM. PL. KRAIZA) [„Kreuzer"] *Eine kleine Menge Geld (meist als Geschenk z.B. von Großeltern an Enkel usw.).*

Kranich, do (NOM. PL. KRANICHE) [Es ist davon auszugehen, dass das Wort nicht direkt vom ursprünglichen Wort für das Tier ahd. kranuh, kranih, mhd. kran(e)ch(e) abstammt, sondern die von dieser Tierbezeichnung abgeleitete Form Kran (welche das Suffix -ich verloren hat) später wieder um das Suffix erweitert wurde, entweder zur Bedeutungsunterscheidung gegenüber Kran oder in erneuter Anlehnung an die Ähnlichkeit mit dem Tier (Zweiteres ist weniger plausibel)] *große Seilwinde.*

Krannewita, do (Nom. Pl. Krannewita) [ahd. kranawitu, kranwit, aus ahd. krano (= *Kranich*) und ahd. witu (= *Holz*), also *Kranichholz*; Kluge gibt an, dass der Vogel die Beeren fresse und daher die Bezeichnung komme; das ist wenig plausibel, da das Wort oberdt. ist und sein Ursprung daher gänzlich außerhalb des Verbreitungsgebiets des Tieres liegt – ein Nahverhältnis zur Sache ist also wenig wahrscheinlich; allerdings war das Tier selbst grundsätzlich bekannt und die Bezeichnung der Pflanze kann aufgrund des knorrigen Wuchses des Wacholders in Anlehnung an den geschwungenen Hals des Tieres gebildet worden sein.] *1. Wacholder (auch ohne Endung -a), 2. Wacholderschnaps, 3. Wacholderdrossel (Turdus pilaris).* {026}

Krannewitn (Nom.) [Es liegt Kranewitt (= *Wacholder*), also ein häufiges Auftreten der Pflanze dort, als Benennungsmotiv für den Ort nahe, wie es oft im süddt. Raum der Fall ist.] *Dosoledo (Comelico).*

Krannewitpeir, do (Nom. Pl. Krannewittpeire) [„Kranewittbeere", siehe unter → Kranewitta] *Wacholderbeere.*

krapisch (Adj.) [mögl. Verwandtschaft mit mhd. krappelen (= *krabbeln*), dieses aus lat. carabus (= *Meereskrebs*)] *lebhaft, bewegungsfreudig (Kleinkind).* {029}

krautwalsch (Adj.) [Der zweite Teil geht auf ahd. walahisc (= *welsch, lateinisch, romanisch*), aus germ. *waliska- (= *fremd*) zurück; der erste Wortteil ist nicht ganz durchsichtig: Das lautlich sehr ähnliche Kauderwelsch ist schon früh auf die Rätoromanen (die Welschen von Chur, also Churerwelschen) bezogen, u.a. bei Luther; auch mögl.: lat. crūdus (= roh, arg, unreif), semantisch weniger wahrscheinl. ital. crudo (= *roh, störrisch, schroff*), also dann *grobwelsch*] *ladinisch (rätoromanische Sprache im Grödner- und Gadertal).* {026, 035}

Kraxe, di (Nom. Pl. Kraxn) [mhd. krechse (= *Tragreff*), weitere Herkunft unklar] *1. Holzgestell mit Tragriemen zum Warentransport am Rücken, 2. sehr magerer Mensch.* {029}

kreichl (Verb) [„geröcheln"; Iterativbildung zu mhd. r(u)ohen, aus ahd. rohōn (= *brüllen, grunzen*), also wiederholt/andauernd ein Geräusch aus dem Hals von sich geben; Intensivbildung mit Vorsilbe ge-, also *geroeh(e)len] *ständig husten, leicht husten.* {026}

Kreitzl, s (Nom. Pl. Kreitzlan) [gehört wahrscheinlich als Diminutiv zu → G̊rotte, heißt also *kleiner Karren*] *Chaise (kleine, offene, zweisitzige Kutsche).*

Abb. 9: di Kraxe/di Gobblkraxe = Tragegestell

Krickl, s (Nom. Pl. Kricklan) [Diminutiv zu mhd. krucke, krücke, aus ahd. krucka (= *Krummholz, Krummstab, Krücke, Hirtenstab*), dieses aus germ. *krukjō- (= *Stab mit Krümmung, Krücke*), aus indogerm. *greug- (= *Runzel, Biegung*)] *1. Hörner der Gämse oder Geweih des Rehs (v.a. als Jagdtrophäe), 2. vorderer Griff am Sensenstiel.*

Kriogsschtrudl (Nom.) [„Kriegsstrudel"] *Strudel aus weniger Zutaten (in der Notzeit während des Ersten Weltkrieges).*

Krischtl, di (Nom. Pl. Krischtl) [Herkunft unklar, vll. an „Kreuz" oder „Kreis" anzuschließen, lautlich aber problematisch] *Kurve beim Schlittenfahren, später auch beim Schifahren.*

Kroch, do (Nom. Pl. Krache) [ahd. krah, krak, mhd. krach (= *Krach, Bruch, Riss*)] *Riss, Spalte, Sprung (Haarriss).* {029}

kroichn (Verb) [ahd. kriohhan, mhd. kriechen; zur Entwicklung des Sextener -oi- → Einleitung: Abschnitt „Lautliche Besonderheiten"] *kriechen.* {029}

Kropfnmulto, di (Nom. Pl. Kropfnmulton) [„Krapfen" + ahd. muoltra, mhd. muolter (= *Trog*), aus lat. mulctra (= *Melkfass, Melkkübel*)] *sehr große Krapfenschüssel (aus Holz) für frittiertes Gebäck.*

Kroute, do (Nom. Pl. Kroutn) [ahd. krota, mhd. krote] *Kröte.*

kruman (Verb) [„kramern", von „Krämer"] *kramen, Dinge planlos von Ort zu Ort schaffen.*

Krumpa, do (Nom. Pl. Krumpa) [„Krümmer"] *Kreuzschnabel (Vögel der Gattung Loxia, gemeint ist hauptsächlich der Fichtenkreuzschnabel, Loxia curvirostra).*

krumpm (Verb) [„krümmen", wahrscheinlich Rückbildung von mhd. krümbet (= *gekrümmt*), aus ahd. krumb, mhd. krump (= *krumm*)] *1. hinken (krumm gehen), 2. krümmen.* {029}

Krutz, do (Nom. Pl. Kritze) [Herkunft unklar, mögl. zu mhd. krot, krut (= *Belästigung, Bedrängnis, Kummer, Beschwerde, Hindernis*)] *sehr wählerisches Kind.* {029}

kuggilat (Adj.) [mhd. kugeleht (= *kugelig*)] *kugelig.* {029}

Kui, di (Nom. Pl. Kio) [ahd., mhd. kuo] *Kuh.* {026}

Kuiche, di (Nom. Pl. Kuichn) [ahd. kuohho, oberdt. kuechen, das -f- im standarddt. Wort ist aus -ch- dissimiliert worden.] *Kufe (z.B. am Schlitten).* {026}

Kuipfloschto, s (Nom. Pl. Kuipfloschto) [ahd. pflastar, mhd. pflaster (= *Heilpflaster, Mörtel, Fußboden*) aus lat. emplastrum (= *Wundpflaster* und übertragen *Bindemittel für Steinbau* – in alter Zeit ist das Pflaster mehr etwas Aufgestrichenes als etwas Aufgeklebtes). Dieses aus griech. ἔμπλαστρον (émplastron = *Aufgeschmiertes, aus weicher Masse Geformtes*)] *Kuhfladen.* {026}

Kumat, do (Nom. Pl. Kumate) [mhd. komat, komet, kumet, über das Ostmitteldt. aus poln. chomąto oder obsorb. chomot, deren Etymologie unklar ist, mögl. ein mongol. Wort] *Kummet (Halsjoch: mandelförmiger, gepolsterter Ring, der Zugtieren wie Pferden um den Hals gelegt wird, um die Zuglast daran zu befestigen).*

kummola (Adv.) [ahd. kūmo, mhd. kūm(e) (= *mit Mühe, schwerlich,* Grundbedeutung *kläglich* zu ahd. kūmen: *trauern, klagen*), + Suffix -lich (in abgeschliffener Form -la)] *mit Müh und Not, gerade noch.* {026}

Kumpf, do (Nom. Pl. Kimpfe) [mhd. kumpf, aus mlat. cimbus, dieses aus lat. cymbium (= *kleines nachenförmiges Trinkgefäß, Schale, Napf*); aus. griech. κυμβίον (kymbíon = *kleiner Becher, Gefäß*), zu indogerm. *kumb- = (*Biegung, Gefäß*)] *länglicher Behälter für Wetzstein, ähnlich einem Köcher, der am Gürtel befestigt oder mit einer dafür vorgesehenen, unten befindlichen Spitze in die Erde gesteckt wird; mit Wasser gefüllt, um den Wetzstein feucht zu halten.*

Kuntament, s (Nom. kein Pl.) [wahrscheinl. v. ital. (veraltet) contamento (= *Zählung, Rechnung*)] *Sehr kurzer Zeitraum; hauptsächl. in der Wendung „in an Kuntamente" = „im Handumdrehen".*

Kuo, di (Nom. Pl. Kio) [siehe unter → Kui] *Kuh; in dieser Form meistens scherzhaft auf Menschen bezogen: „Na bisch du aine Kuo" = „Du bist ja so albern".*

kuppl (Verb) [mhd. kuppeln, kupelen, koppeln, kopelen (= *verbinden*), kann von mhd. kup(p)el, kop(p)el (= *Band, Verbindung*) abgeleitet sein, aber eher schon als Verb von lat. copulāre (= *verbinden*) (wohl über das Französische) entlehnt] *zur Ehe zusammenbringen, verkuppeln.* {026}

Kupplpfat, di (Nom. Pl. Kupplpfate) [siehe unter → kuppl + unter → Pfat, also „Kuppelhemd"] *Hemd, das man als Aufmerksamkeit bekam, wenn das Verkuppeln zur Hochzeit führte.*

Kuratell, s (Nom. kein Pl.) [entlehnt aus mittellat. curatela (= *Pflegschaft*) zu lat lat. cūrare (= *sorgen*)] *unter Kuratel stehen (österreichische Rechtssprache, sonst veraltet), unter jemandes Vormundschaft/Kontrolle stehen; besonders: daheim nichts zu sagen haben, unter dem Pantoffel stehen.* {026}

Kụtte, di (Nom. Pl. Kuttn) [ahd. <u>kutti</u>, mhd. <u>kütte</u> (= *Herde*)] *Herde, Schar (oft auf Menschen bezogen).* {029}

kụtton (Verb) [mhd. <u>kuteren</u> (= *girren, turteln, lachen*), von mhd. <u>kuter</u> (= *Täuber, männliche Taube*)] *kichern.* {029}

L

là (Adv.) [mhd. <u>līch</u> (= *gleich, geradlinig, eben*, vgl. das nordtirol. <u>grad</u> gleicher Bedeutung), aus mhd. <u>līh</u> (= *gleich, ähnlich*)] *nur, bloß.* {029}

Lạbe, di (Nom.) [mhd. <u>loube</u> (= *Laube, Vorhalle, Kornboden*), zu ahd., mhd. <u>loub</u> (= *Laub*), dieses aus germ. <u>*lauba-</u> (= *Laub*), aus indogerm. <u>*leub-</u>, <u>*leub^h-</u> (= *schälen, abbrechen*, mögl. von abgerissenem Futterlaub)] *Hausflur, Korridor.* {026}

Lạbe, do (Nom. Pl. Labm) [ahd. <u>(h)leib</u>, mhd. <u>leip</u>, germ. <u>*hlaiba-</u> (= *Brot*); auffällig ähnlich ist griech. κλίβανος (klíbanos = *Backofen, Brotbackform aus Keramik*), κλιβανίτης (klībanítēs = *im Klibanos gebackenes Brot*). Da das griechische Wort ziemlich sicher eine Entlehnung aus einer unbekannten Sprache ist, wird auch das germanische Wort aus dieser Sprache entlehnt sein. Einzelheiten bleiben unklar. Mit Laib wurde außer der Form vermutlich auch das auf ältere Weise zubereitete (ungesäuerte) Brot bezeichnet, während <u>Brot</u> das nach der neueren Zubereitungsweise gesäuerte Nahrungsmittel war.] *Laib (Brot, Käse usw.).* {026}

Lạddnarin, di (Nom. Laddnarinen) [„Lädnerin", also *die im Laden*] *Ladenverkäuferin, Kassiererin.*

Lạde, di (Nom.) [Vom Adjektiv ahd. <u>leid</u>, mhd. <u>leit</u>, <u>leide</u>, <u>liede</u> (= *betrüblich, traurig zumute*), aus germ. <u>*laiþa-</u> (= *betrüblich, widerwärtig*). Durch nachträgliche Attraktion ist das starke Verb <u>leiden</u> im Deutschen mit <u>Leid</u> verbunden worden und hat seine Bedeutung *gehen* zu *leiden* gewandelt (ursprünglich ist es nicht verwandt).] *Verdruss; „di Lade hobm"= „verdrossen sein".* {029, 026}

Lạfa, do (Nom. Pl. Lafa) [von ahd. <u>(h)louf(f)an</u>, mhd. <u>loufen</u> (= *laufen*)] *Läufer: oberer, sich drehender Stein bei der Mühle, der unten liegende Bodenstein ist fest.* {026}

lạfntig (Adj.) [mhd. <u>löuftic</u> (= *(ge-)läufig*); das <u>-n-</u> dürfte später in Analogie zu Partizipialadjektiven hinzugekommen sein.] *läufig.* {029}

Laġġl, do (Nom. Pl. Laġġl) [oberdt. (20. Jh.) (= *jemand, an dem die Kleidung schlottert*) zu <u>lack</u> und ähnlichen expressiven Wörtern (<u>schlackern</u>), da-

Abb. 10: di Labe = Hausflur

her abwertend für einen Mann – *Tölpel.*] *1. Tölpel, 2. großer Mann (Lulatsch).* {026}

laibig (ADJ.) [mhd. lībic (= *beleibt*) zu ahd. līb, mhd. līp (= *Leib, Leben*), aus germ. *leiba- (= *Leben*)] *beleibt.* {026}

lainan (ADJ.) [mhd. līnīn, līnen (= *weich, schwächlich, träge, aus Leinen*); die Substantivierung dieses Adjektivs ergibt auch Leinen, welches ursprünglich nur līn war; das -en stammt also eigentlich von einem Adjektiv] *träge, nachlässig, langsam (v.a. beim Arbeiten). „A leinando Soucke" = „ein langsamer Mensch" (wörtl. eine leinene Socke).* {026}

Lainische, di (NOM. PL. LAINISCHN) [Herkunft unklar, mögl. mhd. līnechīn (= „Leinchen", kleines Seil)] *mit Staub beladen(r) Spinnenfaden/Spinnweben.* {029}

Laire, di (NOM. PL. LAIRN) [vermutl. v. Leier (Instrument) aus griech. λύρα (lýra = *harfenähnliches Instrument*)] *1. Leier, 2. das Balzen des Auerhahns.*

Lairl, s (NOM.) [Herkunft unklar, wahrscheinlich Zusammenhang mit leiern (in Anlehnung an *ausgeleiert*)] *Sehnenentzündung am Handgelenk.*

laisoma (ADV.) [Herkunft unklar, mögl. mhd. liutsam (= *wohlgefällig*)] *(auch) gleich, stattdessen, ohnehin: „Sem heische laisoma gikennt dohame plaibm" = „Da hättest du auch gleich zuhause bleiben können".* {029}

Lait, di (NOM.) [ahd. liut, mhd. liut(e) (= *Leute, Menschen, Volk*), aus germ. *leudi- (= *Mann, Leute, Volk, Wergeld*), aus indogerm. *leudʰ-, *h₁leudʰ- (= *wachsen, hochkommen*)] *Leute.* {029}

Laite, di (NOM. PL. LAITN) [ahd. līta, mhd. līte (= *Abhang, Hang*), aus germ. *hlīdō (= *Abhang, Seite, Halde*), zu indogerm. *ḱlitis (= *Neigung*), vgl. Inklination (= *Neigungswinkel*)] *Feldhang, steiles Feld.* {029}

Laitegolfant, s (NOM., KEIN PL.) [mhd. liuten (= *läuten*) + siehe unter → Golfant, also *Getreidemaß für das Leuten*] *Abgabe der Bauern zum Ende des Sommers fürs Wetterläuten – das Läuten der Kirchenglocken um Unwetter abzuwenden.* {029}

Laitrant, s (NOM.) [ahd. lūttaren, mhd. liuteren (= *reinigen*), wahrscheinlich vom Partizip liuterent (= *reinigend*)] *Tuch zum Reinigen des Backofens.* {029}

Lam, do (NOM.) [ahd., mhd. leim (= *Lehm*)] *1. Lehm, 2. Verputz des Bauernofens.* {029}

Lạme, di (Nom. Pl. Lam) [ahd., mhd. leinen (= *lehnen*), aus germ. *hlainjan (= *lehnen*), zu indogerm. *k̑lei- (= *neigen, lehnen*); die Entwicklung des Sextner Wortes muss aufgrund des Lautwandels -ei- zu -a- direkt an das Verb anschließen, da das Substantiv schon in althochdeutscher Zeit als lena bzw. mhd. lene vorhanden ist. Das -m- kann Ergebnis einer Dissimilation oder in einer Vermischung mit lahm (*gehbehindert*) begründet sein (Lahme als die, die sich anlehnen müssen).] *Lehne.* {029}

lạmma (Adv.) [→ la + „mehr"] *nur mehr.*

Lạmpl, s (Nom. Pl. Lamplan) [„Lämmlein"] *Lamm*

lämpon (Verb) [zu ahd. lamb, mhd. lamp (= *Lamm*)] *lammen* {029}

Lạmsoịda, do (Nom. Pl. Lamsoida) [In Anlehnung an das Kochen von Leim aus tierischen Abfällen – eine eintönige, langwierige Arbeit] *langweiliger und/oder langsamer Mensch.*

Lạne, di (Nom. Pl. Lan) [Das standarddt. Wort Lawine ist (im 18. Jh.) übernommen aus schwz. Lauwine, dieses entlehnt aus räto-rom. lavina, aus mittellat. labina, lavina, zu lat. lābī (= *gleiten, rutschen*, vgl. *labil*). Das Wort im Sexternischen schließt wahrscheinlich an eine bereits im Althochdeutschen erfolgte Entlehnung louuine mit allgemeinerer Bedeutung (*Wildbach, Bergsturz*) an, die auch außerhalb Südtirols im oberdt. Sprachraum weiterlebt, u.a. als Laue und Lauene.] *Lawine.* {026, 028}

Lạngis, do (Nom. Pl. Langisse) [ahd., mhd. langez, aus germ. *langat (= *Verlängerung*) - vom länger werdenden Tag, standarddt. Lenz ist gleichen Ursprungs.] *Frühling.* {028, 029}

Lạntla, do (Nom. Pl. Lantla) [„Landler"] *Bewohner des Etschtales, welches „s Lont" (= das Land) genannt wird.*

Lạpe, di (Nom. Pl. Lapm) [ahd., mhd. leipen (= *übrig lassen*)] *Reste (abends oder am Folgetag aufgwärmtes Essen).* {035}

Lạppile, s (Nom. Pl. Lappilan) [Ableitung von Lappen im Sinn von *etwas Schlaffes, Kraftloses*; mögl. Zusammenhang mit mhd. lappen, laffen (= *lecken, schlürfen*)] *geistig behindertes Kind.* {026, 015}

Lạsche, di (Nom. Pl. Laschn) [mhd. lasche (= *Lappen, Fetzen*), vermutl. als Bezeichnung für *Vulva, Vagina*, mögl. ist aber auch Unordnung, Schlampigkeit das Benennungsmotiv (vgl. standarddt. Schlampe)] *Prostituierte.* {026, 035}

Lạse, di (Nom. Pl. Lasn) [mhd. leise (= *Spur, Geleis*)] *1. Spurrille, 2. Radspur.* {029}

Lątowogn, do (Nom. Pl. Latowaggne) *Leiterwagen.*

Lątsal, s (Nom. Pl. Latsaldo) [„Leitseil"] *Seil zum Führen eines Zugtieres.*

Leach, s (Nom. Pl. Leacho) [ahd. lō(h) (= *Hain, Lichtung, Gehölz, Gebüsch*), mhd. lō(c)h (= *Gebüsch, Busch, Wald, Gehölz*), aus germ. *lauha- (= *Lichtung, Wiese, Gehölz, Hain*) zu indogerm. *leuk- (= *licht, hell, leuchten, sehen*)] *Hain.* {029}

Leasl leign [„Löslein legen"] *Los werfen, auslosen.*

lẹddon (Verb) [„ledern", vermutl. in Bezug auf das viel genutze Leder der Schuhsohlen] *oft unterwegs sein.*

lẹddran (Adj.) [„ledern"] *1. aus Leder, 2. zäh (auch i.S.v. Durchhaltevermögen).*

Leige, di (Nom. Pl. Leign) [mhd. lege (= *Gelegtes, flacher Stapel, Haufen*, v. Holz, Kuhmist etc.)] *Stapel, Haufen; „a Leige au hobm" = „eine komische Frisur haben".* {029}

Leiġġe, di (Nom. Pl. Leiġġn) [Herkunft unklar, vermutl. Zusammenhang mit *legen/liegen*, vgl. zeitl. Bedeutung von zurückliegen] *eine Weile.*

Leiġġile, s (Nom. Pl. Leiġġilan) [siehe unter → Leiġġe] *ein Weilchen.*

Leischta Fọsnocht Eiŕta [„Letzte-Fasnacht-Erchtag (= *Dienstag*)"] *Faschingsdienstag.*

Leischtl, s (Nom. kein Pl.) [mhd. lezzist, lest (= *letzt*), welches den Superlativ v. ahd. laz (= *matt*) dartstellt, also *der Matteste, Säumigste*; die Endung entspricht „-el" oder „-eln", dient also der Substantivbildung.] *Fangspiel (der Letzte wird erwischt.); „Leischtl tion" = „Fangen spielen".* {026}

leitz (Adj.) [1. ahd. lezzi (= *verkehrt, böse, widerspenstig*), mhd. letze (= *verkehrt, unrichtig, schlecht*), aus germ. *latja- (= *verkehrt, schlecht*), zu indogerm. *lēid-, *lēd-, *ləd-, (= *lassen, nachlassen*); 2. ahd. luzzi (= *klein, winzig, gering*), mhd. lütze, lüz (= *klein, gering, wenig*), aus germ. *lut(t)i- (= *klein, gebeugt*), zu indogerm. *leud- (= *sich ducken, heucheln, klein*)] *1. schlecht, 2. klein: a Leitzis = ein Kleines (Kind), ein Junges (bei Tieren).* {029}

Leitzis (substantiviertes Adj., ohne Artikel) [siehe unter → leitz 1.] *Sorgen, Besorgtheit; „Leitzis hobm" = „sich sorgen", „sich Sorgen machen", „besorgt sein", „Angst haben (um jemanden)".*

Lẹrche, do (Nom. Pl. Lerchn) [ahd. lerihha, mhd. lerche, larche, entlehnt aus lat. larix, das unbekannter Herkunft ist.] *Lärche (Bäume der Gattung Larix).* {026}

Lerchl, s (Nom. Pl. Lerchlan) [ahd. lērih(ha), mhd. lērche, weitere Herkunft unklar] *Lerche (Vögel aus der Familie Alaudidae).* {026}

Lergant, do (Nom.) [mhd. lerchen (= *von der Lärche stammend, aus Lärchenholz gemacht*) mit für das Sextnerische typischem -t am Ende (→ Einleitung: Abschnitt „Besonderheiten des Wortschatzes")] *Lärchenharz.* {029}

Do Lergantpoura

Lergant, das Harz der Lärchen, war früher auf jedem Bauernhof zu finden, denn ihm wurde große Heilkraft zugeschrieben. Durch wissenschaftliche Studien belegt ist diese zwar nicht, aber Lärchenharz erfreut sich in der Naturheilkunde wieder immer größerer Beliebtheit. Salbe aus *Lergant* verwendete man für Mensch und Vieh. Es war die Zugsalbe schlechthin. Eiterte die Klaue einer Kuh oder hatte jemand in der Familie eine Entzündung der Haut, so wurde *Lergantsolbe* aufgetragen. Als Einreibung wird Lärchensalbe auch gegen rheumatische Beschwerden und Nervenschmerzen verwendet, das Inhalieren der ätherischen Öle aus dem Harz zur Linderung von Atemwegserkrankungen.

Die Bauern holten sich das Lärchenharz, indem sie eine Lärche anbohrten, mit einem Holzpfropfen das Loch wieder verschlossen und nach einiger Zeit aus der Bohrstelle das angesammelte Harz in einen Behälter abfließen ließen. Diese Tätigkeit wurde teilweise auch ausgeübt, um durch den Verkauf dieses Bauerngolds das spärliche Einkommen etwas aufzubessern. Der, der das Harz auf die beschriebene Weise sammelte sowie auch das Werkzeug dafür wurden als *Lergantpoura* (Lärchenharzbohrer) bezeichnet.

Lette, do (Nom.) [ahd. letto, mhd. lette (= *Lehm*), aus germ. *ladjō- (= *Schlamm*), dieses zu indogerm. *lat- (= *feucht, nass, Sumpf, Lache*)] *schlammige Erde.* {029}

Linsat, di (Nom.) [mhd. līnsāt (= *Leinsaat, Leinsamen*)] *Leinsamen.* {029}

liodn (Verb) [ahd. luoen, mhd. lüejen, luon etc.(= *brüllen*), aus germ. *hlōjan (= *brüllen*), dieses aus indogerm. *kel-, *kelā-, *klā- (= *rufen, schreien, lärmen, klingen*) – vgl. ital. chiamare (= *rufen*)] *laut/intensiv/brüllend muhen.* {029}

Littorina, do (Nom. kein Pl.) [ital. littorina (= *leichte Eisenbahn mit Verbrennungsmotor*); die Etymologie kann einerseits mit einem zur Zeit des Faschismus an der Front der Lokomotive angebrachten Liktorenbündel

(= Symbol des ital. Faschismus) zusammenhängen, andererseits mit einer Jungfernfahrt Mussolinis in einem solchen Zug in die wenig zuvor gegründete Stadt Littoria (die wie das Liktorenbündel im Sinne faschistischer Symbolik so benannt war; heute heißt die Stadt Latina).] *Leichte Eisenbahn.* {018}

Littrin, di (Nom.) [wahrscheinl. fem. zu → Louto (Herkunft siehe dort)] *große, kräftige Frau.*

Loach, s (Nom. Pl. Leacho) *siehe unter → Leach.*

Lobbisa, do (Nom. Pl. Lobbisa) [in Anlehnung an → Lobbise, den Alpenampfer, mit dessen großen, herabhängenden, schlaffen Blättern der bezeichnete Mensch verglichen wird, sodass wie auch bei anderen Wörtern (vgl. → Loppe oder → Lotsch) die Bedeutungen *schlaff, träge* hier (auch) *nicht wehrhaft, unbeholfen, gutmütig* ausdrückt.] *unbeholfener und/oder gutmütiger Mann.*

Lobbise, di (Nom. Pl. Lobisn) [ein wenig klares Wort; der erste Teil könnte auf mhd. lā (= *Teich, Sumpf, Sumpfwiese*) aus lat. lacus (= *See, Wasser, Gewässer*) zurückgehen; bezüglich des zweiten Teils sind andere oberdt. Bezeichnungen für die Pflanze auffällig: Pfabesbletzen, Fabisen, Foissen; diese sind mit großer Sicherheit desselben Ursprungs wie das Sextner Wort, welcher allerdings dunkel bleibt; möglich ist, dass ein stark abgeschliffenes ahd. -bletahha, mhd. -bletiche mit Ausfall des -l- vorliegt, welches ein -bitze bzw. später -bise sowie auch -fisse ergeben kann.] *Alpenampfer (Pflanze: Rumex alpinus).* {025}

lobe (Adj.) [ahd. lāo, mhd. lāwe (= *lau, lauwarm*), aus germ. *hlēwa- (= *lau, lauwarm*), zu indogerm. *k̂el-, (= *frieren, kalt, warm*), vgl. ital. caldo (= *warm, heiß*) und standarddt. kalt; der Gegensatz erklärt sich wahrscheinlich dadurch, dass ursprünglich ca. dieselbe Temperatur gemeint war, die dann einmal als das obere Ende eines Temperaturbereichs interpretiert wurde und einmal als das untere Ende, was dann zu den Bedeutungen *warm* bzw. *kalt* führte.] *lauwarm.* {029}

Lodeschtott, di (Nom.) [mhd. ladestat = „Ladestatt" (= *Ort, wo Schiffe be- oder entladen werden*)). Für Österreich nennt Grimm noch ein andere Bedeutung: „ein Ort, wo Laden, Bretter lagern". Der Ladstätter Hof in Sexten leitet sich von diesem Wort ab und die letztere Bedeutung ist wohl hier die näherliegende, aufgrund der Zugehörigkeit zum österreichischen Dialektkontinuum sowie des Nicht-Vorhandenseins von Schiffen in Südtirol.] *Platz neben frei stehenden Scheunen, an dem im Winter Heu aufgeladen wurde (musste zunächst freigeschaufelt werden).* {015}

Lọdn, do (NOM. PL. LADDNE) [mhd. lade(n), ursprünglich *Brett* (vgl. „Fensterladen") und verwandt mit „Latte". Das Wort bezeichnete auch das zur Warenauflage dienende Brett und den Verkaufsstand überhaupt. Daraus die heutige Bedeutung *Verkaufsräumlichkeit*.] *dickes Brett, Bohle.* {026}

Lọg̊ge, di (NOM. PL. LOG̊G̊N) [ahd. lah(ha), mhd. lache, wahrscheinlich entlehnt aus lat. lacus (= *Trog, See*)] *1. Pfütze, 2. kleiner Teich.* {026}

lọign (VERB) [ahd. liogan, mhd. liegen, liugen, līgen; aus germ. *leug-a- (= *lügen*). Die unregelmäßige Rundung zu -ü- der neuhochdeutschen Form beruht auf dem Einfluss der Ableitung Lüge und setzte sich wohl durch, um den Gleichklang mit liegen zu beseitigen.] *lügen.* {026}

Lọlle, di (NOM. PL. LOLL) [wahrscheinlich zu „lallen" (*stammeln*)] *tolpatschiges, einfältiges Mädchen.*

Lọmmo, di (NOM. PL. LOMMON) [laut Moser romanisch vermitteltes lamara zu lama (= *Pfütze, Lache, Morast, Sumpf*)] *Geröll.* {035}

Lọna, do (NOM. PL. LONA) [ahd. lun, mhd. lüner, lun(e) (= *Lünse, Achsnagel*)] *Achsnagel.* {029, 009}

longainzig (ADV.) [wahrscheinl. „lang-einzig", zu verstehen als *einzigartig lange*] *sehr lange.*

longanọndo (ADV.) [„lang" + „aneinander"] *lange Zeit.*

Lọngis und a Prạts, a Lọngis und a Prạts mọchn

Lọrfe, di (NOM. PL. LORFN) [mhd. larve (= *Schreckgestalt, Gespenst, Maske*) aus lat. lārva (= *böser Geist, Gespenst, Larve, Maske*); mögl. zu indogerm. *las-, (= *gierig sein, mutwillig sein, ausgelassen sein*)] *1. Maske, 2. hässliches Gesicht (oft abwertend für Frau).* {029}

Lotsch, do (NOM. PL. LATSCHE) [Wohl zu nhd. (17 Jhd.) latsch (= *schlaff und nachlässig gehend*), wohl zusammenhängend mit lasch und lass, vielleicht aber auch lautmalend.] *gutmütiger und/oder einfältiger Mann.* {026}

lọtschat (ADJ.) [siehe unter → Lotsch] *benommen.*

Lotz, do (NOM. PL. LATZE) [spätmhd. laz (= *Schnürstück am der Kleidung*), entlehnt aus it. laccio (= *Schlinge, Schnur*), dieses aus lat. laqueus (= *Schlinge*)] *1. Schlaufe, 2. Knoten.* {026}

Lọuch, s (NOM. PL. LEICHO) [„Loch"] *1. Loch, 2. Feldstück in Form einer Mulde.*

Abb. 11: di Lorfe = Maske

Louck, do (Nᴏᴍ. Pʟ. Lᴏᴜᴄᴋɴ) [ahd., mhd. <u>loc</u>, aus germ. <u>*lukka-</u> (= *Locke*, älter *Laubbüschel, Büschelchen*), das weibliche Geschlecht im Nhd. gegenüber der alten männlichen Form ist erst durch Rückbildung aus dem Plural entstanden.] *Wollbausch auf dem Spinnrad.* {026}

Loude, di (Nᴏᴍ. ᴋᴇɪɴ Pʟ.) [ahd. lodo (= *Loden, Tuch, grobes wollenes Tuch*), mhd. <u>lode</u> (= *Loden, Zotte, grobes Wollzeug, gewalkter Wollstoff*)] *Loden.* {029}

lousn (Vᴇʀʙ) [ahd. <u>(h)losēn</u>, mhd. <u>losen</u> (= *achtgeben, zuhören, horchen, lauschen, vernehmen*)] *1. horchen, 2. leise ins Ohr sagen.* {029}

Louto, do (Nᴏᴍ. Pʟ. Lᴇɪᴛᴛᴏ) [Moser gibt als mögliche Herkunft ahd. <u>liotan</u> zu indogerm. <u>*leudʰ-</u> (= *wachsen*) in Anlehnung an den männlichen Bartwuchs an, was aufgrund der Lautform (zu erwarten wäre bei dieser Wurzel <u>*Loito</u> oder <u>*Laito</u>, nicht aber <u>Louto</u>) unplausibel ist; wahrscheinlicher als Herkunft ist mhd. <u>lot(t)er</u> (= *lockerer Mensch, Taugenichts, Vagant, Gaukler*).] *1. großer und/oder unheimlicher Mann, 2. Teufel.* {035, 029}

Luck, s (Nᴏᴍ. Pʟ. Lɪᴄᴋᴏ) [ahd. <u>lukka</u> (= *Lücke, Zwischenraum, Öffnung, Luke*), von germ. <u>*lukkjō-</u>, <u>*lukkjōn</u> (= *Lücke*), mhd. <u>lücke, lucke</u>; zur selben Sippe gehört germ. <u>*luka-</u>, welches Verschluss bedeutet und von dem das nhd. Wort <u>Loch</u> abstammt. Eine Bedeutung des *Verschließens* scheint also schon früh vorhanden, allerdings ist fraglich, ob sich diese alte Bedeutung im relativ kleinen Gebiet von Süd- und Osttirol so lange gehalten hat; eher handelt es sich um eine Rückbildung von <u>zuiluckn</u>, also *eine Lücke verschließen*, wobei der Teil <u>-luck</u> dann als der *Deckel* interpretiert und zum Substantiv mit n. Geschlecht gemacht wurde.] *Deckel.* {029, 026}

Luggarissin, di (Nᴏᴍ.) [v. alten dt. Namen für Locarno (im Schweizer Tessin): <u>Luggárus</u>] *wunderlich gekleidete Frau.*

Lugnpaitl, do (Nᴏᴍ. Pʟ. Lᴜɢɴᴘᴀɪᴛʟ) [„Lügenbeitel/-beutel“; der zweite Wortbestandteil ist wohl eher als „Beitel“ zu interpretieren denn als „Beutel“; <u>Beitel</u> meint das stemmeisenähnliche Tischlerwerkzeug <u>(Stech-)Beitel</u>, welches verhüllend für das männliche Glied verwendet wird, welches wiederum oft in der Vulgärsprache stellvertretend zur Bezeichnung eines Mannes an sich verwendet wird.] *jemand, der gewohnheitsmäßig oder häufig lügt (üblicherweise nur männliche Verwendung).*

Lugntschipl, do (Nᴏᴍ. Pʟ. Lᴜɢɴᴛsᴄʜɪᴘʟ) [„Lügen“ + siehe unter → <u>Tschipl</u>] *jemand, der gewohnheitsmäßig oder häufig lügt (üblicherweise nur männliche Verwendung).*

Luido, s (Nom.) [mhd. luoder (= *Nachstellung, Schlemmerei, Völlerei, Lotterleben, Köder*), vgl. v.a. mndd. lōder (= *Lockspeise, Köder*), ahd. Form nicht belegt; laut Köbler zu germ. *lōþra (= *Lockspeise, Lockvogel, Luder, Hinterhalt*), vgl. indogerm. *lēi- (= *wollen*), laut Kluge mögl. zu indogerm. Wurzel *lā- (= *verborgen*), vgl. z.B. latent] *Köder.* {029, 026}

luidon (Verb, m. Dat.) [siehe unter → Luido] *ködern, jem. od. einem Tier einen Köder hinhalten.*

lull (Verb) [lautmalerisch (16. Jh.) lullen für *lallen*, später für *lecken, saugen*] *nuckeln, lecken (bezeichnet v.a. bei Kühen das unerwünschte Belecken der eigenen Nasenlöcher).* {026}

Lulla, do (Nom. Pl. Lulla) [zum lautmalenden Verb lullen; siehe unter → lull] *Schnuller.*

lumpat (Adj.) [„lumpig", gemeint ist *wie ein Lump*, welches ursprünglich jemand meint, der in Lumpen gekleidet ist] *spitzbübisch, auch: gaunerhaft.* {026}

Lunte, di (Nom. Pl. Luntn) [gesamtdt. ist nur die Bedeutung *Lampendocht, Zündschnur, Lumpen* verbreitet, die auf mhd. (15 Jh.) lunte (= die vorgenannten sowie *Fetzen*) zurückgeht; die Bedeutung *Spalt* in Südtirol ist unklarer Herkunft, mögl. ist bei selber Herkunft ein Bezug zum Spalt, in den ein Docht oder eine Zündschnur gesteckt werden können, z.B. in Öllampen, am Luntenstock für Kanonen oder am Luntenschloss von frühen Gewehren; ebenso bei selbem Ursprung möglich ist ein Bezug auf die Risse in Lumpen; auch eine völlig andere Herkunft ist nicht ausgeschlossen;] *Spalt (zwischen Brettern oder Balken).* {026, 029}

Luodo, s (Nom. Pl. Luodon) [mhd. luoder (= *Nachstellung, Schlemmerei, Völlerei, Lotterleben, Köder*), vgl. v.a. mndd. lōder (= *Lockspeise, Köder*), ahd. Form nicht belegt; laut Köbler zu germ. *lōþra (= *Lockspeise, Lockvogel, Luder, Hinterhalt*), vgl. indogerm. *lēi- (= *wollen*), laut Kluge mögl. zu indogerm. Wurzel *lā- (= *verborgen*), vgl. z.B. latent; dasselbe wie → Luido, aber mit anderer lautlicher Entwicklung] *Luder.* {029, 026}

luogn (Verb) [mhd. luogen] *lugen.*

luttrisch (Adj.) [„lutherisch"] *ungläubig, protestantisch.*

M

Maaschtowuřze, di (Nom. Pl. Maaschtowuřzn) [„Meisterwurz", deutet wahrscheinlich auf die große und gegen viele Leiden eingesetzte der

Pflanze zugesprochene Heilwirkung] *Meisterwurz (Pflanze: Peucedanum ostruthium).*

machl (VERB) [„macheln"] *werkeln, kleinteilig und/oder gemütlich handwerken.*

Maǧǧe, do/di (NOM. PL. MAǦǦN) [von standarddt. Macke, dieses erst im 20. Jh. aus hebr. makkā(h) (= *Schlag, Plage*); mögl. Einfluss v. ital. macchia (= *(Schand-)Fleck*)] *durch einen Schlag entstandene Delle im Holz/Blech.* {026}

maǧǧiorn (VERB) [„markieren"; aus dem ital. marcare visita (= militärsprachlich *sich krank melden*)] *krank spielen, einen Schmerz vortäuschen oder übertreiben.*

Maidepfaife, di (NOM. PL. MAIDEPFAIFN) [v. mhd. mei(g)e (= *Mai*); als „Maien" wurden allgemein grüne bzw. im Saft stehende Bäume oder Zweige im Frühling bezeichnet. Im Frühling lässt sich Weiden- oder Haselnussrinde von einem abgeschnittenen Stück Zweig durch vorheriges Lose-Klopfen im Ganzen als Röhrchen abziehen; aus dem Röhrchen und einem zurechtgeschnitzten Innenteil des Zweigs kann man eine Pfeife bauen.] *Maienpfeife.* {029, 015}

maidn, sich (VERB, REFLEXIV) [wohl in Anlehnung an den Herstellungsprozess der →Maidepfaife] *sich ablösen.*

Maidnpluime, di (NOM. PL. MAIDNPLUIM) [„Maienblume"] *Löwenzahn (Pflanzen der Gattung Taraxacum).*

maiton (VERB) [„meutern", (16. Jh.) entlehnt aus mittelfranz. meuterie (= *Aufruhr, Revolte*), Weiterbildung aus altfranz. mete (= *Bewegung, Aufruhr*)] *sich ständig beklagen.*

Mamme, di (NOM. PL. MAMM) [Seit 17. Jh. starker Einfluss des franz. maman; ma- und mam- sind aber sehr weit verbreitete kindersprachliche Silben, die durch die einfache Aussprache bedingt in sehr vielen Sprachen unabhängig voneinander vorkommen.] *Mutter.* {026}

Mare, di (NOM. PL. MARN) [„Mär", v. ahd. māri (= *Mär, Kunde, Erzählung, Nachricht, Ruhm, Berühmtheit, Gerücht*), v. germ. *mērja- (= *Kunde, Nachricht*), germ. *mērī- (= *Kunde, Ruf*), zu indogerm. *mēros (= *groß, ansehnlich*); (Märchen = Verkleinerungsform)] *1. Erzählung, 2. Tratsch.* {029}

marn, sè (VERB) [Verb zu → Mare] *sich melden, sich zu Wort melden.*

maroudig (ADJ.) [„marode", (18. Jh.) weitergebildet aus frz. maraud (= *Bettler, Lump*) weitere Herkunft nicht sicher geklärt. Das Adjektiv marode meint eigentlich *marschunfähig* und bezieht sich auf die der Truppe folgenden Nachzügler.] *gesundheitlich angeschlagen, unter der Grippe leidend.* {026}

Maȓtole, s (Nom. Pl. Maȓtolan) [ostoberdt. (19.), zunächst aus Tirol bekannt. Das Wort bezeichnet ursprünglich eine Darstellung des Leidens Christi (etwa an einem Kreuzweg), dann übertragen auf Gedenkstätten am Ort von Unfällen. V. mhd. marter, martel (= *Blutzeugnis*, also *schweres, um des Glaubens oder der Überzeugung willen ertragenes Leiden* oder *Grabkirche eines christlichen Märtyrers/-in*), ursprüngl. zu indogerm. *mer- (= *erinnern*)] *Gedenksäule oder -kreuz, das an eine/-n tödlich Verunfallte/-n erinnert.* {026}

Maschȓa gion [ita. maschera (= *Make*)] *sich verkleiden: zu Fasching, an einem Polterabend, beim Betten-Zurückgeben nach der Hochzeit usw.*

Maßl, do (Nom. Pl. Maßl) [ahd. meizil, mhd. meizel, Instrumentalbildung zu germ. *mait-a- (= *schneiden, hauen*)] *Meißel.* {026}

Matzl, do/s (Nom. Pl. Matzlan) [mögl. ahd. matta, mhd. matze (= *(Binsen-)Matte, Bodenbelag aus Stroh oder Binsen*), dieses aus mittellat. matta, welches selbst phönizisch-punischen Ursprung ist] *1.Verknotung im Haar, 2. Mätzchen.* {026}

Maul, s (Nom. Pl. Maildo) [ahd. mūla (= *Maul, Schnauze*), mhd. mūl, mūle (= *Maul, Mund*)] *1. Maul, 2. Mund (also auch beim Menschen verwendete Bezeichnung ohne negative Färbung).* {029}

maungȓn (Verb) [lautmalend] *miauen.*

meȓȓazn (Verb) [lautmalend: Ruf der Ziege, bereits in mhd. Zeit mechetzen] *meckern (wörtl. und übertragen).* {029}

Meȓȓe, do/di (Nom. Pl. Meȓȓn) [siehe unter → Maȓȓe] *durch einen Schlag entstandene Delle im Holz/Blech.* {026}

Meiȓȓsta, do (Nom. Pl. Meiȓȓsta) [mhd. metzjære, metzjer, metziger; dem Lautstand nach kann es kaum etwas anderes sein als eine Entlehnung, deren Vorbild aber nicht nachweisbar ist. Vermutlich haben sich mittellat. mattiārius (= *Wurstmacher*) und macellārius (= *Fleischwarenhändler*) vermischt.] *Metzger.* {026}

meiȓzn (Verb) [„märzen"] *paarungsbereit sein bei Katzen (März ist Paarungszeit der Katzen); bezeichnet besonders auch die lauten Rufe der Katzen in der Paarungszeit.*

Meiȓzngruine, di (Nom.) [„Märzengrüne"] *das erste Grün im Frühjahr.*

Abb. 12: Masch ̂gra gion = sich zum Fasching verkleiden

meisrig (Adj.) [„möserig", siehe unter → Mouss] *sumpfig.*

Meitte, di (Nom. Pl. Meittn) [„Mette" v. ahd. mattina, mhd. mettī, metten(e) (= *Frühmesse*), entlehnt aus spätlat. mattina, das aus lat. (laudes) mātūtīnae (= *morgendliche Lobpreisung*); eine Messe, die sehr früh oder (im Fall der Christmette) mitten in der Nacht stattfindet, also *in der Nacht abgehaltene Veranstaltung*, scherzhaft auf in der Nacht lärmende Betrunkene übertragen] *nächtlicher Lärm von Betrunkenen.* {026}

Melbile, s (Nom. Dim. Pl. Melbilan) [ahd. melo (= *Mehl*), mhd. mel, melbe (= *Mehl, Staub, Erde, Kehricht, ungelöschter Kalk*), aus germ. *melwa- (= *Mehl*) zu indogerm. *mel- (= *schlagen, mahlen, zermalmen*)] *kleiner Schneefall.* {029}

melchn (Verb) [ahd. melkan, mhd. melchen, aus germ. *melkan, zu indogerm. *měl̑ǵ- (= *abstreifen, wischen, melken*)] *melken.* {029}

Melgrante, di (Nom. Pl. Melgrantn) [„Mehl" + siehe unter → Grante (= *Preiselbeere*)] *echte Bärentraube (Pflanze: Arctostaphylos uva-ursi).*

Melraide (Nom. kein Pl.) [„Mehl" + → Raide (= *Kurve*), also *Mehlkurve*; genauer Zusammenhang unklar, vll. in Zusammenhang mit eventuellen Umwegen durch Wirtshäuser, die der Bauer auf dem Weg zum/vom Müller gemacht haben kann.] *Kneipentour (Besuch mehrerer Wirtshäuser hintereinander).*

menggl (Verb) [mhd. mangel (= *Mangel*)] *vermissen.* {029}

Mengile, s (Nom. Pl. Mengilan) [Herkunft unklar, mögl. ahd. menil (= *Stecken zum Antreiben des Viehs*), mhd. menel (= *Stachel, Spitze*)] *Glöckchen, Berlocken (paarige Auswüchse am Hals der Ziege).* {029}

Mete, di (Nom.Pl. Metn) [wahrscheinl. v. mhd. met(e) (= *Met, Honigwein*); im Mhd. männlichen Geschlechts] *(sehr) süße Flüssigkeit.*

Metzn, do (Nom. Pl. Metzn) [ahd. mezzo (= *eine Messeinheit*), mhd. metze (= *kleineres Hohlmaß, kleineres Trockenmaß, kleineres Flüssigkeitsmaß*) aus germ. *metjō- (= *Maß, Metze*), zu indogerm. *med- (= *messen*)] *Getreidehohlmaß.* {029}

Milchnouckn, di (Nom., Pl. (meist nur im Pl.)) [„Milchnocken"] *Milchspeise mit großen Teignocken.*

Milchschwamml, s (Nom. Dim. Pl. Milchschwammlan) [„Milchschwämmlein"] *Fichtenreizker (Pilz: Lactarius deterrimus).*

miode (ADJ.) [ahd. muodi, mhd. müede, vermutlich altes to-Partizip (oder ti-Adjektiv) zu germ. *mō- (= *sich mühen*), also *sich gemüht habend*] *müde.* {026}

mior (PROM.) [„mir" sowie „wir" in betonter, frei stehender Form] *1. mir, 2. wir; „gibb mir des" = „gib das mir (und nicht jemand anderem)"; „mir gion ham" = „wir gehen heim".*

Mios, s (NOM. PL. MIOSO) [siehe unter → Mouss] *Moos.*

Mischtleige, di (NOM.) [„Mist" + siehe unter → Leige] *Misthaufen oder auch gemauerter Bereich, in dem der Mist gelagert wird.*

Mischtpenne, di (NOM. PL. MISTPENN) [„Mist" + unklarer Teil, mögl. verwandt mit Pfanne] *geflochtener Korb zur Beförderung des Mistes.*

Mischtsuie, di (NOM. PL. MISCHTSUIDN) [„Mist" + siehe unter → Suie] *Abflussrinne für Urin der Kühe im Stall.*

Mitzl, s (NOM. PL. MITZLAN) [Herkunft unklar, mögl. von Mütze, Mutze, welches oberdt. oft *Wams, Jacke* bedeutet; sowohl die Form der Mütze als auch eines Männchens (worauf *Wams, Jacke* hindeuten könnten) sind plausibel als Benennungsmotiv.] *Getreidepuppen auf dem Acker (in einer Art Bündel zusammen aufgestellte Garben zum Trocknen und Abreifen des Getreides).* {026}

-mo (PRON.) [„mir" sowie „wir" in unbetonter/klitischer Form] *1. mir, 2. wir; „gibbmo des" = „gib mir das"; „giomo ham" = „gehen wir heim"; (vgl. im Gegensatz dazu die betonte Form → mior).*

Moda, do (NOM. PL. MODA) [1. ahd. mardar, mhd. marder; 2. ahd. mādāri, mhd. modære, moder, mäder (= *Mäher, Mähder, Schnitter*)] *1. Marder, 2. Mäher, mit der Sense mähender Bauer.* {026, 029}

Mode, di (NOM. PL. MODN) [ahd. māda, mhd. māde (= *Schwade beim Mähen, Gemähtes*)] *Grasschwade beim Mähen mit der Sense.* {029}

Moge, do (NOM. PL. MAGGNE) [ahd. mago, mhd. mage (= *Magen*)] *Magen.* {029}

Mogn, do (NOM., KEIN PL.) [ahd. mago, mhd. māge, māhe (= *Mohn*)] *Mohn, Mohnsamen.* {029}

Moidilatte, di (NOM., KEIN PL.) [spielerischer Sprachgebrauch: Substantivierung des zu Moidl (= *Dialektvariante von Maria*) gebilteten Adjektivs; also *die Mariaische*] *Maria.*

Monatl, s (NOM. PL. MONATLAN) *siehe unter → Munatl.*

Mondur, di (Nom. Pl. Mondurn) [„Montur"; vgl. mhd. muntieren (= ausrüsten, v.a. der Reiterei), seit 17. Jh. beeinflusst v. franz. monter (= aufstellen usw.); Montur ist die *Ausstattung und Bekleidung (von Soldaten)*, später dann *Arbeitsbekleidung.*] *Uniform.* {026}

Mone, do (Nom. Pl. Mon) [ahd. māno, mhd. māne, mōne etc.] *Mond.* {029}

Monnika, di (Nom. Pl. Monnika) [„(Ziehhar-)Monika"] *Ziehharmonika.*

mor (Adj.) [ahd. maro, mhd. mar (= reif, mürbe, zart)] *1. mürbe, locker (Speisen), 2. erschöpft.* {029}

Morch, s (Nom. Pl. Marcho) [ahd. marca, mhd. marc(h) (= Zeichen, Muttermal, Grenze, Grenzmarkierung), vll. aus lat. margo (= Rand, Abgetrenntes)] *1. Grundgrenze zwischen Feld/Wald, 2. Ohrenmarkierung beim Vieh. 3. Narbe.* {026}

Morchschtan, do (Nom. Pl. Morchschtane) [„Markstein", siehe unter → Morch] *Markierungsstein an der Grundstücksgrenze.*

More, di (Nom. Pl. Morn) [siehe unter → mor] *leicht zu melkende Kuh.*

Morelle, di (Nom. Pl. Morell) [ital. ombrella (= Regenschirm)] *Regenschirm.*

morenn (Verb) [ahd. merōd (= Abendmahl, Imbiss, Stärkung) und ahd. merāta (= Imbiss, Speise), mhd. merōt (= Abendmahl, flüssige Speise aus Brot und Wein), aus lat. merenda (= Vesperbrot), vermutl. zu lat. merēre (= Anteil haben, seine Portion erhalten, zu verdienen); mögl. späterer Einfluss v. rätorom. marenda und/oder ital. merenda, welche desselben Ursprungs sind] *eine Nachmittagsjause essen.* {039, 029}

Mosarelle, di (Nom. Pl. Mosarell) [Herkunft unklar, die Wortform ist aber höchstwahrscheinlich romanischen Ursprungs] *Wilde Stachelbeere (Ribes uva-crispa var. uva-crispa).*

Mosl, di (Nom. Pl. Mosl) [ahd. māsa, mhd. māse (= Wundmal, Narbe)] *Narbe.* {029}

motschn (Verb) [lautmalend] *undeutlich sprechen.*

Mott, s (Nom. Pl. Meido) [ahd. māda (= Mahd, Schwade, gemähtes Gras), mhd. māt (= Mahd, Mähen, Heuernte, Heu, Wiese)] *Mahd.* {029}

mouckat (Adj.) [lautmalend aus muck für einen kurzen unterdrückten Ton (vgl. „mucksen"), mögl. Vermischung mit pouckat (= bockig)] *launisch, trotzig.* {026}

moul (Adj.) [mhd. molwic (= weich) aus lat. mollis (= weich)] *brüchig (Schnee im Frühjahr vor der Schmelze).* {029}

moußz (Partikel) [mögl. v. ahd. murzilingūn (= *völlig, unbedingt*); auch das standarddt. mords- (als aus dem Genitiv von Mord gebildete Verstärkungsvorsilbe) kann eine Rolle gespielt haben bzw. wird das Word heute von den Sprchern/-innen so verstanden.] *sehr, mords-;* {028, 026}

Mouschpa, do (Nom. Pl. Mouschpa) [ahd., mhd. most (= *Most, junger Wein*), aus lat. mustum (vīnum) (= *junger (Wein))* + „*Beere*"] *1. Eberesche (Sorbus aucuparia), 2. Früchte der Eberesche.* {026}

Mouss, s (Nom. Pl. Meißo) [ahd., mhd. mos (= Moos, Moor, Sumpf, also eher der Ort, wo es Moos gibt), im Ablaut ahd. mios, mhd. mies (= Moos, also nur die Pflanze);] *1. Moor, Sumpf, 2. Moos.*

Moussefocke, do (Nom. Pl. Moussefockn) [siehe unter → Mouss + → Focke; also „Sumpfschwein"] *Sumpfdotterblume (Caltha palustris).*

mouttilan (Verb) [mhd. mot (= *Moder, Schlamm, Sumpf*) + produktive Nachsilbe -ilan (= *nach etwas anmuten, riechen oder aussehen*)] *muffig riechen.* {029}

mouttotellig (Adj.) [Herkunft unklar; unsichere Möglichkeit: mhd. moder (= *Moder, in Verwesung übergegangener Körper*) + ein von dolen (= *erleiden, erdulden*) abgeleitetes Adjektiv] *kränklich.* {029}

muffilan (Adj.) [17. Jh. Muff (= *modriger Geruch*) + produktive Nachsilbe -ilan (= *nach etwas anmuten, riechen oder aussehen*)] *modrig riechen.* {026}

Muġġaza, do (Nom. Pl. Muġġaza) [„Muckser", v. ahd. irmuckezzen, mhd. muchzen (= *mucksen*), wahrscheinlich ursprünglich *wie eine Mücke machen*] *Mucks; kurzer, leiser Laut.* {026}

Muġġe, di (Nom. Pl. Muġġn) [ahd. mucka, mugga etc., mhd. mucke, mugge etc. (= *Mücke*)] *Mücke.*

muirat (Adj.) [ahd., mhd. muor (= *Sumpf, Morast, Meer, Moor*)] *schmutzig (v.a. um den Mund herum).* {029}

muirilat (Adj.) [siehe unter → muirat; Adjektiv mit zusätzlicher, abschwächender Adjektivendung, ähnlich wie „zart" – „zärtlich"] *etwas schmutzig.*

Muis, s (Nom.) [ahd. muos (= *Mus, Speise, Essen*), mhd. muos (= *Mus, Grütze*); aus germ. *mōsa- (= *Essen,Speise, Mus*) zu indogerm. *mad- (= *nass, fett, triefen*)] *Mus – im Alpenraum wird darunter neben Püriertem auch* *eine breiartige Speise verstanden, zubereitet durch Kochen von Weizenmehl, tw. zusammen mit Maismehl, und Milch in einer flachen Pfanne, oft mit Zucker bestreut und brauner Butter beträufelt.* {029}

muisn (VERB) [Verb zu → Muis, also *eine matschige Aussprache haben*] *undeutlich reden.*

Muito, di (NOM. PL. MIETO) [ahd., mhd. muoter, ein sehr altes Wort, das bis in indogermanische Zeit zurück reicht: *mátēr] *Mutter.* {029}

mullat (ADJ.) [wahrscheinlich direkt v. lat. mutilus (Adjektiv) zu mutilāre (= *verstümmeln*) oder später über ital. mutilato (= *verstümmelt*), wenn das Wort mit dem in Nordtirol gebräuchlichen muttlat gleicher Bedeutung verwandt ist; ansonsten ist auch eine Herkunft von ital. mulo (= *Muli, Maultier, Maulesel*, welche als stur und launisch gelten) bzw. eine Vermischung der beiden möglich.] *1. stumpf, 2. hornlos. 3. mürrisch.*

Mulle, di (NOM. PL. MULL) [ahd., mhd. mūl (= *Maultier*), aus lat. mūlus] *1. Maultier, 2. beleidigtes Gesicht; „Mulle mochn" = „ein beleidigtes Gesicht machen", „beleidigt sein/tun".*

mulzat (ADJ.) [Herkunft unklar, mögl. Zusammenhang mit Multer, v. ahd. muoltra, mhd. mu(o)lter (= *Mulde, Getreidetrog, Mehltrog, Backtrog*), aus lat. mulctra (= *Melkfass, Melkkübel*)] *zäh (Teig).* {029}

Munatl, s (NOM. PL. MUNATLAN) [„Monatlein"; Benennungsmotiv nicht ganz klar: In einer medizinischen Textsammlung von Nikolaus Frauenlob aus dem 15. Jh. findet sich zumindest die Bezeichnung Allermaneyd plue (= *Allermonats Blüte*)] *Gänseblümchen.* {013}

Mune, do (NOM. PL. MUN) *siehe unter* → *Mone.*

Mungge mit Pouggsilameel (NOM. + NOM.) [wahrscheinlich v. 1. Teil v. ahd. munih, mhd. munch (= *Mönch*) aus germ. *munik, dieses aus lat. monacus, dieses zu griech μοναχός (monachós = *Einsiedler*); 2. Teil: „Bocksler", wegen der ziegenbockshornförmigen Früchte des Johannisbrotbaums + „Mehl", das aus diesen gemahlen wird.] *altes Weihnachtsessen (Brotauflauf) bestreut mit Zucker und gemahlenem Johannisbrotmehl und beträufelt mit zerlassenem Butterschmalz.* {029}

Murmile, s (NOM. PL. MURMILAN) [ahd. murmunto, murmento, mhd. mürmendīn, murmendīn (= *Murmeltier*), diese aus einer romanischen Alpensprache] *Murmeltier.* {026}

murre (ADJ.) [vermutlich lautnachahmend, also *murrend, summend, brummend*] *lästig; „a murro Fleck" = „ein lästiges bzw. ständig bettelndes Kind" („Fleck" für „etwas Kleines").*

Mụssl, di   (NOM. PL. MUSSL) [mhd. <u>müsel</u>, <u>musel</u> (= *Scheit, Prügel, Klotz*)] *(lange) Teilstücke eines entasteten Baumstamms.* {029}

N

naandl   (VERB) [Herkunft unklar, mögl. in Anlehnung an die Mundbewegung] *speicheln, sabbern.*

Naandl, di   (NOM. PL. NAANDL) [ahd. <u>ana</u>, mhd. <u>ane</u> (= *Ahne, Großmutter*), das <u>N-</u> in <u>Naandl</u> ist vom vorausgehenden Artikel (<u>an</u> = *ein*) falsch abgetrennt und an das Wort angefügt worden.] *Großmutter.* {029}

Nạbinga, do   (NOM. PL. NABINGA) [ahd. <u>nabagēr</u>, mhd. <u>nabegēr</u> (= *Bohrer, Dreheisen*), aus germ. <u>*nabogaiza-</u> (= „Nabenspeer"), dieses ist verwandt mit <u>Nabel</u>] *Handbohrer.* {029}

nạchnt   (ADJ.) [ahd. <u>nāhenti</u> (Partizip Präsens – *nahend*), mhd. <u>nāhent</u> (Adj.)] *nahe.* {028, 029}

Nạchnte, di   (NOM.) [ahd. <u>nāhida</u>, mhd. <u>næhede/næhnde</u> (= *Nähe*)] *Nähe.* {028, 029}

Nạggile, s   (NOM. PL. NAGGILAN) [„Näglein", also *kleiner Nagel*] *1. kleiner Nagel, 2. Nelke, sowohl die Blume als auch Gewürznelke.*

nạinan   (VERB) [„neunern"] *zweites Frühstück essen (ca. um 9 Uhr).*

Naunġġale   (NOM. PL. NAUNĠĠALAN) [siehe unter → <u>naunġġn</u>] *Nickerchen.*

naunġġn   (VERB) [Herkunft unklar, vermutl. Zusammenhang mit mhd. <u>nücken</u> (= *einnicken, einschlafen*), welches nicht dasselbe Wort ist wie <u>nicken</u>; ein Einfluss v. lat. <u>nutus</u> (= *Nickerchen*, zu <u>nutare</u> = *schwanken, nicken*), der teilweise angegeben wird, kann aufgrund der Lautgestalt mit großer Sicherheit ausgeschlossen werden.] *dösen.*

neạtn   (VERB) [wahrscheinlich „nöten", also Geräusche machen, die auf (Atem-)Not hinweisen] *stöhnen.*

neffn   (VERB) [Herkunft unklar, mögl. Zusammenhang mit „Knauf", dieses aus einer Gruppe von bedeutungsähnlichen Wörtern für verdickte Gegenstände mit Anlaut <u>kn-</u>] *reiben, scheuern, u.a. von Kindern oder Katzen, die einem (lästig) um die Beine streifen.*

Ne̯ġ̇ġe, do   (NOM. PL. NEĠ̇ĠN) [mhd. <u>neckel</u> (= *kleiner Nacken*)] *Nacken.* {029}

Neibl, do   (NOM. PL. NEIBL) [Herkunft unklar; mögl. als „Öbel" mit falsch angefügtem <u>N-</u> vom vorausgehenden unbestimmten Artikel „ein"; es wäre dann *das für oben/das, was oben liegt.*] *das Hornschlittengestell, das auf die Kufen aufgesetzt wurde.*

Neickl, s (Nom. Pl. Neicklan) [Diminutiv zu ostoberdt. (16. Jh.) nock u.ä., wohl zusammengehörige Gruppe von Wörtern mit einer schwer abgrenzbaren Verwandtschaft – Wörter für etwas *Kurzes, Gedrungenes* (vgl. Klotz, Klumpen, Knopf u.ä.)] *Kleine Teigmasse, z.B. Klößchen oder Spätzle.* {026}

neiggl (Verb) [aus tirolischer Form hornigln des mhd. hornunc (= *Februar*), als neiggl verstärkt mit Finger-/Zehennägeln in Verbindung gebracht] *vor Kälte klamm sein/prickeln; auch das Prickeln, wenn warme Finger/Zehen wieder war werden; „Mir neiggl di Zeachn" = „Meine Zehen prickeln vor Kälte".* {035}

Neine, do (Nom. Pl. Nein) [siehe unter → Nandl] *Großvater.*

netta (Adv.) [Vermutl. übernommen aus mittelniederländ. net(t), dieses aus franz. net, nette, dieses aus lat. nitidus (= *blank, schmuck, schön aussehend*); vgl. das engl. Wort neat, das gleicher Abstammung ist und *sauber, genau* bedeutet. Die Bedeutungskomponente *blank, glatt* kann also im Pustertal für zeitliche Knappheit/Unmittelbarkeit umgedeutet worden sein.] *gerade eben.* {026}

niddo (Adj.) [„nieder"] *niedrig.*

Niggile, s (Nom. Pl. Niggilan) [Herkunft unklar, mögl. Verwandtschaft mit → Neickl; auch mögl. Herkunft: Igel mit N- von falsch abgetrenntem vorangehendem unbestimmtem Artikel] *1. krapfenähnliches, frittiertes Gebäck (zum Patrozinium und zum Erntedankfest), 2. kleines (dickes) Wesen.*

Niggglas, do (Nom.) *Hl. Nikolaus.*

Niggglasschleibe, di (Nom.) [„Nikolaus" + wahrscheinl. mhd. slēwe (= *Stumpfheit, Mattigkeit*) v. mhd. slēwen (= *stumpf od. matt werden, nachlassen*)] *Tauwetter Anfang Dezember (zu Nikolaus).* {029}

nindoft (Adv.) [ahd. nionēr (= *niemals, nirgends*), mhd. nienert (= *nirgendwo, keinesfalls, niemals*)] *nirgends.* {029}

niochto (Adj.) *nüchtern.*

Niochto, di (Nom.) [„die Nüchter"] *Nüchternheit: in do Niochto = nüchtern, auf nüchternen Magen.*

Noanggla, do (Nom. Pl. Noanggla) [Herkunft unklar, möglicherw. ähnliche oder selbe Herkunft wie → nandl] *zahnloser Mensch.*

noar (ADV.) [„na(-chh-)er“] *1. nachher, 2. dann.*

nochgion (VERB) [„nachgehen“] *1. nachgehen, auch im Sinne von hinterherschleichen, 2. in die Hosen gehen (vom Harn bei Inkontinenz, mit Dativ), 3. erblich sein (von Eigenschaften): „Do Gait get noch“ = „Geiz ist erblich“.*

Nochgschwischtratkint, s (NOM. PL. NOCHGSCHWISCHTRATKINDO) [„Nach-Geschwisterkind“] *Großcousin/-e (Kind von Cousins/-en der eigenen Eltern).*

Nochpma, do (NOM. PL. NOCHPMA) [ahd. <u>nāhgibūro</u> (= *Nachbar: einer, der seinen Bauer = Wohnung in der Nähe hat*), mhd. <u>nachbūr</u>; das <u>-m-</u> ist wohl aus Gründen der leichter empfundenen Aussprache oder in Analogie zu ähnlichen Wörtern eingedrungen.] *Nachbar.* {026}

nochpmal (VERB) [„nachtmahlen“] *zu Abend essen.*

Nochpmal, s (NOM. KEIN PL.) [„Nachtmahl“] *Abendessen.*

nockntig (ADJ.) [ahd. <u>nackot</u>, mhd. <u>nackent</u>, das <u>-n-</u> ist nicht ursprünglich, sondern in Analogie zu anderen Wörtern mit ursprünglichem <u>-n-</u> vor <u>-t</u> in der Endung (z.B. Partizipien) eingefügt worden; siehe dazu → Einleitung: Abschnitt „Besonderheiten des Wortschatzes“] *nackt.* {029}

noġġilat (ADJ.) [siehe unter → <u>noġġl</u>] *wackelig.*

noġġl (VERB) [v. ahd., mhd. <u>nac</u> (= *Genick, Hinterhaupt*) bzw. in Anlehnung an die Bewegung des Nackens, also „nackeln“] *1. wackeln (auch i.S.v. nicht gut befestigt sein), 2. zittern.* {026, 015}

Noġġla, do (NOM. PL. NOĠĠLA) [siehe unter → <u>noġġl</u>] *Wackelbewegung, va. in der Wendung: „kan Noġġla tion“ = „sich nicht bewegen“ (entweder v. Menschen: „sich kaum zu atmen trauen“, oder von Gegenständen, wenn etwas sehr gut befestigt ist).*

Noieggoŗte, di (NOM. PL. NOIEGGOŘTN) [„neu“ + siehe unter → <u>Eggoŗte</u>] *Grünland nach Fruchtwechsel.*

noimelch (ADJ.) *neumelk (zum ersten Mal Milch gebend).*

Nole, di (NOM. PL. NOL) [ahd. <u>ala</u>, mhd. <u>ale</u>, mit von vorangehendem unbestimmtem Artikel falsch abgetrenntem <u>N-</u>] *Ahle.* {026}

Not, di (NOM. PL. NATE) [v. mhd. <u>nāt</u> (= *Naht*); vgl. standarddt. <u>jmdm. auf die Nähte gehen/rücken</u> (= *zusetzen, bedrängen*)] *nerven, bedrängen* {029}

Notscha, do (NOM. PL. NOTSCHA) [lautmalend, zu den Geräuschen beim Fressen] *Schwein.*

notschl (VERB) [lautmalend] *(geräuschvoll) naschen/Süßigkeiten essen.*

notschn (VERB) [lautmalend] *Schmatzen, essen wie ein Schwein.*

Nuische, di (NOM. PL. NUISCHN) [ahd. <u>nuosk</u>, mhd. <u>nuosch</u> (= *Rinne, Röhre, Trog*)] *Abflussrinne.* {029}

Numal, s (NOM. KEIN PL.) [Herkunft unklar, mögl. v. mhd. <u>nummen</u> (= *nur mehr, nichts als*), womit das Überbleibsel bezeichnet werden könnte] *Spreu.* {029}

nutz (ADJ.) [ahd. <u>nuzzi</u>, mhd. <u>nütze</u>, <u>nutze</u> (= *nützlich, brauchbar, gut*)] *lieb, brav, nett.* {029}

O

o (ADV.) *1. ab (Richtung angebend; Ort/Zeitpunkt angebend: → opp); 2. gebrochen (v. länglichen Gegenständen, z.B. Knochen, Stock, Seil, Schi): „Der ott in Fuiß o" = „Der hat einen gebrochenen Fuß"; „Noa isch do Schi o giwessn" = „Dann war es vorbei mit der Freundschaft" (wörtl.: „Dann war der Schi gebrochen").*

oa(r) (ADV.) [„ab-her"] *herunter.*

oamessn (VERB (M. DAT.)) [„heruntermessen", genaues Bedeutungsmotiv unklar, wahrscheinlich etwas Bildhaftes wie Schläge mit einem Zollstock] *jemanden ohrfeigen/verprügeln.*

Oare, s (NOM. PL. OARN) *1. Ohr, 2. Griff am hölzernen Eimer oder Bottich (nach oben verlängerte Daube, tw. mit Loch, z.B. zum Durchfädeln eines Trageseils).*

Oarnkoppe, di (NOM. PL. OARNKOPPM) [„Ohrenkappe"] *Stirnband.*

Odo, di (NOM. PL. ODON) *Ader.*

Ofiorn, s (NOM. KEIN PL.) [„das Abführen"] *Durchfall.*

Ofl, do (NOM.) [mhd. <u>afel</u>, dessen genaue Herkunft ist unklar, es scheint aber mit griech. ἠπεδανός (ēpedanós = *gebrechlich, schwach, unbeholfen*) verwandt zu sein und auf indogerm. *<u>ap-</u>, *<u>āp-</u> (= *Schaden, Gebrechen*) zurückzugehen.] *Eiter.* {029, 026}

Ofoll, do (NOM. PL. OFÄLLE) [„Ab-Fall"] *Wasserfall.*

ofto (PRÄP.) [ahd. <u>after</u> (= *hinter, entlang*), mhd. <u>after</u> (= *nach hinten, hinter, nach*)] *nach.* {029}

ogizaitigit (PARTIZIPIALADJ.) [„abgezeitigt"] *reich an Erfahrung.*

Ogl, di (Nom. Pl. Ogl) [ahd. agana (= *Spreu, Ährenspitze, Stroh*), mhd. agen (= *Spreu, Granne, Spelze, Splitter*); aus germ. *aganō (= *Stroh*) zu indogerm. *ak̂- (= *scharf, spitz, kantig, Stein*), damit verwandt u.a. auch lat. acus (= *Spitze, Nadel*) bzw. ital. ago (= *Nadel*).] *grober Abfall beim Schwingen oder Brecheln des Flachses/Hanfes.* {029}

o̤haxn (Verb) [„abhachsen", also *von den Beinen fallen/abkommen*] *1. stürzen, 2. umknicken (mit dem Bein/Fuß).*

o̤idn (Adv.) [„ab-hin"] *hinunter.*

o̤idnroṳddl (Verb) [→ o̤idn + vermutl. lat. rotula (= *Rädchen, Gerolltes*); vgl. oberdt. (16. Jh.) rodel (= *Schlitten*) – dieses könnte gleichen Ursprungs sein und ursprünglich etwas mit Rädern statt mit Kufen bezeichnet haben, vgl. dazu auch Sackrodel)] *unkontrolliert hinunterrutschen, v.a. v. Ansammlungen v. Gegenständen, z.B. (Brenn-)Holzstapel.*

o̤kio̤l (Verb) *abkühlen.*

o̤lba (Adv.) [genaue Herkunft unklar, erster Teil sicher „all-"; wahrscheinlich mhd. allewegen (= *immer, für immer, immer noch*), vll. noch mit einer Endung „-her"] *1. schon die Ganze Zeit, 2. seit einiger Zeit.*

o̤lbm (Adv.) [genaue Herkunft unklar, erster Teil sicher „all-"; wahrscheinlich mhd. allewegen (= *immer, für immer, immer noch*)] *immer.* {029}

O̤lbmtschitscha, do (Nom. Pl. Olbmtschtitscha) [1. Teil: „Alm", 2. Teil unklar] *Alpenbraunelle (Pflanze: Prunella collaris).*

o̤lidn (Verb) [„abliden", also *etwas wie ein Lid/Scharnier bewegen, bis es abbricht*] *etwas (z.B. einen Draht) durch häufiges Hin- und Herbiegen abbrechen.*

O̤lpole, do (Nom. kein Pl.) [Herkunft unklar, mögl. Zusammenhang mit dem bayerischen Wolpertinger, umgangssprachlich Walper, welcher z.B. v. Brockhaus mit der Walpurgisnacht in Verbindung gebracht wird, welche nach der germanischen Heiligen Walpurg(is) benannt ist.] *Olperl (Berggeist/Sagengestalt in Sexten).* {007, 026}

olta G̊ietsche, di olte G̊ietsche (Nom. Pl. olte G̊ietschn) [„alt" + siehe unter → G̊ietsche, also „altes Mädchen"] *1. auch in fortgeschrittenem Alter noch unverheiratete Frau, 2. Berg-Kuhschelle (Pflanze: Pulsatilla montana).*

olto Pṳi, do olte Pṳi (Nom. Pl. olte Pṳibm) [„alt" + mhd. buobe, dieses unklarer Herkunft, wahrscheinlich ein Wort aus der Kindersprache der Unterschicht, welche in älteren Quellen normalerweise nicht zu finden ist]

Abb. 13: olte Ġietschn = Berg-Kuhschellen

1. älterer Junggeselle, 2. Stechender Hohlzahn (Pflanze: Galeopsis tetrahit). {026}

oltvatrisch (ADJ.) [zu ahd. altfater, mhd. altvater (= *Patriarch, Vorfahr*); die ironische Bedeutung *altmodisch* ist laut Kluge von Anfang an häufiger als die eigentliche (*altehrwürdig*).] *altmodisch, rückständig.* {026}

Omase, di (NOM. PL. OMASN) *siehe unter → Umase.*

Omblettl, s (NOM. PL. OMBLETTLAN) [„Omelette", aus franz. omelette, dieses durch Metathese von alemette (14 Jh.), dieses aus alemele (= *Omlette*) wörtl. *Klinge*, wahrscheinlich eine falsche Trennung von la lemelle (als l'alemelle), aus lat. lamella (= *dünner Teller*), diminutiv zu lat. lamina (= *Teller, Schicht*).] *Pfannkuchen, Palatschinke (Es wurde der Eiermasse oft noch Mehl und Milch zugefügt, was in anderen Ländern auch zu einer Veränderung der Bezeichnung führte, in Österreich und Südtirol behielt aber auch das veränderte Gericht die Bezeichnung „Omelette").* {019}

Ombrelle, di (NOM. PL. OMBRELL) [ital. ombrella (= *Regenschirm*)] *Regenschirm.*

ommaliobo (INTERJ.) *oh, mein Lieber! (Ausdruck des Erstaunens).*

ondorscht (ADV.) [mhd. anderest (= *zweimal, zum zweiten Mal, das andere Mal*), im Sextnerischen und anderen südostbair. Mundarten mit mhd. anderes (= *anders, sonst, übrigens, noch einmal, zweimal, zum zweiten Mal*) zusammengefallen bzw. ist nur die Bedeutung *anders* übrig geblieben] *anders.* {029}

Onggl, di (NOM PL. ONGGL) [ahd. angul (= *Angel(-haken), Stachel*), mhd. angel (= *Stachel, Angel(-haken*)), v. germ. *angulam (= *Haken*, wörtl. *der Gekrümmte*)] *Türangel.* {026}

Onnewent, di (NOM. PL. ONNEWENTN) [ahd. anawentī (= *Wende, Rain*), mhd. anewant (= *Grenze, Ackerstreifen, Wendacker*); „An-Wende", „Um-Wende"] *nicht gepflügter Ackerstreifen am Feldrand – Grenzrain, auf dem beim Pflügen gewendet werden darf bzw. an den andere Äcker stoßen.* {029}

Onnewentn, s (NOM.) [„das Umwenden"] *Sommer-/Wintersonnenwende.*

Onte (NOM. KEIN PL.) [mhd. ant (= *Kränkung, schmerzliches Gefühl*)] *hauptsächl. in der Wendung „Onte tion" = „schmerzhaft auf jmd. wirken", „kränken"; nur unpersönlicher Gebrauch: „Des tut mir Onte" = „Das tut mir weh/das kränkt mich".* {029}

Ọntlasn, s (NOM. KEIN PL.) [ahd., mhd. <u>antlāz</u> (= *Ablass, Erlass, Sündenerlass, Vergebung, Absolution, Abendmahl*), v.a. letztere Bedeutung spielt hier eine Rolle, da das Fest der Eucharistie gewidmet ist.] *Fronleichnam.* {029}

Ọntlasschtaude, di (NOM. PL. ỌNTLASSCHTAUDN) [siehe unter → <u>Ontlasn</u> + „Staude", also *Fronleichnamsstaude*] *Traubenkirsche (Prunus padus); zu Fronleichnam werden ihre geweihten Zweige ins Feld gesteckt.*

ọpaitl (VERB) [„abbeuteln", im Sinne von *durchschütteln*] *frösteln.*

ọpo (ADJ.) [ahd. <u>ābar</u> (= *aper, besonnt, warm, trocken*), mhd. <u>āber</u> (= *aper, schneefrei, trocken, warm, mild, milde*), weitere Herkunft unklar] *schneefrei, nicht mehr von Schnee bedeckt.* {029}

ọprettl (VERB) [„ab-bretteln", Herkunft unklar, mögl. ahd. <u>brettan</u> (= *herausziehen, zücken*), mhd. <u>bretten</u> (= *ziehen, zücken, weben*).] *beim Fangspiel sich am Auszählort durch Abschlagen befreien.* {029}

Ọrbase, di (NOM. PL. ỌRBAS) [ahd. <u>araweiz</u>, mhd. <u>arweiz</u> (= *Erbse*), vll. verwandt mit lat. <u>ervum</u> (= *Hülsenfrucht*)] *Erbse.* {029, 026}

ọrittig (ADJ.) [vermutl. „ab" + ahd. <u>rītan</u>, mhd. <u>rīten</u> (= *reiten*, aber auch *sich bewegen* allgemein)] *abschüssig.* {029}

Ọrmpoch (NOM.) *Arnbach (nahe Gemeinde in Osttirol).*

ọrrig (ADJ.) [vermutl. Bildung zu <u>arg</u>, v. ahd. <u>arg</u> (= u.a. *feig*), mhd. <u>arc</u> (= *arg, böse, nichtswürdig, böse*), aus germ. <u>*arga-</u> (= *gemein, feige, unzüchtig, angstbebend*), wohl zu indogerm. <u>*er-</u> (= *sich bewegen, erregen, wachsen*); späterer Bedeutungswandel zu *groß, stark* und letztendlich positiver Bedeutung *tüchtig* in <u>orrig</u>] *tüchtig.* {029}

ọrschlọbe (ADJ.) [„Arsch" + siehe unter → <u>lobe</u>, also *(kaum) lauwarm, „nicht wärmer als ein Arsch"*] *kaum lauwarm.*

Ọrschpoppo, di (NOM. PL. ỌRSCHPOPPON) [„Arsch" + unklarer Teil; ein Zusammenhang mit standarddt. <u>Popo</u> kann mit großer Sicherheit ausgeschlossen werden, da das erste (geschlossene) <u>-o-</u> dann im Sextnerischen zum steigenden Diphthong <u>-ou-</u> umgelautet hätte werden müssen. Zugrundeliegen muss ein älteres <u>-a-</u>. Möglich ist ein Ursprung im ahd. <u>arsbal</u> (= *Gesäßbacke*), z.B. über eine nicht bezeugte Reduplikation <u>*arsbalbal</u> mit späterem l-Ausfall.] *Gesäßbacke.* {028}

ọsaichn (VERB) [„abseihen"] *abseihen allg.; speziell: Milch nach dem Melken durch ein Tuch gießen.*

Ọschtịa, do (NOM. PL. OSCHTIANE) [v. ital. (can da l') ostia (= ca. *Hund der/von Hostie*), Fluchphrase/-wort, blasphemisch, in Venetien besonders im Zushg. mit Schlitzohren verwendet; ital. v. lat. hostia (= *Opfer(-tier)*, später *Hostie*)] *ein Schlitzohr sein.*

Ọsroppe, do (NOM. PL. OSROPPM) [„Aasrabe"] *Rabenkrähe (Corvus corone in seiner schwarzen Ausprägung, nicht in der grau-schwarzen).*

ọtraịbm (VERB) [„abtreiben"] *Vieh von der Alm wieder ins Tal treiben (im Herbst).*

ọtschappịorn (VERB) [„ab" + „tschappieren", zweiter Teil unklar; mögl. lautmalend für die Schritte oder romanischen Ursprungs (vgl. ital. scappare = *weglaufen* oder franz. échapper = *entkommen*)] *abhauen.*

ọtscherfl (VERB) [„ab" + lautmalend für die Schleifbewegung] *sich die Füße/Schuhe abstreifen.*

ott (VERBFORM: 3. P. SG. UND 2. P. PL.) *1. (er/sie/es) hat, 2. (ihr) habt.*

Qubbis, s (NOM.) [ahd. obaz (= wörtl. *Zukost; Obst, Baumfrucht, Frucht*), mhd. obiz (= *Obst, Baumfrucht, Frucht*)] *Obst.* {029}

ọubboŕtom (ADV.) [analog zu → indoŕtom und → außoŕtom gebildet, also „ober(t) dem"] *auf der bergauf gelegenen Seite (z.B. des Hauses).*

ọuch (INTERJ., BUCHSTÄBLICHE AUSSPRACHE, ALSO NICHT „AUTSCH") [Interjektionen sind lautlich meist nicht erklärbar, da sie affektive Ausrufe ohne genaue Bedeutung darstellen.] *au (Ausruf des Schmerzes); „eitt va ouch und eitt va wea schmeickn" = „nicht nach viel schmecken", also: Das schmeckt nicht nach „au" und nicht nach „weh", d.h., nicht mal nach etwas Schlechtem.*

Quffnpọnk, di (NOM. PL. OUF(F)NPÄNKE) [„Ofenbank"] *Ofenbank: Bank rund um den Bauernofen.*

Qufngschall, s (NOM. PL. OUFNGSCHALLO) [„Ofen" + unklarer Teil; frühnhd. schal (= u.a. *trocken, dürr*) in Zusammenhang mit der Trockenfunktion des Ofengestells sowie Schale (vgl. Verschalungsarbeiten), also eine *Holzhülle des Ofens*, kommen als Wortherkunft in Frage.] *Holzgestell über dem Bauernofen mit einer Liegefläche oben.*

Qufnhelle, di (NOM. PL. OUFNHELL) [„Ofen" + „Hölle"; der zweite Teil ist laut Kluge wohl direkt in Anlehnung an den Höllenbegriff in der christlichen Mythologie zu verstehen, der wiederum vom germ. *haljō (= *Unterwelt, Totenwelt*) abgeleitet ist; allerdings fällt auf, dass germ. *hel-a- *bergen* bedeutet, welches durchaus mit den engen Räumen, die oft als <u>Hölle</u> bezeichnet werden, in Zusammenhang gebracht werden kann.] *Ofenhölle, enger Raum zwischen Ofen und der Wand daneben.* {026}

Oufnplente (NOM.) [„Ofen" + ital. <u>polenta</u>, dieses von lat. <u>pul(pa)mentum</u> (= *Brei, Mus*)] *im Ofen gebackene Süßspeise aus Maismehl, Hefe und Rosinen.*

Oufnschait, s (NOM. PL. OUFNSCHAITO) [„Ofenscheit"] *etwa 50 cm langes Brennholzscheit für Bauernöfen.*

Ourhone, do (NOM. PL. OURHON) *siehe unter* → *Ourhune.*

Ourhune, do (NOM. PL. OURHUN) [ahd. <u>ūrhano</u>, mhd. <u>ūrhan</u>; das <u>ūr-</u> ist möglicherweise eine Vorsilbe, die *männlich* bedeutet und mit indogerm. Wörtern für *Regen* verwandt sein könnte. Der Zusammenhang besteht in der metaphorischen Betrachtung des Geschlechtsverkehrs als *Beregnen*. Das Wort <u>Auerochse</u> könnte analog gebildet sein.] *Auerhahn.* {026}

Ourt, s (NOM. PL. EIR̊TO) [„Ort"] *1. Ort (geographisch), 2. Platz (Freiraum):* „*Ourt hobm*" = „*Platz haben*".

Quto, roat awwe an [Herkunft unklar; lautlich wäre es ein „Otter" (*Fischotter* oder *Kreuzotter*), was aber inhaltlich nicht plausibel ist.] *knallrot im Gesicht.*

Quxe, do (NOM. PL. OUXN) [ahd. <u>ohso</u>, mhd. <u>ohse</u>] *Ochse.* {026}

ouxn (VERB) [„ochsen", also *nach dem Ochsen verlangen*, mit welchem hier wohl das männliche Tier allgemein gemeint ist, nicht ein kastriertes] *paarungswillig sein (bei Kühen).*

Qwaichn, s (NOM. KEIN PL.) [„das Abweichen", v. ahd. <u>wīhhan</u> (= *weichen, nachgeben, sich unterwerfen*), mhd. <u>wīchen</u> (= *weichen*); das standarddt. Adjektiv. <u>weich</u> (von mhd. <u>weich</u> = *nicht hart*) ist aus lautlichen Gründen als Herkunft auszuschließen: mhd. <u>weich</u> ergibt im Sextnerischen <u>wach</u>, nicht <u>*waich</u>; „abweichen" ist also hier analog zu *abführen* zu verstehen.] *Durchfall.* {026}

ozoichn (VERB (IM GEGENSATZ ZUM STANDARDDT. INTRANS.)) [„abziehen"] *sich ausziehen; „I muss ozoichn" = „Ich muss mich ausziehen".*

P

pafal (ADV.) [„bei-fehl"] *daneben (statt ins Ziel); „pafal gion" = „danebengehen" (von Flüssigkeiten beim Eingießen in ein anderes Gefäß, z.B. in ein Glas).*

Paǧasch, di (NOM. PL. PAǦASCHN) [zu franz. <u>bagage</u> (= *Tross*): Der Tross von Heeren hatte einen sehr schlechten Ruf.] *Gruppe von Menschen, die nichts taugt bzw. über die sich jemand ärgert.* {026}

pagat (ADJ.) [Herkunft unklar, mögl. v. mhd. <u>bei(g)e</u> (= *Fenster, Fensternische*) aus mittelfranz. <u>baie</u> (= *Türöffnung, Fensteröffnung*); vgl. altfranz. <u>baer</u> (= *offen stehen*); aus gallorom. <u>*batare</u> (= *gähnen*)] *breitbeinig.* {029}

paǧǧilat (ADJ.) [Herkunft unklar, mögl. eine Variation von „wackelig"] *schwach auf den Beinen.*

Paie, di (NOM. PL. PAIDN) [ahd. <u>bīa</u>, mhd. <u>bīe</u>, vordeutsch <u>*bin-i-</u>; nicht weiter zurückverfolgbar; mögl. aus einer Sprache, aus der bereits entsprechende Wörter ins Altägyptische entlehnt wurden] *Biene.* {029, 026}

paikinigoutt (ADV.) [wörtl. „bei König Gott", also scherzhaft einem Schwur nachempfunden, was das übertriebene Bestreben ausdrückt, so zu tun, als ob man die Wahrheit sage] *„und will damit (eigentlich) sagen", „so à la", „um nicht zu sagen"; z.B.: „Noa otta gsogg: 'Awich schauge eitt aus', beikinnigoutt 'I bin do Schionschte'." = „Dann sagte er:'So schlecht schaue ich gar nicht aus', so à la 'Ich bin der Schönste'."*

Painte, di (NOM. PL. PAINTN) [ahd. <u>biunta</u>, mhd. <u>biunt(e)</u> (= *eingehegtes Grundstück*)] *ebener, eingezäunter Platz am Haus.* {026}

Pairischis Giwǫnt (ADJ. + NOM.) [„bäuerisches (oder bayerisches?) Gewand"] *Festtagskleidung der Bäuerin.*

Paischl (NOM. PL. PAISCHLAN) [ostoberdt. (16. Jh., Bedeutung 19. Jh.) <u>Beuschel</u> (= *Speise aus Tierinnereien*). Die vorhergehende Bedeutung ist *Herz, Lunge, Milz und Leber (obere Eingeweide eines geschlachteten Tieres)*, besonders auch *Eingeweide von Fischen*. Diminutiv zu Bausch, welches von einem lautmalenden Wort für *(auf-)blasen* stammt. <u>Beuschel</u> bedeutet in der frühesten Bezeugung Teile von Kleidern, also etwa *Wulst*, und ist in einer derartigen Bedeutung auf die Innereien angewandt worden.] *Beuschel (Ragout aus Lunge und ggf. anderen Innereien).* {026}

paisn (VERB) [„beißen"] *jucken.*

Paiswurm, do (NOM. PL. PAISWIRME) [„Beißwurm"] *Schlange.*

palaibe (ADV.) [16. Jh.: <u>beileibe</u>; die Bedeutung bezieht sich auf *Leib* im Sinne von *Leben*; also *bei meinem Leben*] *beileibe (beteuernd).* {026}

palaifig (ADJ.) [„beiläufig"] *1. in etwa, ungefähr; 2. beiläufig, ungenau, provisorisch (z.B. eine Arbeit verrichten).*

Pampile, s (NOM. PL. PAMPILAN) [Herkunft nicht eindeutig geklärt; Moser gibt *kleines rundes Ding* als Ausgangsbedeutung an, ohne weitere Hinweise/Quellen zu nennen; wahrscheinlich ist eine durch Assimilation von L- an -b-/-p- gebildete weitere Verniedlichung eines Diminutivs zu Lamm (z.B. mhd. lembelīn = *Lämmlein*) der Ursprung der Wortform – es ist also aus etwas wie „Lammbel" später „Bammbel" geworden.] *Lamm.* {035}

Pandohaisl, s (NOM. PANDOHAISLAN) [„Bein(er)haus"] *Totenkapelle (bedeutet also nicht „Ossarium", wie das lautlich entsprechende Wort Beinhaus im Standarddt.).*

Pankltouchto, di (NOM. PL. PANKLTEICHTO) [„Bänkeltochter"; die ursprüngliche Bedeutung ist die im Standarddt.: *uneheliche Tochter.* Die Herkunft ist dabei dieselbe wie die des Wortes Bankert (v. mhd. banchart: Bank + Namensendung -hart wie in Reinhart usw.): *unehelicher Sohn (das auf der (Schlaf-)Bank (der Magd, und nicht im Ehebett) gezeugte Kind).* Es scheint also das Bedeutungselement *(eigentlich) nicht erbberechtigtes* oder *weniger rechtmäßiges Kind* als zentral aufgefasst und daher als Bezeichnung für die weibliche Hoferbin gewählt worden zu sein.] *Erbin des Hofes (wenn ein Hofbesitzer keine männlichen Nachkommen hat oder sie alle vor dem Antreten des Erbes gestorben sind).* {026}

panondo (ADV.) *beieinander.*

Panzile, s (NOM. DIM. PL. PANZILAN) [Diminutiv zu → Ponze] *1. Bäuchlein, 2. Fässchen.*

Pappile, s (NOM. PL. PAPPILAN) [zu mhd. pappe, peppe (= *Brei*), laut Kluge ein lautmalerisches Kinderwort, das auch in anderen Sprachen (z.B. lat. pappa) und in ähnlichen Formen (Pampe) auftritt. Das gleiche Wort ist oberdt. Papp (= *(Mehl-)Kleister*). Die lautmalerische Komponente kann aus anderen Sprachen (z.B. dem Lat.) übernommen oder zufällig gleich gebildet sein (wie oft bei Kinderwörtern).] *Keks.* {026}

Pär, do (NOM. PL. PÄRE) [1. ahd., mhd. bēr, aus germ. *baira- (= *Zuchteber*), zu indogerm. *bʰeiə- (= *schlagen*; vgl. standarddt. Keiler), also der *Schläger*; 2. im Gegensatz dazu kommt Pär in seiner zweiten Bedeutung (= *Bär*) von ahd. bero, mhd. ber, aus germ. *berō- (= *Brauner, Bär*), zu indogerm. *bʰĕros (= *braun*).] *1. Eber (auch wilder), 2. Bär.* {029}

Paradaiseipfl, do (NOM. PL. PARADAISEIPFL) [mhd. paradīsapfel, paradīsöpfel (= *schöner Apfel, Granatapfel*), mit dem Gedanken an den verführerischen Apfel im Paradies. Nach Einführung der Tomate wird die Bezeichnung im bairisch-österreichischen Raum auf die neue Frucht übertragen.] *Tomate.* {026}

Pärisdreick, do (Nom.) [„Bärendreck"; es gibt mehrere Herleitungen; Kluge meint: „Ein zunächst schweizerisches Wort. Das Benennungsmotiv ist unklar – vielleicht wegen der starken Süße als '(Dreck) für die – Süßes liebenden – Bären'. Zu beachten ist die Bedeutung 'Einkochrückstand' bei Dreck."; volksetymologisch wird von der Ähnlichkeit der Süßigkeit mit Bärenkot ausgegangen, wobei auch die Vorliebe der Bären für Süßes wieder eine Rolle spielen kann; eine jüngere Deutung bringt das Wort mit dem aus Ulm stammenden Nürnberger Süßwarenfabrikanten Karl Bär und seinen europaweiten Patenten auf Lakritze in Zusammenhang.] *Lakritze.* {026, 008}

Pärisprotze, di (Nom. Pl. Pärisprotzn) [„Bärenpratze", wahrscheinlich von der Ähnlichkeit der Blüten mit Pranken.] *Gemeiner Wundklee (Pflanze: Anthyllis vulneraria).*

parstuzat (Adj.) [erster Teil unklar, mögl. Zushg. mit → pagat und g-r-Wechsel zur leichteren Aussprache; zweiter Teil: siehe unter Stuze (= *Bein*)] *o-beinig.*

Pascheitt, do (Nom. Pl. Pascheitte) [v. ital. bacchetto (= *Stöckchen*)] *Gliedergelenkstabmaß (zusammenklappbarer Meterstab).* {027}

Pasl, di (Nom. Pl. Pasl) [ahd. basa, mhd. base, ursprünglich *Schwester des Vaters*, im 15. Jh. dann allg. *Tante*, später auch *Nichte* (selten) und (wohl ausgehend vom Diminutiv) *Kusine* (häufig), auch allg. *entfernte weibliche Verwandte*; in der Hochsprache Entsprechung zu „Kusine". Nebenform ahd. wasa. Herkunft des nur deutschen Wortes dunkel. Falls mittellat. barbas (= *Vatersbruder*) als ursprünglich langobardisches Wort vergleichbar ist, kann von vordt. *bazwōn ausgegangen werden. Im Indogerm. gab es offenbar kein Wort für *Kusine* – diese wurde *Schwester* genannt (ggf. mit Spezifikation, wie *Vatersschwester* usw.).] *Base (Kusine) eines Elternteiles.* {026}

Patonkutte, di (Nom. Pl. Patonkuttn) [„Paternkutte"] *Mönchsgewand.*

De Wouche kimmp do Pato

Nach altem Recht führten die Patern des Franziskanerklosters des Nachbardorfes Innichen zweimal im Jahr eine Sammlung durch. Zu Fuß und auch im

Spätherbst noch in Sandalen und ohne Socken kam ein Franziskanerpater in Begleitung eines ortskundigen Sextners. Für jeden Bauern hatten sie geweihtes *Pluima* (zerriebene getrocknete Blüten und Kräuter) aus dem Klostergarten dabei. Dies schütteten sie in einen bereitgestellten Teller. Das Kräuterpulver wurde im Stall unters Heu gemischt. So sollte das Vieh gesund bleiben. Die *Paurnğitschilan* (kleine Bauernmädchen) bekamen *Patonringilan*, glitzernde Fingerringlein mit einem Strasssteinchen in der Fassung. Wer nicht aufpasste, verlor das Steinchen am nicht gerade teuren und stabilen Ring sehr bald und musste ein halbes Jahr warten, bis der Pater wieder kam. Die Bauern ihrerseits gaben ans Kloster etwas von ihren Produkten ab: Butter, einige Eier, ein Stück Speck, hausgemachtes Brot. Dieser Brauch hatte sich seit undenklichen Zeiten gehalten, bis er vor wenigen Jahrzehnten aufgegeben wurde, sodass es heute nicht mehr heißt: Diese Woche kommt der Pater.

Patzl, s (NOM. PL. PATZLAN) [Diminutiv zu 16. Jh. <u>Batzen</u> (= *Klumpen, ein Geldstück*), zu dem Verb <u>batzen</u> (= *zusammenkleben, zusammenhängen*) (wohl eine Intensivbildung <u>*backezzen</u> zu <u>backen</u>). Das Wort wird dann auf die im 15. Jh. in Bern und Salzburg geprägten Dickpfennige bezogen; deshalb heute noch in der Schweiz für ein kleines Geldstück.] *Klümpchen.* {026}

Paucholdo, di (NOM. PL. PAUCHOLDON) [Der zweite Teil des Wortes geht wahrscheinlich auf ahd. <u>holuntar</u>, <u>hol(d)er</u>, mhd. <u>holunter</u>, <u>holunder</u> zurück, welches sich auch in anderen Pflanzennamen findet (z.B. Wacholder oder Maßholder) und deutet auf die Ähnlichkeit der Blütenstände mit denen des Holunders hin; der erste Teil ist nicht geklärt und z.B. *Bauch* nicht ohne Weiteres als Benennungsmotiv anzunehmen, da in der Volksheilkunde nichts darauf hinweist. Die Pflanze wird zwar in junger Form als Speisepflanze genutzt, unterscheidet sich in dieser Nutzung allerdings nicht vom eigentlichen Holunder.] *Wiesen-Bärenklau (Pflanze: Heracleum sphondylium). Bezeichnet junge Blätter und Triebe; ausgewachsene Planze siehe →* <u>*Roussekieme.*</u>

Pauchtisl, do (NOM. PL. PAUCHTISL) [„Bauch" + im 16. Jh. aus dem Niederdt. übernommen: <u>Dusel</u> (= ursprünglich *Schwindel, Rausch, Schlaf*), gehört zu <u>dösen</u> und <u>Dussel</u>.] *Bauchgrippe.* {026}

paudn (VERB) [ahd. <u>būan</u>, <u>būen</u> (= *bauen, wohnen, bewohnen, leben*), mhd. <u>būwen</u> (= *bauen, das Feld bebauen, wohnen*)] *1. bauen (allg.), 2. „Ocka paudn" = „den Acker pflügen", 3. ein Haus bauen (meist ohne Erwähnung von „Haus").* {029}

Pauveiggile, s (Nom. Dim. Pl. Pauveiggilan) [„Bauvöglein"; der erste Teil ist unklar, da ein Zusammenhang mit *bauen* nicht klar ersichtlich ist bzw. sich die Art im Nestbau nicht wesentlich von anderen weit verbreiteten Vogelarten unterscheidet. Der Bau mehrerer unvollendeter Nester wurde zwar beobachtet, ist aber wohl keine ausreichend sichere Grundlage.] *Bachstelze (Vogel: Motacilla alba).*

Peatoschlissl, do (Nom. Pl. Peatoschlissl) [„Peterschlüssel", also *Petrusschlüssel*] *Echte Schlüsselblume (Primula veris).*

Peatospaŕtl, s (Nom. Pl. Peatospaŕtlan) [„Petersbärtlein"; der pelzige Fruchtschopf ist wohl ausschlaggebend für die Benennung.] *Berg-Nelkenwurz (Geum montanum).*

peckn (Verb) [wohl v. ahd. (ana)bicken, mhd. bicken (= *stechen, angreifen*), welche wohl lautmalerisch sind] *ständig hüsteln.*

peffl (Verb) [16. Jhd. belfern (= besonderes *Bellen*, das nach Region verschieden ist: winselnd, rau, misstönig u.ä.), wohl lautmalende Ausdrücke in Anlehnung an bellen] *frech zurückreden, stänkern.* {026}

Peige, di (Nom. Pl. Peign) [wahrscheinl. v. mhd. bære (= *Tragegestell*), zu ahd. beran, mhd. beren (= *gebären, erzeugen, tragen*)] *1. Gestell mit bogenförmigen Trägern, 2. flache Schubkarre ohne Seitenwände.* {029}

pein (Verb) [ahd. bahen, bāen, mhd. bæhen (= *erwärmen, schmoren, bähen*), v. germ. *ba- (= *wärmen, bähen*), zu indogerm. *bʰā- (= *glänzen, leuchten*)] *rösten, toasten, nochmal backen (zum Herstellen von Zwieback).* {029}

Peiŕtl, s (Nom. Peiŕtlan) [„Börtlein"] *(kleine) Borte (Kleiderbesatz, meist aus Wolle, Stoff, Seide usw.).*

Peitte hintogebm [wörtl. *die Betten zurückgeben*] *dem Brautpaar zwei Wochen nach der Hochzeit die Bettdecken feierlich zurückbringen, nachdem sie zuvor gestohlen wurden (siehe unter → Peitte schtel).*

Peitte schtel [„Betten stehlen"] *dem Brautpaar während der Hochzeitsfeier aus dem Ehezimmer die Bettdecken stehlen.*

Peldra, do (Nom. Peldra) [vermutl. zu standarddt. Böller, in einer nicht belegten Form *Böllerer (also *das, was sich wie eine Böller anhört*); v. spätmhd. pöler (= zunächst *Schleudermaschine*, dann *kleines Geschütz*), zu ahd. bolōn (= *drehen, rollen, wälzen*), mhd. boln (= *drehen, schleudern*), weitere Herkunft unklar] *dumpfer Knall.* {026}

Penne, di (Nom. Pl. Penn) [16. Jh. benne, entlehnt aus gall. benna, vielleicht über franz. benne (= *zweirädriger Karren mit geflochtenem Korb*) vermutlich aus einer mit „binden" vergleichbaren Grundlage (etwa als *bhendhnā), also *das Geflochtene.*] *Benne (geflochtener, tiefer Wagenkorb zum Transportieren von Mist oder Steinen).* {026}

Pẹrmant, do (Nom. kein Pl.) [ahd. werimuot, mhd. wermuot, das Wort, das wohl auf eine alte Bezeichnung für Bitterkeit zurückgeht, ist stark abgeschliffen und das -n- in der Endung -nt ist nicht ursprünglich, sondern in Analogie zu anderen Wörtern mit ursprünglichem -n- vor -t in der Endung (z.B. Partizipien) eingefügt worden; siehe dazu → Einleitung: Abschnitt „Besonderheiten des Wortschatzes"] *Wermut.* {026}

perrn (Verb) [ahd. berien, berren (= *treten, schlagen*), mhd. beren (= *treten, schlagen, anklopfen, einschlagen*), aus germ. *barjan (= *schlagen*), zu indogerm. *bʰer- (= *ritzen, schneiden, spalten, reiben*)] *(auf-)hebeln (wie mit einer Brechstange).* {029}

Pẹřzpauch, do (Nom. Pl. Pẹřzpaiche) [ahd. *barzan, mhd. barzen, barezen (= *strotzen, hervordrängen*), aus germ. *barzēn (= *starr aufgerichtet sein*), zu indogerm. *bʰar- (= *Hervorstehendes, Borste, Spitze*)] *hervorstehender Bauch (an einem sonst eher schlanken Menschen).* {028, 029}

Pẹsnrais, s (Nom. Pl. Pesnraiso) [„Besenreis(ig)"] *Zweige der Grünerle (für Stallbesen verwendet).*

pẹtlaitn (Verb) [„bet-läuten"] *Ave-Maria-Läuten (dreimaliges Läuten: morgens, mittags, abends).*

Pẹtze, do (Nom. Pl. Petzn) [wahrscheinlich v. mhd. batz, batze (= *Haufen, Klumpen*)] *ein großes (ca. 2m x 2 m), an den vier Ecken zusammengebundenes Tuch voll Heu, das auf dem Rücken/den Schultern transportiert wird.*

Pfaide (Nom. kein Pl.) [„Veit"] *Namenstag des Hl. Vitus am 15. Juni (bis zum Ende des Ersten Weltkrieges Schutzpatron der Pfarrkirche von Sexten).*

Pfạrra, do (Nom. Pl. Pfarra) [ahd. pferrih, pfarrih, mhd. pferrich (= *Gehege, Pferch*), früh entlehnt aus mittellat. parricus, das für die frühe Zeit nur indirekt bezeugt ist. Es handelt sich um eine gallo-romanische Ableitung zu einem iberischen *parra (= *Spalier*).] *Pferch.* {026}

Pfat, di (Nom. Pl. Pfate) [ahd. pfeit (= *Hemd, Rock, Überwurf, Schlitzmatel*), mhd. pfeit (= *Hemd*), aus unbekannter Sprache entlehnt] *Herrenhemd.* {026}

pfạterblig (Adj.) [siehe unter → Pfat + „Ärmel"] *in Hemdsärmeln.*

Abb. 14: do Petze = Tragetuch voll Heu

Pfintsta, do (NOM. PL. PFINTSTA) [über das gotische paíntē dags aus dem Griechischen πέμπτη (ἡμέρα) (pémptē (hēméra)) = *der fünfte (Tag)* entlehnt] *Donnerstag.* {038}

pfioǧoutt [„Behüt' (Sie/dich/euch) Gott"] *Abschiedsgruß.*

pfiote [„Behüte dich (Gott)"] *Abschiedsgruß.*

Pflumpf, do (NOM. PL. PLIMPFE) [Herkunft unklar, mögl. Vermischung von Pfuhl und Sumpf] *Tümpel.*

Pfnotte, do (NOM.) [wohl lautmalerisch, mögl. eine Vermischung von → pfotschn (= *platzen, ein Platzgeräusch machen*) und → Knottl (= *Kotklumpen*)] *1. Kothaufen, 2. plumper, aufgedunsener Mensch.*

pfnutton (VERB) [lautmalerisch, vll. an ein Nies- oder Hustgeräusch angelehnt] *kichern.*

Pfonnknecht, do (NOM. PL. PFONNKNECHTE) [„Pfannenknecht"] *Untersetzer für die Pfanne auf dem Tisch, oft ähnlich einem kleinen Schemel.*

Pfonnraiba, do (NOM. PL. PFONNRAIBA) [„Pfannenreiber"] *Topfkratzer (kleiner Scheuerbesen für den Abwasch).*

Pforrmenige, di (NOM. KEIN PL.) [„Pfarre" + mhd. meinede, meinde (= *Anteil, Gemeinschaft, Gemeinde*); der Konsonantenwechsel -d- → -g- kann einer Dissimilation geschuldet sein, die ihrerseits von einer Angleichung an mhd. manec (= *manch, viel*) beeinflusst sein kann.] *Pfarrgemeinde.* {029}

Pfotscha, do (NOM. PL. PFOTSCHA) [an das lautmalende → pfotschn angelehnt, wegen der bläschenartigen Blütenstände, die nach dem Vertrocknen der Pflanze zwischen Daumen und Zeigefinger zerplatzt werden können] *Taubenkropf-Leimkraut (Pflanze: Silene vulgaris).*

pfotschn (VERB) [lautmalend] *1. platzen oder ein Platzgeräusch machen, 2. übertragen: pleite gehen.*

Pfouse, di (NOM. PL. PFOUSN) [ahd. pfoso, phoso (= *Säckchen, Beutel*), mhd. pfose (= *Beutel, Gürteltasche*), v. germ. *pusō- (= *Anschwellung, Beutel*), zu indogerm. *beu- (= *blasen, schwellen*); die Bedeutung wurde also aufgrund der Komponenten *rundlich* sowie *hängt oft an einer Schnur* übernommen.] *Quaste.* {029}

Pfraume, di (NOM. PL. PFRAUM) [ahd. pfrūma, mhd. pfrūme, frühnhd. pfraume, früh entlehnt aus griech. προύμνη (proúmnē = *Pflaumenbaum*), das auch lat. prūnus gleicher Bedeutung geliefert hat und selbst wohl auf der Entlehnung aus einer kleinasiatischen Sprache beruht.] *1. Pflaume, 2. Bluterguss mit Schwellung.* {026}

Pfriggilansuppe, di (Nom.) [mögl. v. lat. <u>fricare</u> (= *zerreiben*)] *Suppe mit kleinen Teigknötchen als Einlage.* {035}

Pfrille, di (Nom. Pl. Pfrill) [mhd. <u>pfrille</u> (= *Elritze*)] *1. Elritze (Fischart: Phoxinus phoxinus), 2. übertragen: etwas sehr kleines (meist ein Mensch oder ein Tier).*

Pfriontna, do (Nom. Pl. Pfriontna) [ahd. <u>pfruontāri</u>, <u>phruontāri</u>, mhd. <u>pfrüendenære</u>, <u>phrüendener</u> (= *„Pfründner", Inhaber einer kirchlichen Amtspfründe, Benefiziat, Inhaber einer Laienpfründe*), v. lat. <u>praebenda</u> (= *zu Gewährendes*); die Bedeutung ist also so zu erklären, dass die Versorgung der Alten als einer Pfründe, also als etwas, was einem zusteht, aufgefasst wurde.] *alter Mensch, der im Nachbardorf Innichen im Ostteil des Krankenhauses untergebracht war (damals als Altenheim genutzt).* {026}

Pfusch, do (Nom.) [zu 16. Jh. <u>pfuschen</u>, wahrscheinlich vom lautmalenden <u>(p)futsch</u> (welches ein Geräusch beim Misslingen von etwas sein kann) i.S.v. *kaputt*] *schlecht gemachte/geratene Arbeit.* {026}

Pfutscha, do (Nom. Pl. Pfutscha) [ev. lautmalend zum Gesang, wahrscheinlicher aber in Anlehnung an das Verb →<u>pfutschn</u> (= *entschlüpfen*) und die geringe Größe des Tiers; darauf weist auch die Bezeichnung „(Zaun-)Schlüpfer(-lein)" in Teilen des dt. Sprachraums hin; diese wird im Grimm-Märchen „Der Zaunkönig" so erklärt, dass der bislang namenlose Zaunkönig als Einziger in der Lage ist, für die Königswahl die Prüfung zu bestehen, in eine Mauerspalte zu schlüpfen. Aus Missgunst wird er dort von den anderen Vögeln eingesperrt, kann aber entfliehen. Um sich weiterer Missgunst zu entziehen, schlüpft er in den Zäunen umher.] *Zaunkönig (Troglodytes troglodytes).*

pfutschn (Verb) [wahrscheinlich lautmalend] *1. (ent-)schlüpfen, 2. übertragen: wenn eine kleine Sache verlorengeht.*

pickn (Verb) [mhd. <u>picken</u>, Nebenform von <u>bichen</u>, <u>pichen</u> (= *verpichen, verkleben, mit Pech bestreichen*)] *kleben.* {035, 029}

Pickschtraf, do (Nom. Pl. Pickschtrafe) [siehe unter → <u>pickn</u> + „Streifen"] *Klebefilm, schmales Klebeband.*

piderbig (Adj.) [mhd. <u>biderbic</u> (= *angesehen, tüchtig*), verwandt mit <u>bieder</u>; es ist wohl von einer später abwertenden Bezeichnung für sozial Bessergestellte, Reiche, Adelige usw. auszugehen, also einem negativen Bedeutungswandel, wie auch das standarddt. <u>bieder</u> heute eher negativ konnotiert ist.] *schwächlich, armselig.* {029}

piǧǧanaiisch (ADJ.) [Herkunft unklar, mögl. v. mhd. bicken (= *angreifen, stechen*), welches wahrscheinl auf kelt. beeinflusstes lat. beccus (= *Schnabel*) zurückgeht] *spöttisch.* {028}

piguitn (VERB) [„beguten"] *pflegen (z.B. einen Kranken).*

Pilgar, s (NOM. PL. PILGARE) [mhd. pilgei (= *nachgemachtes oder im Nest zurückgelassenes Ei als Anreiz zum Eierlegen für Hühner*), vll. ursprünglich *bīlegei (= also *Beileg-Ei*)] *Nestei (falsches oder im Nest zurückgelassenes Ei).*

pill (VERB) [mhd. bil (= *bellende Stimme, Gebell*), v. ahd. bellan, mhd. bellen] *bellen, brüllen, toben (meist übertr. und auf Menschen bezogen).* {026}

pillritig (ADJ.) [wahrscheinl. → pill + „reitig": reitn (= *reiten*) bedeutet in Bez. auf Kühe *brünftig sein*, da sich brünftige Kühe auch ohne Stier gegenseitig bespringen (als ob sie aufeinander reiten wollten). Also: nicht richtig, sondern (nur) „brüll-brünftig"] *gerade nicht fruchtbar/Besamung nicht aufnehmend (Kuh).*

Pingǧl, do (NOM. PL. PINGǦL) [vermütl. v. einem nicht belegten *Bünkel (= *etwas Aufgeblähtes*), mögl. zu ahd. bungo, mhd. bunge (= *Knolle*)] *1. Beule am Kopf (als Schwellung von einem Schlag, Stoß); 2. Hügel (in der Landschaft), 3. Bündel.* {029}

Pionscht, do (NOM. KEIN PL.) [ahd. piost, mhd. bie(n)st (= *Biestmilch*), v. germ. *beusta- zu indogerm. *beu- (= *blasen, schwellen*), wohl vom ersten Anschwellen des Kuheuters.] *Biestmilch, Kolostralmilch (besonders nahrhafte erste Milch der Kuh nach dem Kalben).* {029}

Pionschtnuddl, di (NOM. KEIN SG.) [„Biestnudeln"] *Nudeln gekocht in Biestmilch (Kolostralmilch – sehr dicke, nahrhafte Milch unmittelbar nach dem Kalben).*

Piosl, do (NOM. KEIN PL.) [ahd. bieza, mhd. bieze aus lat. bēta (= *Bete, Mangold*), wahrscheinl. eine Entlehnung aus einer keltischen Sprache; Entlehnungsweg ins Dt. mögl. über mittellat. blèta] *Mangold (Pflanze: Beta vulgaris).* {029}

piparoat (ADJ.) [v. bairisch Piper (= *Truthahn*) + „rot"] *knallrot (im Gesicht).*

pirchaugat (ADJ.) [Herkunft unklar, vll. v. mhd. birke, birche (= *Birke*), welches auf ein indogerm. Wort *bherəǧ- für *glänzen* (im Sinne von *weiß*) zurückgeht] *schielend (so, dass man viel vom Weißen des Auges sieht).* {026}

Pirl, s (Nom. Pl. Pirlan) [v. ahd. <u>bira</u>, mhd. <u>bire</u> (= *Birne*), v. lat. <u>pirum</u> (= *Birne*)] *Heuschober in konischer Form mit Mittelstange, ähnlich wie eine →<u>Drischte</u>.* {029}

Pirschtnpinta, do (Nom. Pl. Pirschtnpinta) *Bürstenbinder ("saufn awwe a Pirschtnpinta" = "viel Alkohol trinken"; eine auch im Standarddt. verbreitete Wendung).*

Pirte, di (Nom. Pl. Pirtn) [v. mhd. <u>bürste</u>, mit öfter in Südtiroler Dialekten beobachtbarem Ausfall von <u>s</u> zwischen <u>r</u> und <u>t</u> (z.B. <u>Wurt</u> für „Wurst")] *Bürste.*

Pischile, s (Nom. Pl. Pischilan) [„Büschlein"] *Blümchen, Wiesenblume.*

pitaggl (Verb) [laut Sedlaczek von <u>beteigeln</u> (= *jemanden mit Teig beschmieren*), wobei allerdings keine Belege dafür angegeben sind; eine alternative Herkunft könnte mhd. <u>begoukelen</u> (= *„begaukeln" – gaukeln = zaubern*; also *betrügen, bezaubern, verblenden*), mit Abschleifung des Diphthongs und Dissimilation des <u>-g-</u>] *betrügen (z.B. bei einem Handel/Geschäft), hinters Licht führen.* {046, 029}

pitaitschn (Verb) [„bedeutschen", also in etwa *jemanden der deutschen Sprache mächtig machen*] *jemanden verstehen machen/dazu bringen, etwas zu verstehen.*

pitoart (Partizipialadj.) [„betört", v. mhd. <u>betœren</u> zu mhd. <u>tōr</u> (= *Narr, Dummkopf, Irrsinniger, Tauber*)] *schwerhörig, taub.* {029}

pitroign (Verb) [ahd. <u>bitriogan</u>, mhd. <u>betriugen</u>, aus germ. <u>*bidreugan</u>, zu indogerm. <u>*dʰreugʰ-</u> (= *trügen, schädigen*)] *betrügen, täuschen, trügen (auch im übertr. Sinne: „Des pitroig" = „Das trügt"/„Das ist schwer einzuschätzen").* {029}

pitschioft (Partizipialadj.) [von 15. Jh. <u>pitschiren</u> (= *versiegeln, mit Siegel versehen*), entlehnt aus slowen. <u>pečát</u> (= *drucken, stempeln*) und mit romanischstämmiger Endung versehen; später dann wohl auf das Siegel auf gepfändeten Gegenständen bezogen] *angeschmiert, betrogen, in einer schwierigen, peinlichen Situation sein, ruiniert sein.* {015, 009}

pitschn (Verb) [wahrscheinl. mhd. <u>pfetzen</u> (= *zwicken, zupfen*), mögl. aus mittellat. <u>petium</u> (= *Stück, Fetzen*)] *zwicken, kneifen.* {029}

Pittra, do (Nom. Pl. Pittra) [ahd. <u>butirih</u>, mhd. <u>bütrich</u> (= *(Wein-)Schlauch, Gefäß, kleines Fass, Bottich*), aus mittellat. <u>buttis</u> (= *(Wein-)schlauch, Fass*), wohl zu indogerm. <u>*beu-</u> (= *blasen, schwellen*)] *Holzfässchen mit Getränk für die Feldarbeit.* {028, 029}

pitzl (VERB) [v. süddeutsch <u>bitzeln</u>, Iterativbildung zu <u>beißen</u>, also *immer wieder/über längere Zeit ein klein wenig beißen*] *1. prickeln, 2. leicht stechen, jucken, 3. kribbeln (wie in eingeschlafenen Gliedmaßen)* {035}

Pịxe, di (NOM, PL. PIXN) [„Büchse"] *Büchse (Gewehr mit gezogenem Lauf).*

plärrn (VERB) [mhd. <u>blēren</u>, <u>blerren</u> (= *plärren, blöken, schreien*), lautmalerisch] *1. blöken, 2. weinen.* {029}

Plạttllouto (NOM.) [„Blättchen" + siehe unter → <u>Louto</u>, also *Blättchenkerl*] *eine Art süßer Auflauf (altes Weihnachtsessen).*

plạtton (VERB) [vermutl. zu mhd. <u>plate</u>, <u>blate</u> (= *Platte, Brustharnisch, Tonsur*), ahd. <u>platta</u> (= *Platte, Glatze*); entlehnt aus mittellat. <u>platta</u> (= *Platte*), Substantivierung aus früh-romanisch <u>plattus</u> (= *platt*); also *platt machen*, was u.a. durch Schlagen erfolgen kann, wodurch die direkte und später nur mehr bildliche Bedeutung *(aus dem Haus) prügeln* entstanden sein kann] *1. versohlen (v.a. mit der flachen Hand), 2. verjagen, aus dem Haus jagen.* {026}

pleạde (ADJ.) [ahd. <u>blōdi</u> (= *lässig, träge, zaghaft*), mhd. <u>blœde</u> (= *zerbrechlich, schwach, zart, zaghaft, vergänglich, feige, krank, schlecht, sündhaft, entblößt*)] *schal, fade, ohne Geschmack.* {029}

plẹckfịoßat (ADJ.) [ahd. <u>blekken</u> (= *blitzen, glänzen, blank sein*), mhd. <u>blecken</u> (= *sich entblößen, sehen lassen, zeigen, hervorschimmern, entblößt sein*), + „füßig", also *blankfüßig*] *barfuß.* {029}

plẹckntig (ADJ.) [ahd. <u>blekken</u> (= *blitzen, glänzen, blank sein*), mhd. <u>blecken</u> (= *sich entblößen, sehen lassen, zeigen, hervorschimmern, entblößt sein*) bzw. davon abgeleitetes Adj. <u>blecket</u>; das <u>-n-</u> ist also nicht ursprünglich, sondern in Analogie zu anderen Wörtern mit ursprünglichem <u>-n-</u> vor <u>-t</u> in der Endung (z.B. Partizipien) eingefügt worden; siehe dazu → Einleitung: Abschnitt „Besonderheiten des Wortschatzes"] *nackt.* {029}

Plẹittsche, di (NOM. PL. PLEITTSCHN) [ahd. <u>bletahha</u> (= *Lattich, Gartenlattich, Grind-Ampfer*), dieses aus <u>blat</u> (= *Blatt*) und <u>lattuhha</u> (= *Lattich*), letzteres aus lat. <u>lactūca</u> (= *Lattich,* wörtl. *Milchpflanze*), daraus dann mhd. <u>bletiche</u> (= *Ampfer, Klette*)] *großes Pflanzenblatt (z.B. Kohlblatt, Salatblatt).* {028, 029}

Plẹnteschurre, di (NOM.) [„Polenta" + mhd. <u>schoren</u> (= *schaufeln, zusammenscharen, kehren, zusammenschieben*), dieses zu ahd. <u>skora</u> (= *Schaufel, Spitzhacke*), aus germ. <u>*skurō-</u> (= *Schaufel*), zu indogerm. <u>*skēu-</u> (= *schneiden, trennen, kratzen, scharren, stochern*)] *Kruste am Pfannenboden unter der Polenta.* {029}

Plętze, do (NOM. PL. PLETZN) [wahrscheinl. ahd. blez (= *Stück, Flicken, Stückchen*), mhd. blez, bletzen (= *Lappen, Flicken, Fetzen, Flecken, kleines Stück Land, Plätzchen*); auch kann ahd. bleizza (= *„Bläue", Striemen, blauer Fleck, Wundmal*) eine Rolle gespielt haben, passt aber lautlich nicht gut hier her, weil hieraus Blaisse hätte werden müssen (wie in Nordtirol auch der Fall).] *Abschürfung.* {029}

Plindofuire, di (NOM. PL. PLIDOFUIRN) [mhd. plündern (= *Hausgerät, Wäsche, Sachen usw. wegnehmen*), aus dem mittelniederdt. plunderen übernommen, + „Fuhre"] *Umzugslieferung/-ladung (zusammengepackte Sachen zum Wegziehen).* {026}

plindon (VERB) [vom mhd. Verb plündern zu mhd. blunder, plunder (= *Hausgerät, Kleider, Wäsche, Bettzeug*), aus dem Mittelniederdt. übernommen] *1. verjagen, 2. umziehen, die Wohnstätte räumen.* {026}

Plintschlauch, do (NOM. PL. PLINTSCHLAICHE) [ahd. blintoslīhho, mhd. blindeslīche, aus ahd. blint (= *blind*) und slīhhan (= *schleichen, kriechen, gleiten*) oder indogerm. *sloiw-ōn/n̥ (= *Wurm, Schlange*); eine Theorie ist, dass das Tier den Namen daher hat, dass es im Gegensatz zu Schlangen seine Augen mit Lidern verschließen kann und daher für blind gehalten wurde; auch die geringe Größe der Augen kann eine Rolle gespielt haben. Das Benennungsmotiv ist in verschiedenen Sprachen wie dem Lat., Griech. und Engl. vorhanden – oft vorgebrachte Deutungen, dass es eigentlich aufgrund des glänzenden Körpers die „Blendschleiche" sei, sind daher wahrscheinlich falsch. Hier wird oft das ahd. blenten als Ursprung genannt, welches aber nicht *blenden* im heutigen Hauptsinn (also *grell in die Augen leuchten*) bedeutet, sondern *das Augenlicht nehmen, verdunkeln.*] *Blindschleiche (Anguis fragilis).* {029, 026}

Pliombl, s (NOM. PL. PLIEMBLAN) [„Blümlein"] *Blümchen.*

Plisse, di (NOM.PL. PLISSN) [Herkunft nicht eindeutig; wahrscheinl. v. ahd. bluot (= *Blüte*), mhd. bluost, aus germ. *blōdiz (= *Blüte, Spross*) zu indogerm. *bʰel- (= *blühen, sprießen*)] *Baumnadel.* {029}

plobe (ADJ.) [ahd. blāo, mhd. blā, aus germ. *blēwa-, zu indogerm. *bʰlēu̯os (= *hell, gelb, blond, blau*)] *blau.* {029}

Ploto, di (NOM. PL. PLOTON) [ahd. blātara, mhd. blātere (= *Blase, in jedem heutigen Sinn*), aus germ. *bladrō-, zu indogerm. *bʰel- (= *aufblasen, aufschwellen*)] *Blase.* {029}

plottilat (ADJ.) [„plattelig", also „platt" mit zusätzlicher Adjektivendung; aus dem mittelniederdt. plat(t), dieses aus franz. plat, das auf frührom. *plattus zurückgeht, dieses aus dem Griechischen.] *platt, flach.* {026}

plozẹddon (Verb) [wahrscheinl. v. mhd. plōdern (= *rauschen, plaudern*), dieses wahrscheinl. lautmalend] *plaudern.* {029}

Pluịma, s (Nom., kein Pl.) [zu mhd. blüemīn (= *aus Blumen bestehend*) – staubige Heureste bestehen zu einem großen Teil aus den abgefallenen und zerbröselten Blütenblättern der Pflanzen.] *Heublumen/bröseliger, staubiger Heuabfall/-rest.* {029}

Pluịme, di (Nom. Pl. Plium) [ahd. bluoma, mhd. bluome] *Blume.*

Pluịtschwitza, do (Nom. Pl. Pluitschwitza) [„Blutschwitzer“, wahrscheinlich wegen der Ähnlichkeit der Blüten mit den Wundmalen Jesu, vgl. dazu die tw. gebräuchliche Bezeichnung Hergottsblut.] *Rote Lichtnelke (Silene dioica).*

plụtzat (Adj.) [mögl. v. Plutzger (= *alte Graubündener Scheidemünze von geringstem Wert*), diese vll. in Zushg. mit gleich bezeichneter Art v. Flaschenkürbis; eine andere Möglichkeit ist mhd. blut, einer Variante von blōz (= *nackt, bloß, armselig*)] *bleich im Gesicht (nach einer Krankheit).* {035, 029}

pò (Adv.) *siehe unter → poll.*

Poanǧraatsche, di (Nom. Pl. Poanǧraatschn) [„Bohnen“ + ital. gracchia, gracchio (= *Dohle*), aus lat. grācula (= *Dohle*, wörtl. *die Krächzerin*); der Vogel frisst gerne Hülsenfrüchte.] *Eichelhäher.*

poạstatig (Adj.) [„bostätig“] *böse, heimtückisch.*

Pọchgonsa, do (Nom. Pl. Pochgonsa) [„Bachganser“] *Bachstelze.*

Pọchrẹasl, s (Nom. Pl. Pochreaslan) [„Bachröslein“; die Pflanze wächst an Bachrändern und auf Feuchtwiesen.] *Huflattich (Pflanze: Tussilago farfara).*

Podl (Nom.) *Padola (Ortsteil der Gemeinde Comelico Superiore in Südtirols Nachbarprovinz Belluno).*

Podn, do (Nom. Pl. Paddne) [ahd. barno, mhd. bar(e)n (= *Barren, Krippe, Futtertrog*), aus germ. *barnō- zu indogerm. *bʰer- (= *tragen, bringen*)] *Futterkrippe.* {029}

Pọfa, do (Nom. Pl. Pofa) [siehe unter → pofn (= *sabbern*)] *Lätzchen.*

pofn (Verb) [wohl zu ital. bava (= *Geifer, Schaum vor dem Mund*)] *sabbern.*

Pogẹitsche, di (Nom. Pl. Pogeitschn) [Herkunft unklar, vll. v. franz. bagage (= *Tross*), einem Kollektivum zu bagues (= Pl.: *Gepäck,* Singular wohl *Sack*

Abb. 15: do Pochgonsa = Bachstelze

o.ä.) oder ital. pacchetto (= *Päckchen*), welches lautlich näher liegen würde] *Schlitten zum Befördern von kurzen Holzstämmen (Prügeln).* {026}

poign (VERB) [ahd. biogan, mhd. biegen] *biegen.* {029}

poitn (VERB) [mhd. biotan, mhd. bieten] *bieten (auch beim Kartenspiel).* {029}

Polbmkatzl, s (NOM. DIM. PL. POLBMKATZLAN) [Der zweite Teil des Wortes („Kätzchen") ist aufgrund der Ähnlichkeit zum Fell junger Katzen wohl gesichert, der erste Teil ist allerdings unklar; der auch volksetymologisch meist bemühte Zusammenhang ist das Schneiden von Zweigen der Salweide am Palmsonntag; dies erklärt allerdings nicht, warum auch andere junge Knospen, v.a. pelzige, Palmen genannt werden (z.B. die jungen Knospen von Weinreben, Erlen und Haselsträuchern); diese Bezeichnung könnte von mhd. palmā(n)t (= *eine Art weiche Flockseide, die für Matratzen/Polster verwendet wurde*) kommen, dieses aus mittellat. palmatium (= *ebendiese Seide*), erwähnt z.B. im Ritter-Epos Parzival (um 1200).] *Blütenstand der Salweide.* {037}

Polk, do (NOM. PL. PELGE) [ahd. balg (= *Balg, Schlauch*), mhd. balc (= *Balg, Schlauch, Leib*), aus germ. *balgi- (= *Balg, Haut, Schlauch, Sack*) zu indogerm. *bʰel- (= *aufblasen, blähen*)] *Balg.* {029}

poll (ADV.) *1. bald, 2. sobald.*

pollamo (ADV.) [„bald-einmal"] *bald.*

Pomorantsche, di (NOM. PL. POMORANTSCHN) [im 15. Jh. aus ital. pomarancia entlehnt, einer Zusammensetzung aus pomo (= *Apfel*) und arancia (= *Apfelsine*), aus pers. nāranǧ] *Orange (Apfelsine: Citrus × sinensis L.). Im Standarddt. bezeichnet das Wort Pomeranze allerdings speziell die Bitterorange (Citrus × aurantium L.).* {026}

Ponze, do (NOM. PL. PONZN) [17. Jh. Pansen (= *Tiermagen*), aus franz. panse (= *Wanst, Bauch, Pansen*). Dieses letztlich zu lat. pantex (= *Wanst*).] *1. Bauch, 2. freches Kind, 3. Fass, 4. allg. zylindrischer Tank (für Gas, Gülle, auf dem Tankwagen usw.).* {026}

Poocht, s (NOM. KEIN PL.) [mhd. bāht (= *Unrat, Kehricht*), dessen Herkunft unklar] *Kehricht, staubiger Abfall.* {029}

Poochtǧrutte, di (NOM. PL. POOCHTǦRUTTN) [siehe unter → Poocht + nicht ganz klarer Teil: Moser führt es auf dasselbe wie → Ǧrotte zurück (näml. mhd. kratte), welches aber bedeutend verändert hätte werden müssen (anderer, keiner Lautregel folgender Vokalismus: -a- zu -u-, dazu ein Genuswechsel); eine mögliche Alternative ist ein Zusammenhang mit ahd. krukka (= *Krummholz, Krummstab, Krücke*), mhd. krücke, krucke (= *Krücke, Krummstab, u.a. Ofenkrücke*) – v.a. die Ofenkrücke (= *flache Schaufel für Kohlen oder zum Transport von Brotlaiben in den und aus dem Ofen*) hat eine gewisse Ähnlichkeit mit dem gemeinten Gerät; es wäre dann lediglich ein Konsonantenwechsel von -ck- zu -tt- eingetreten (kein Genuswechsel), der durch eine einfache Dissimilation zu erklären wäre; ähnliche Wechsel sind z.B. in Krütze (= *langstieliger Schaber für den Erzofen in der Metallgewinnung*) oder in luxemburg. Kretsche (= *Krücke*) belegt. Gegen diese Herleitung kann sprechen, dass G̊rutte allgemein in etwa *Kiste* bedeutet, welches aber mögl. von einem Tragegerät oder Behälter aus krummem/gegabeltem Holz kommen könnte. Eine weitere Möglichkeit ist, dass lat. carrus bzw. die abgeleitete Form. lat. carrūca (= *Reisewagen*) zugrundeliegen, welche ihrerseits auf gall. karros (zu einem Verbum für *laufen, fahren*) zurückgehen.] *Langstielige, selbststehende Kehrschaufel.* {035, 015, 026}

poppm (VERB) [zu mhd. pappe, peppe (= *Brei*), laut Kluge ein lautmalerisches Kinderwort, das auch in anderen Sprachen (z.B. lat. pappa) und in ähnlichen Formen (Pampe) auftritt. Das gleiche Wort ist oberdt. Papp (= *(Mehl-)Kleister*). Die lautmalerische Komponente kann aus anderen Sprachen (z.B. dem Lat.) übernommen oder zufällig gleich gebildet sein (wie oft bei Kinderwörtern).] *kleistern, kleben.* {026}

Po̊rchant, s (NOM. KEIN PL.) [mhd. barchant, barchāt, barragān, barkān u.a.; Entlehnung aus mittellat. barrachanum (= *grober Wollstoff*), über Spanien (barragán) aus arab. barrakān (dasselbe, sowie auch ein Gewand daraus). Im Deutschen bezeichnet das Wort zunächst einen groben Wollstoff aus Ziegen- und Kamelhaar, dann ein Mischgewebe aus Baumwolle und Leinen, in der neueren Zeit ein aufgerauhtes Köpergewebe aus Baumwolle (Köper: eine spezielle Webart).] *Barchent (Mischgewebe aus Baumwolle und Leinen).* {026}

Po̊řte, di (NOM. PL. Po̊řtn) [ahd. barta, mhd. barte (= *Axt, Beil, Streitaxt*), aus germ *bardō- (= *Axt*) zu indogerm. *bʰar- (= *hervorstehende Borste, Spitze, Ähre, Granne*)] *Axt, besonders Holzhappe (Werkzeug ähnlich einem Fleischerbeil, zur Reisigverarbeitung).* {029}

po̊tschat (ADJ.) [wahrscheinl. zu patzen (= *mangelhaft arbeiten*) (19. Jh.), wohl aus regionalem Patzen (= *Klecks*) (oberdt.), der beim Schreiben als Mangel empfunden wird. Vielleicht gehört es auch zu Batzen (siehe unter → Patzl); andere mögliche Herkunft: Tolpatsch (18. Jh.): von den Sprechern wohl mit Tölpel und dem lautmalerischen patschen in Verbindung gebracht. Älter (17. Jh.) ist die Bedeutung *ungarischer Fußsoldat* (ung. talpas, eigentlich *breitfüßig*, zu ung. talp *Sohle*, da die Soldaten statt Schuhen mit Schnüren befestigte Sohlen trugen. Daraus (österr.) *Soldat, der eine unverständliche Sprache spricht* und durch die oben angegebene sekundäre Motivation die heutige Bedeutung.] *ungeschickt.* {026}

Pọtsche, do (Nom. Pl. Potschn) [lautmalend] *1. Hausschuh, 2. platter Reifen.*

Potschụngġila (Nom. kein Pl.) [v. lat. porziuncola (= *volkstümliche Bezeichnung für die Kapelle Santa Maria degli Angeli bei Assisi*, eigentlich *kleines Stück Land*); die Kapelle hatte besondere Ablass-Privilegien und der nach ihr benannte Portiuncula-Ablass kann jährlich am 2. August erworben werden, wonach auch das Portiuncula-Fest benannt ist.] *kirchliches Fest Anfang August.*

Potschụngġilapire, di (Nom. Pl. Potschungġilapirn) [siehe unter → Potschungġila, + „Birne"] *Knechte und Mägde erhielten nach dem Kirchgang zum →Potschungġila-Fest von ihrem Bauern als Dank für die Arbeit bei der spätsommerlichen Wiesenmahd kleine Birnen, welche so bezeichnet wurden.*

Pọtto, di (Nom. Pl. Potton) [von „Pater(-noster)"] *Rosenkranz*

Pọtza, do (Nom. Pl. Potza) [zu patzen (= *mangelhaft arbeiten*) (19. Jh.), wohl aus regionalem Patzen m. (= *Klecks*), der beim Schreiben als Mangel empfunden wird. Gehört vll. zu Batzen (siehe unter → Patzl).] *1. Klecks, 2. Mensch, der fehlerhaft arbeitet.* {026}

pọtzat (Adj.) [siehe unter → Potza] *pappig, klebrig.*

Pọtze, do (Nom. Pl. Potzn) [siehe unter → Patzl] *Klumpen (Teig).*

pọtzn (Verb) [patzen (= *mangelhaft arbeiten*) (19. Jh.), wohl aus regionalem Patzen m. (= *Klecks*), der beim Schreiben als Mangel empfunden wird. Gehört vll. zu Batzen (siehe unter → Patzl).] *1. klecksen, 2. eine Ohrfeige verpassen.*

pọuchn (Verb) [„pochen", mhd. bochen, puchen; lautmalend; vgl. standarddt. poltern] *schimpfen.* {026}

Pọuck, do (Nom. Pl. Peicke) [ahd., mhd. boc; weitere Herkunft dunkel; mögl. aus einer keltischen Sprache oder über ital. becco aus dem Etruskischen] *Bock.* {026}

pouckilan (VERB) [„Bock" + produktive Nachsilbe -ilan (= *nach etwas anmuten, riechen oder aussehen*)] *nach Ziegenbock riechen, übertr.: nach Schweiß riechen.*

pouckn (VERB) [„bocken", also *tun wie ein Bock*] *1. bocken (brünftig sein bei Ziegen), übertr. auch v. Menschen: sexuell übermäßig aktiv sein, 2. widerspenstig sein, sich sträuben, 3. umhertollen (v. Kindern).*

Poufl, do (NOM.) [mhd. povel, bovel, entlehnt aus altfranz. poble (= *Dienerschaft, gemeine Leute*), eine regionale Form zu altfranz. pueble, pueple (= *Volk*), v. lat. populus (= *Volk*); die Bedeutungsverschlechterung beginnt im Mittelhochdeutschen, setzt sich aber erst in neuhochdeutscher Zeit durch und die Bedeutung wird dann über Menschen hinaus v.a. im Oberdt. auch auf Sachen erweitert, z.B. *Ausschussware* oder im Kärntn. bezeichnet Pofel den staubigen Rest von getrocknetem Klee beim Zusammenrechen.] *dritte und letzte Gras-/Heuernte im Jahr, die teilweise auch statt zu mähen abgeweidet wird.* {026, 015}

Pouřze, do (NOM. PL. POUŘZN) [zu ahd. *barzan, mhd. barzen, barezen (= *strotzen, hervordrängen*), aus germ. *barzēn (= *starr aufgerichtet sein*), zu indogerm. *bʰar- (= *Hervorstehendes, Borste, Spitze*)] *Bodenwelle, Hügel auf dem Feld.* {029}

Pouschtauto, s (NOM. PL. POUSCHTAUTO) [„Postauto(mobil)", das die Postkutsche abgelöst hatte] *Postbus, oft auch für Autobus allgemein.*

poussl (VERB) [wahrscheinlich aus mhd. bōzen (= *schlagen, klopfen, stoßen, spielen, Karten spielen, Kegel spielen, würfeln*), auch als Iterativ bōzelen; eine Herleitung von standarddt. Posse (= *kurzes Lustspiel in der Literatur*), welches selbst ursprünglich *in Stein gemeißelte Figur/Fratze* (v. franz. bosse = *erhaben, hervorstehend*), wie bei Moser angegeben, ist wenig plausibel: Der gedankliche Sprung vom Theaterspiel zum Spiel mit Spielzeug ist relativ weit und im Gegensatz zur anderen genannten Etymologie nicht belegbar.] *spielen.* {029, 035}

prachtigin (VERB) [ahd., mhd. braht (= *Lärm, Geschrei*), aus germ. *brahta- (= *Lärm*), zu indogerm. *bʰreĝ- (= *brechen, krachen*)] *angeregt plaudern, eine lebhafte Unterhaltung führen.* {028, 029}

Prag̊ga, do (NOM. PL. PRAG̊GA) [österr. umgangssprachlich pracken (= *schlagen*), laut Duden als Nebenform von brechen; es kann aber auch mhd. bracke (= *Wange*) eine Rolle gespielt haben und würde lautlich wesentlich besser passen.] *Teppichklopfer.* {009}

Praina, s (NOM., KEIN PL.) [ungefähr „Gebräuntes"] *In der Pfanne gebräuntes Mehl (hauptsächl. für Brennsuppe).*

Prąme, di (NOM. PL. PRAM) [ahd. bremo, mhd. breme (= *Bremse, Stechfliege*), aus germ. *bremō- (= *Bremse, Fliege*), zu indogerm. *bʰerem- (= *brummen, summen*)] *Stechfliegen aus der Familie der Bremsen (Tabanidae).* {029}

Prąnte, di (NOM. PL. PRANTN) [v. ital. branda (= *Seemannshängematte*, Bedeutung später erweitert auch auf *Feldbett*), v. ital. brandire (= *sich hin und her bewegen*), dieses mögl. v. franz. branler (= *schütteln*).] *notdürftiges Bettgestell.* {039}

prąntig (ADJEKTIV) [„brandig", also *angebrannt, verbrannt*] *von der Sonne braungebrannt, sonnengebräunt.*

pratzl (VERB) [mhd. brazzellen, brastelen u.a. (= *prasseln, krachen*), diminutiv-iterativ zu ahd. brastōn (= *lärmen, krachen, prasseln*), zu indogerm. *bʰres- (= *bersten, brechen, krachen*)] *unangenehm prickeln, elektrisieren.* {029}

Preątl, s (NOM. PL. PREATLAN) [„Brötlein"] *Roggenbrot (meist ein flacher, runder Laib).*

prechl (VERB) [von brechen abgeleitete Iterativbildung; die getrockneten Stängel des Flaches/Leins wurden auf einer festen Auflage mit einem an einem Ende befestigten Schwingbrett ähnlich einer Hacke geklopft, damit die unbrauchbaren, nicht faserigen Teile abfielen und die nutzbaren Fasern später ausgekämmt werden konnten.] *brechen (der Flachsstängel auf der → Prechl).*

Prechl, di (NOM. PL. PRECHL) [siehe unter → prechl] *1. Breche (Vorrichtung zum Brechen getrockneter Flachsstängel), 2. Klatschtante: Das Brecheln war eine Frauenarbeit, bei der viel über das Dorfgeschehen geredet wurde.*

Pręchlamuịs, s (NOM. KEIN PL.) [Prechla (= *Flachsbrecher*, siehe → prechl) + Muis (= *Milchmus*), siehe unter → Muis] *Milchmus; Brei, der nach der harten Arbeit des Flachsbrechens aufgetischt wurde.*

pręschthoft (ADJ.) [ahd. bresto, mhd. brest (= *Mangel, Gebrechen*), v. germ. *brestu- (= *Gebrechen*), zu indogerm. *bʰres- (= *brechen, bersten, prasseln*) + Nachsilbe „-haft"] *stark gehbehindert.* {029}

Pręte, zi Pręte kemm [wahrscheinlich „zur Predigt kommen" (vgl. mhd. brēge = *Predigt*)] *zu Wort kommen.* {029}

Pręttlkoppe, di (NOM. PL. PRETTLKOPPM) [„Brettchen-Kappe": die Sonnenblende vorne an der Mütze wird als *Brettchen* gesehen.] *Schildmütze, Baseball-Mütze.*

Prętzedee, do (NOM. PL. PRĘTZEDEE) [v. ahd. prezzita, prezzitella, dieses aus einem romanischen Wort, welches auf griech. βραχίων (brachíon = *Unterarm*) zurückgeht (dieses zu indogerm. *mreĝʰu- = *kurz*) und auch zu mhd. brezele (= *Brezel*) geführt hat. Pretzedee scheint sich neben „Brezel" aus demselben Ursprungswort entwickelt zu haben, mögl. über ital. bracciatello (= *ein ring-/zopfförmiges Gebäck*).] *süßer Zopf aus Hefeteig.* {029}

Prịetsche, di (NOM. PL. PRIETSCHN) [ahd. britissa (= *Gitter*), mhd. britze (= *Pritsche, Gitter*)] *einfache Lagerstätte aus Brettern, Pritsche.* {029}

Prigl, do (NOM. PL. PRIGGL) [mhd. brügel (= *Prügel, Keule, Knüppel*), von einem germ. *bruga- (= *Stämmchen, Prügel*)] *Holzklotz, kurzes Rundholz, meist noch mit Rinde; von einem Baumstamm abgeschnittenes Rad oder Teilstück, das dann zu Feuerholz gespalten wird.* {029}

primm (VERB) [mhd. brimmen, bremen, brummen (= *brummen, auf jmdn. losfahren*)] *brünftig sein (Schwein).* {029}

prinn (VERB) *1. brennen, 2. gären (wenn das Heu in der Scheune unerwünscht gärt, verbunden mit Wärmeentwicklung).*

prịnschtilan (ADJ.) [mhd. brunst (= *Feuersbrunst, Brand*) + produktive Nachsilbe -ilan (= *nach etwas anmuten, riechen oder aussehen*)] *nach Verbranntem/Rauch riechen.* {029}

proạsn (VERB) [zu ahd. brōsama, mhd. bros(e)me (= *Krume, Brosame, Krümel*), v. germ. *brusmō- (= *Brosame, Krümel*) zu indogerm. *bʰreus- (= *zerbrechen*)] *krümeln, Krümel verstreuen.* {029}

prochn (VERB) [ahd. brāhhī, mhd. brāche (= *umgebrochenes, also gepflügtes Land nach der Ernte, in der Dreifelderwirtschaft*), zu „brechen"] *den Acker umbrechen (pflügen).* {029}

Procht, do (NOM. KEIN PL.) [ahd., mhd. braht (= *Lärm, Krach, Geschrei*) von „brechen"] *„an Procht hobm" = „sich angeregt und/oder laut miteinander unterhalten".* {029}

Prọme, di (NOM. PL. PROM) [siehe unter → Prumbl] *Sträucher der Heidel- und Preiselbeere, der Alpenrose usw.: niedriges Gestrüpp im Wald und auf der Heide .*

Prọmpan, do (NOM. KEIN PL.) [stark abgeschliffene Form von „Branntwein"] *Schnaps, Branntwein.*

Pront, do (NOM. PL. PRANTE) [ahd., mhd. brant (= *Brand, Brandrodung*); der Begriff wurde später auch für Flächen verwendet, die mit anderen Mit-

Abb. 16: do Pretzedee = süßer Zopf aus Hefeteig

teln als Feuer gerodet wurden.] *1. gerodete Fläche, Lichtung, 2. Alkoholrausch (als „in Flammen stehen" betrachtet).* {029}

Pronta, do (NOM. PL. PRONTA) [Der Name ist wahrscheinlich durch den Schwarzanteil des Gefieders (mögl. auch im Zusammenspiel mit dem rötlichen Anteil) motiviert, der mit Ruß oder Kohle in Zusammenhang gebracht wird; das Tier wäre also der „Brander".] *Hausrotschwanz (Singvogel: Phoenicurus ochruros).* {034}

Prontale, s (NOM. DIM. PL. PRONTALAN) [Diminiutiv zu → Pronta]

Prota, do (NOM. PL. PROTA) [Herkunft unklar; bei der Uhr möglicherweise zu wienerisch Proda (= *Bräter, ein mechanischer Grillspießwender mit großem, uhrenähnlichem Getriebe* – scherzhaft für *übergroße Armbanduhren*), beim Pilz vll. Zusammenhang mit Zubereitungsmethode oder der rötlichen Farbe der Kappe] *1. große Armbanduhr, 2. Fleischroter Speisetäubling (Pilz: Russula vesca).*

Proupscht, do (NOM. PL. PREIPSCHTE) [mhd. grütz, heute regional Grübs, Griebs u.ä. (= *Kerngehäuse*); zu mhd. grop (= *grob*) oder griuze (= *enthülstes Korn, Grütze*), welche beide ursprüngl. auf indogerm. *g^hreud- (= *(zer-)reiben*) zurückgehen; -g- wäre dann zu -p- assimiliert worden (durch das -b- weiter hinten in Grübs usw., sowie auch durch das -p- in einem vorangehenden „Apfel-" in Zusammensetzungen. Ob es einen inhaltlichen, mögl. humoristischen Zusammenhang zum gleichlautenden Wort für Propst (= *höhergestellter Kleriker, z.B. Vorstand eines Stiftes, Doms usw.*), v. lat. praepositus (= *Vorgesetzter*), gibt, ist unklar.] *1. Kerngehäuse, Butzen (bei Apfel, Birne usw.), Strunk (bei Kohlpflanzen), 2. Propst (kirchlicher Titel).* {029}

Prox, do (NOM. PL. PRAXE) [wahrscheinl. zu nhd. Brächse (= regional., u.a. in Schwaben *ein Bauerndegen*, gemeindt. abwertend für einen *groben Säbel* sowie *Hackmesser für Küche und Brennholz*), wahrscheinl. zu „brechen".] *großes Hackmesser.* {021}

Pruido, do (NOM. PL. PRIODO) [ahd., mhd. bruoder, ein sehr altes Wort, das bis auf indogerm. Zeit zurückgeht] *Bruder.* {029}

Prumbl, di (NOM. PL. PRUMBL) [mhd. bräme (= *Dornstrauch, Brombeerstrauch*) bzw. brämel- (in Zusammensetzungen oder als Verkleinerungsform); das -u- muss nach der Rundung zu -o- sekundär entstanden sein.] *Gewöhnliche Berberitze (Pflanze: Berberis vulgaris).* {029}

Prume, di (NOM. PL. PRUM) [siehe unter → Prumbl] *Sträucher der Heidel- und Preiselbeere, der Alpenrose usw.: niedriges Gestrüpp im Wald und auf der Heide .*

Prunelle, di (Nom. Pl. Prunell) [mhd. brunelle (= *Braunelle – Pflanzen der Gattung Prunella*); es liegt eine romanische Endung vor, der erste Teil ist allerdings unklar und kann von einem lat. prunella (von prūnum = *Pflaume* oder prūna = *Glut*) oder brunella (= *die Dunkle, Bräunliche*, wiederum von germanischem brūn- = *dunkel, braun*) abstammen. Warum im Sextnerischen eine ganz andere Pflanze als die eigentliche Braunelle (Pflanzen der Gattung Prunella) damit bezeichnet wird (die nur eine leichte Ähnlichkeit aufweist), ist unklar.] *Schwarzes Kohlröschen (Pflanze: Nigritella nigra).* {029}

prunzn (Verb) [mhd. brunzen, wohl von einem nicht belegten *brunnezen als Intensiv-/Iterativbildung zu brunnen (= *urinieren*) zu brunne (= *Quelle, kleiner Bach, Brunnen*)] *urinieren.* {026}

prusig (Adj.) [wahrscheinl. von einem Brutz, dieses durch falsche Abtrennung aus Sprutz zu spritzen; eine andere Möglichkeit ist mhd. broseme (= *Krume, Krümel*), siehe unter → Proase.] *schmutzig (um den Mund herum).* {015}

psaichn (Verb) [ahd. bisīhan, mhd. besīhen (= *versiegen, vertrocknen*), v. germ. *biseihwan (= *seihen*) zu indogerm. *seikʷ- (= *gießen, seihen, tröpfeln*)] *eine Kuh trockenstellen (die milchgebende Phase enden lassen, zur Regeneration für die nächste, nach der Geburt des nächsten Kalbes).* {029}

pschionigin, sich (Verb, reflexiv) [„beschönigen"] *sich aus der Affäre ziehen, sich selbst gut da stehen lassen, seine Hände in Unschuld waschen.*

Pudl, do (Nom. Pl. Pudl) [Diminutiv zu mhd. buode (= *Bude, Hütte*), diese mögl. zu *bauen*] *Theke.* {029}

puġġanaġġa (Adv.) [„Buckel" (= *Rücken*) + „Nacken"; der Lautgestalt nach kindersprachlich] *auf dem Rücken (wenn man jemanden trägt), auch im Nacken/auf den Schultern (z.B., wenn man ein Kind im Nacken/auf den Schultern trägt).*

Puġġl, do (Nom. Pl. Piġġl) [ahd. bukkula, mhd. buckel (= *Schildbuckel, Schildbeschlag*), entlehnt aus altfranz. boucle (= *Schildknauf*), dieses aus lat. buccula, Diminutiv zu lat. bucca (= *(aufgeblasene) Backe*)] *1. Rücken (neutral, ohne negative Konnotation), 2. Buckel (auch allg., Ausbeulung jeder Art), 3. krummer Rücken.*

Puġġlkondl, di (Nom. Pl. Puġġlkondl) [„Buckel" (= *Rücken*) + „Kanne"] *auf dem Rücken tragbare Kanne mit Verschluss.*

Puhịn, do   (Nom. Pl. Puhine) [ev. lautmalend] *Uhu (Eulenart: Bubo bubo).*

Puị, do   (Nom. Pl. Puibm) [mhd. buobe, dieses unklarer Herkunft, wahrscheinlich ein Wort aus der Kindersprache der Unterschicht, welche in älteren Quellen normalerweise nicht zu finden ist. Auffällig ist die lautliche Ähnlichkeit mit lat. puer (= *Junge*)] *Junge (männliches Kind, auch im Sinne von Sohn);* → *olto Pui* = *älterer Junggeselle.* {026}

puịchan   (Adj.) [„buchen" (*aus Buche/Buchenholz hergestellt*)] *1. aus Buchenholz, 2. hartnäckig, zäh, mit viel Durchhaltevermögen (Mensch).*

Puịchnstob, do   (Nom. Pl. Puichnstebe) [„Buchenstab"] *Schwingholz aus Buche zum Schwingen (Entfernen von holzigen Resten) des Flachses.*

Pụlla, do   (Nom. Pl. Pulla) [wohl zu mhd. bule (= *Rücken der Schildkröte*) oder mhd. bulle (= *Siegel, Urkunde, Schreiben, Bulle*), beide aus lat. bulla (= *Geldkapsel, Wasserblase*), zu indogerm. *b^hel- (= *aufblasen, aufschwellen*) – jedenfalls ist wohl etwas Rundes gemeint.] *Napf.* {029}

Pụlle, di   (Nom. Pl. Pull) [zum Lockruf pul, pul, pul, dieses wohl lautmalend und/oder v. lat. pullus (= *junges Huhn*) beeinflusst] *Huhn.* {035}

pụmpogsụnd   (Adj.) [„Pumperl" (= als *Herz*) + „gesund", das Wort scheint erst im 19 Jh. entstanden zu sein.] *kerngesund.* {023}

Pundl, di   (Nom. Pl. Pundl) [Herkunft unklar, mögl. von mhd. p(f)unt (= *Pfund, gewisses Maß, Gewicht*), aus lat. pondus (= *Gewicht*)] *Kanne, Milchgefäß.* {029}

Pụngğe, do   (Nom. Pl. Pungğn) [mhd. punken (= *stoßen, schlagen*) v. lat. pungere (= *stechen*)] *Delle (hauptsächl. in metallischen Oberflächen).* {029}

Puřzagạggile, s   (Nom. Dim. Pl. Puřzagaggilan) [mhd. burzeln, diminutiv/iterativ zu burzen (= *stürzen*) + mhd. gagen (= *sich hin bewegen und her bewegen, zappeln, trippeln, taumeln*), also ein „Stürztaumler"] *Purzelbaum.* {029}

Puřzenịggile, s   (Nom.) [Herkunft ist bei Sagengestalten, v.a. bei solchen, in deren Geschichten das Motiv „den Namen erraten" vorkommt, prinzipiell schwer zu klären – hier geht es ja u.a. darum, dass der Name sonderbar klingt; beim vorliegenden Namen ist Folgendes mögl.: mhd. burzen (= *stürzen*) oder auch siehe unter → Pourze (= *kleiner Hügel*) + Nickel (18. Jh.) (= Scheltwort, das eine vermummte Schreckgestalt bezeichnet, nach den vermummten Personen, die am Vorabend des Nikolaustages die Kinder besuchten); auch kann eine viel ältere Bezeichnung für Sagengestalten eine Rolle gespielt haben: mhd. <u>nickes</u>, <u>nickus</u>, (= *Wassergeist, Nix, Krokodil*), aus ahd. <u>nihhus</u> (gleichbedeutend), zu indogerm. *<u>neig^u</u>- (= *waschen*).] *sagenhafter Zwerg*. {029, 026}

Pusch, do   (NOM. PL. PISCHE) [„Busch"] *1. Blume, 2. Menge Heu, welche einem Rind in den Trog geworfen wird.*

Puserạnt, do   (NOM. PL. PUSERANTE) [Wahrscheinl. aus dem ital. (venez.) <u>buzzerone</u> (= *Lustknabe*), welches wiederum auf ital. <u>buggerare</u> (= *hereinlegen, beschummeln*, ursprünglich *Sodomie praktizieren, Geschlechtsverkehr unter Männern haben*) zurückgehen könnte; dieses aus lat. <u>bulgarus</u> (= *Bulgare, Ketzer, Sodomit*: Den Bulgaren und damit orthodoxen Christen, die generell als Ketzer galten, wurden alle möglichen unmoralischen Eigenschaften angedichtet). Wahrscheinl. im 16. Jh. ins Deutsche gekommen.] *Homosexueller (abwertend)*. {019, 054}

Pụssile, s   (NOM. PL. PUSSILAN) [mögl. nach altem Lockruf für Küken, <u>bus, bus, bus</u>] *Küken*. {035}

Pụttoknolle, do   (NOM. PL. PUTTOKNOLL) [„Butterkolle"] *Trollblume (Trollius europaeus).*

Pụttomoụdl, do   (NOM. PL. PUTTOMEIDDL) *Buttermodel (Holzform mit innenliegenden Schnitzereien, die dann beim Formen der Butter damit ein Relief auf den Butterstücken hinterlassen).*

Pụxe, di   (NOM. PL. PUXN) [ahd. <u>buhsa</u>, mhd. <u>bühse</u>, aus germ. *<u>buhsja</u>, dieses über lat. <u>puxis</u> aus griech. πυξίς (pyxís = *Dose aus Buchsbaumholz*, „Buchs-" selbst ist unklarer Herkunft)] *Dose*. {029}

Pụze, do   (NOM. PL. PUZN) [mhd. <u>butze</u> (= *Schreckgespenst, Klumpen, Kloß*), wahrscheinl. zu mhd. <u>būzen</u> (= *hervorragen, schwellen, bauschen*)] *1. Popel, getrockneter Nasenschleim; „Puzn stearn" = „nasebohren" (siehe unter →<u>schtearn</u>) 2. Sumpf oder sumpfiges Stück Boden.* {029}

Q

Quẹnggl, do   (NOM. KEIN PL.) [ahd., mhd. <u>quenel</u>, über lat. <u>cunīla</u>, <u>conīla</u>, aus griech. <u>κονίλη</u> (konílē = *Majoran*), weitere Herkunft unklar] *Sand-Thymian (Thymus serpyllum).* {026}

R

ra (ADJ.) [ahd. <u>rāzi</u> (= *reißend, heftig, wütend*), mhd. <u>raeze</u> (= *scharf, herb, ätzend, hell, schneidend, wild*)] *scharf gewürzt.* {029}

Raatsche, di (NOM. PL. RAATSCHN) [Erst neuhochdeutsch gebildet zu mhd. <u>ratzen</u>, frühnhd. <u>ratschen</u> (= *klappern*)] *Lärminstrument: An eine Walze mit Nocken sind lange, dünne Holzleisten auf Druck angelegt. Beim Drehen einer Kurbel an der Walze spannen die Nocken die Leisten stärker und lassen sie dann geräuschvoll gegen ein Fangbrett knallen. Brauchtum: Anstelle des Glockengeläutes von Karfreitag bis zur Auferstehungsfeier werden klappernde Lärminstrumente eingesetzt.* {026}

raatschn (VERB) [zu → <u>Ratsche</u>] *groß reden, eine große Klappe haben.*

Rachgabbile, s (NOM. PL. RACHGABBILAN) [„Reichgäbelchen"] *kleine, zweizinkige Gabel mit langem Stiel zum Hochreichen der Garben beim Aufherpfen (siehe unter → <u>Herpfe</u>).*

rachilan (ADJ.) [„Rauch" + produktive Nachsilbe <u>-ilan</u> (= *nach etwas anmuten, riechen oder aussehen*)] *nach Rauch riechen.*

rachn (VERB) [„rauchen"] *1. rauchen (Rauch erzeugen sowie auch z.B. Zigaretten rauchen), 2. Beweihräuchern des Hauses in den Raunächten (siehe unter → <u>Rachnocht</u>).*

Rachnocht, di (NOM. PL. RACHNACHTE) [von „Rauch"] *Rauchnacht (Hl. Abend, Silvester, Drei-Königs-Tag, ursprünglich alle zwölf Nächte zwischen Weihnachten und dem Dreikönigstag): Nächte, in denen traditionell das Haus und der Stall mit Weihrauch auf Kohlen in einer speziellen Pfanne geräuchert wird, um sie zu segnen).* {026}

Raddlǧrutte, di (NOM. PL. RADDLǦRUTTN) [„Radeln-" (= *mithilfe eines oder mehrerer Räder bewegen*) + nicht ganz klarer Teil: Moser führt es auf dasselbe wie → <u>Ǧrotte</u> zurück (näml. mhd. <u>kratte</u>), welches aber bedeutend verändert hätte werden müssen (anderer, keiner Lautregel folgender Vokalismus: <u>-a-</u> zu <u>-u-</u>, zusätzlich noch Genuswechsel); eine mögliche Alternative ist ein Zusammenhang mit ahd. <u>krukka</u> (= *Krummholz, Krummstab, Krücke*), mhd. <u>krücke</u>, <u>krucke</u> (= *Krücke, Krummstab, u.a. Ofenkrücke*); es wäre dann lediglich ein Konsonantenwechsel von <u>-ck-</u> zu <u>-tt-</u> eingetreten (kein Genuswechsel), der durch eine einfache Dissimilation zu erklären wäre; ähnliche Wechsel sind z.B. in <u>Krütze</u> (= *langstieliger Schaber für den Erzofen in der Metallgewinnung*) oder in luxemburg. <u>Kretsche</u> (= *Krücke*) belegt. Gegen diese Herleitung kann sprechen, dass <u>Ǧrutte</u>

allgemein in etwa Kiste bedeutet, welches aber mögl. von einem Tragegerät oder Behälter aus krummem/gegabeltem Holz kommen könnte (wobei darüber nur spekuliert werden kann). Eine weitere Möglichkeit ist, dass lat. carrus bzw. die abgeleitete Form. lat. carrūca (= *Reisewagen*) zugrundeliegen, welche ihrerseits auf gall. karros (zu einem Verbum für *laufen, fahren*) zurückgehen.] *Schubkarre.* {035, 015, 026}

Raddltosche, di (Nom. Pl. Raddltoschn) [„Radeln-" (= mithilfe eines oder mehrerer Räder bewegen) + „Tasche", welches nicht ganz klar ist; vll. handelt es sich um eine Vermischung von „Takel" (eine spezielle Art von Flasche beim Flaschenzug) mit „Flasche" (eines Flaschenzugs).] *Umlenkrolle.*

Raditsche, di (Nom. Pl. Raditschn) [v. ital. radice, aus lat. rādīx (= *Wurzel*), wohl wegen der markanten Pfahlwurzel des Löwenzahns] *Löwenzahnblätter (nicht der Rest der Pflanze).*

Raf, do (Nom. Pl. Rafe) *Reif, Reifen.*

Rafmeisso, s (Nom. Pl. Rafmeisso) [„Reifmesser"] *Zieh- oder Wagnermesser (mit beidseitigen Haltegriffen, wichtiges Werkzeug für den Wagner und Binder).*

rafn (Verb) *raufen.*

Raibale, s (Nom. Pl. Raibalan) [„Reiberlein", von mhd. rībel (*Reiber, Mörserkeule, Stempel, Fensterwirbel*), zu ahd. rīban (= *reiben*), mhd. rīben (= *reiben, mahlen, sich drehen, wenden*), v. germ. *wreiban (= *reiben*), zu indogerm. *ureip- (= *drehen, reiben*)] *kleiner Riegel zum Versperren einer Tür oder zum Schließen von Fenstern oder Fensterläden.* {029}

Raide, di (Nom. Pl. Raidn) [von ahd. rīdan, mhd. rīden (= *drehen, winden*), v. germ. *wreiþan (= *winden, drehen*), zu indogerm. *ureit- (= *drehen*)] *Kurve, Wegbiegung.* {029}

Raife, do (Nom. Pl. Raifn) [ahd. (h)rīfo, rīf, mhd. rīf(e), vermutlich v. germ. *hrei-na- (= *berühren*) etwa als *das Übergestreifte* oder *was abgestreift werden kann.*] *Reif.* {026}

Rain, do (Nom.) [ahd., mhd. rīm (= *Tau, Frost, Raureif*), weiter Herkunft dieselbe wie von → Raife] *gefrorener Herbstnebel.* {029, 026}

Raindl, s (Nom. Pl. Raindlan) [ahd. rīna (= *Topf*)] *flacher, viereckiger Topf, meist fürs Backrohr.* {028}

Rainwint, do (Nom.) [siehe unter → Rain + „Wind"] *kalter Ostwind.*

Raischtn, di (Nom. Pl., kein Sg.) [ahd. rīsta, mhd. rīste (= *Flachsbüschel, Flachsbündel, Riste, Reiste*), zu germ. *hrisjan (= *schütteln*), zu indogerm. *skreis- (= *drehen, biegen, bewegen, schütteln*)] *feiner Abfall beim Schwingen und Brecheln des Flachses/Hanfs.* {029}

raitn (Verb) [„reiten"; bedeutet in Bez. auf Kühe *brünftig sein*, da sich brünftige Kühe auch ohne Stier gegenseitig bespringen (als ob sie aufeinander reiten wollten).] *1. reiten, 2. brünftig sein (Rinder).*

Raito, di (Nom. Pl. Raiton) [ahd. rītera, mhd. rītere (= *Sieb*), v. germ. *hrīdra- (= *Sieb*) zu indogerm. *skerĭ- (= *schneiden, scheiden*)] *Getreidesieb (zum Reinigen des Getreides, oft mit ca. 1 m Durchmesser).* {029}

Raitponk, di (Nom. Pl. Raitpänke) [siehe unter → Raito + „Bank"] *Tisch, auf welchem das Korn gereinigt wurde.*

Rane, do (Nom. Pl. Ran) [wahrscheinl. v. ahd., mhd. rein, v. germ. *rainō bzw. indogerm. *roino- (= *Weg, Rain, Hügel*) zu indogerm. *rei- (= *reißen, ritzen, schneiden*, wohl wegen der Randlage so bezeichneter Fluren)]

Ranftl, s (Nom. Pl. Ranftl) [ahd., mhd. ramft (= *Einfassung, Rand, Brotrinde*), v. germ. *remb- zu indogerm *rem- (= *ruhen, stützen, sich stützen*)] *Brotrand, -rinde.* {029}

Rangg̊ile, s (Nom. Pl. Rangg̊ilan) [Diminutiv zu → Rongg̊e] *ein Stück geräuchertes Rindfleisch.*

rangg̊l (Verb) [ahd. ringan (= *ringen, kämpfen*), mhd. rangen (= *kräuseln, sich hinbewegen und herbewegen, ringen, kämpfen*), v. germ. *hrengan (= *biegen, bewegen*), zu indogerm *skreng^h- (= *drehen, biegen*)] *ringen, sich balgen, raufen.* {029}

Rante, di (Nom. kein Sg.) [Herkunft nicht ganz klar, wahrscheinl. v. mhd. ranzen (= *ungestüm hin und herspringen, umherspringen, necken, Glieder dehnen*), dieses v. mhd. rangen (siehe unter → rangg̊l)] *hauptsächl. in der Wendung „Rante traibm" = „es bunt treiben".* {029}

rantsch (Adj.) [ins Standarddt. ist das Wort aus dem lat. rancidus (= *nach Fäulnis riechend*) über das franz. rance und dann über das neuniederl. ranzig gekommen; für die Südtiroler Dialekte liegt ein Entlehnungsweg über das ital. rancido näher.] *ranzig.* {026}

rappl (Verb, m. Akk.) [Moser gibt als Herkunft das standarddt. lautmalende Verb. rappeln an, welches unwahrscheinlich ist, da die zu erwartende Lautform im Oberdt. raffeln ist, welche es tatsächlich gibt und welche auch für den lautmalenden Zweck verwendet wird (siehe unter → roffl)

– „rappeln" wird im Oberdt. gar nicht lautmalend verwendet; die Bedeutung *vom Wahnsinn erfasst werden* passt besser zu mhd. rab(b)īn(e), rabbin (= *Rennen, Anrennen, voller Galopp*), aus mittelfranz. ravine (= *Rennen*) zu raver (= *eilen*), v. lat. rapere (= *raffen, erraffen, eilig ergreifen*). Ebenso kann lat. rapere (= *an sich reißen, fortreißen*) oder später ital. rapare (gleicher Bedeutung) eine Rolle gespielt haben.] *vom Wahnsinn erfasst werden, durchdrehen: „Ihn rapplts komplett!" = „Er wird/ist vollkommen wahnsinnig!"*

Rappl, do (Nom. Pl. Rappl) [siehe unter → rappl] *Wahn(-sinn), Verrücktheit.*

rass (Adj.) *siehe unter → ra.*

rauch (Adj.) [ahd. rūh (= *stachelig, grob, borstig*), mhd. rūch (= *rau, haarig, dicht belaubt, wild, zottig*), v. germ. *rūha- (= *rau*), zu indogerm. *reuk- (= *rupfen*)] *1. rau, 2. stark behaart (Mann).* {029}

raum (Verb) [„räumen"] *Säubern des Feldes von Ästen und Steinen im Frühjahr.*

Rauma, s (Nom.) [„(Ge-)Räume", siehe → raum] *gesammelte, vom Feld entfernte Steine, Äste und Reisig.*

Raut, do (Nom.) [ahd. riuten, mhd. riuten, rūten (= *urbar machen, ausreißen, roden*), v. germ. *reudjan (= *roden*), zu indogerm. *reudʰ- (= *roden*) und *reu- (= *reißen, graben, wühlen, raffen*)] *freie Fläche (im Gegensatz zu Waldland).* {029}

Reach, s (Nom. Pl. Reacho) [ahd. rēh, mhd. rēch, rē, von germ. *raiha-, zu indogerm. *rei-, *roi- (= *bunt, fleckig*)] *Reh.* {029}

Rearl, s (Nom. Pl. Rearlan) [„Röhrlein"] *Backrohr.*

rearn (Verb) [mhd. rēren (= *röhren, blöken, brüllen*)] *weinen.* {029}

reasch (Adj.) [mhd. resch, rösch (= *trocken, lebhaft, rasch, frisch, spröde*)] *grob (in Benehmen und Wortwahl).* {029}

reasn (Verb) [ahd. rōzēn, rozzēn (= *verwesen*), mhd. rōzen, rœzen, rozzen (= *faul werden, welken, erbleichen*)] *geschnittenen Flachs aufs Feld legen und anfaulen lassen, damit er für die Bearbeitung weich wurde.* {029}

Reġ̌ġ̌l, do (Nom. Pl. Reġ̌ġ̌l) [Herkunft unklar, wahrscheinlich von „rauchen" abgeleitet] *Tabakpfeife.*

Reitzl, s (Nom. Pl. Reitzlan) [Herkunft nicht ganz klar; wahrscheinl. zu „Rotz" gehörig (als Verkleinerungsform); auffällig ist, dass das Wort in

Tirol u.a. *Schaum auf zerlassener Butter* bedeutet.] *leichter Schneefall (v.a. auf das Ergebnis, also die dünne Schneedecke bezogen).* {015}

ribbl (VERB) [Iterativbildung zu ahd. <u>rīban</u>, mhd. <u>rīben</u> (= *reiben*)] *reiben.* {029}

Ribbl, di (NOM. PL. RIBBL) [wahrscheinl. zu → <u>ribbl</u>, aufgrund des zerriebenen, reibenden oder rollenden Gesteins] *Geröllhalde.*

richl (VERB) [mhd. <u>rücheln</u> (= *wiehern, brüllen, röcheln*), dieses iterativ/diminutiv zu mhd. <u>rohen</u> (= *brüllen, grunzen, lärmen*), v. ahd. <u>ruhen</u> (= *brüllen*)] *wiehern.* {029}

Ridl, do (NOM. PL. RIDDL) [zwei Etymologien: 1.: ahd. <u>rickula</u> (= *Band*), mhd. <u>rigel</u> (= *um den Kopf gewundenes Tuch*), v. lat. <u>rīca</u> (= *Kopftuch*) bzw. <u>rīcula</u> (= *kleines Kopftuch*); 2.: ahd. <u>rigil</u>, mhd. <u>rigel</u> (= *Querholz*), dessen weitere Herkunft unklar] *zu Etymologie 1.: 1. Falte oder Ansammlung von Falten einer schlecht sitzenden/zu großen Socken, 2. Büschel, Bündel; zu Etymologie 2.: Riegel (Sperrvorrichtung); weitere Bedeutungen, die von beiden der Etymologien oder deren Vermischung beeinflusst sein können: 1. große Menge/Anhäufung, 2. zusammengeschobene Heuschwade/-zeile.* {029}

Ridohaufe, do (NOM. PL. RIDOHAUFN) [mhd. <u>rideren</u> (= *zittern, beben*), zu mhd. <u>rīden</u> (= *zittern*), dieses aus ahd. <u>rīdēn</u>, <u>ridēn</u> (= *zittern*) v. germ. *<u>hriþ-</u> (= *schütteln, zittern, sieben*) oder ahd. <u>rīdōn</u> (= *zittern*) zu indogerm. *<u>kret-</u> (= *schütteln*) + „Haufen"] *Unordnung, Durcheinander, Chaos (bezogen auf Sachen).* {029}

Riffl, do/di (NOM. PL. RIFFL) [ahd. <u>riffilōn</u> (= *sägen, ausbessern, die Schneide erneuern*), mhd. <u>riffeln</u> (= *durchkämmen*), zu indogerm. *<u>reip-</u> (= *reißen*)] *1. (mit männlichem Geschlecht) frecher Bub, 2. (mit weiblichem Geschlecht) kammartiges Gerät zum Beerenernten, 3. (mit weiblichem Geschlecht) Gerät mit Eisenzacken zum Kämmen des Flachses, um so die Leinsamen zu ernten.*

riġġl (VERB) [diminutiv/iterativ zu mhd. <u>rücken</u> (= *eindringen, rutschen, herausreißen, bewegen*), v. ahd. <u>rukken</u> (= *bewegen, entfernen, fortbewegen*)] *rütteln.* {029}

Rindoholz, s (NOM. KEIN PL.) [„Rinderholz", der Teil „-holz" ist nicht ganz klar und kann sich auf eine hölzrige Konsistenz des entzündeten Gewebes beziehen oder auch anderer Herkunft sein.] *Entzündung am Huf eines Rindes.*

Ringgl, di (NOM. PL. RINGGL) [instrumentales Substantiv zu mhd. <u>rinnen</u> bzw. einer velarisierten Form *<u>ringen</u>, v. ahd. <u>rinnan</u>] *Rinne.* {029}

Riopl, do (Nom. Pl. Riepl) [wahrscheinlich dasselbe wie standarddt. Rüpel; eigentlich Koseform von Namen wie Ruodpreht (= Ruprecht). Die appellative Bedeutung wohl nach der groben Gestalt des Knechts Ruprecht bei den Nikolaus-Bräuchen] *1. Rüpel, 2. unartiges Kind.* {026}

riowig (Adj.) [mhd. rüewic (= *ruhig*) zu mhd. ruowen (= *ruhen*) v. ahd. ruowa (= *Ruhe*)] *ruhig, still.* {029}

rischǧn (Verb) [wahrscheinlich lautmalend] *rascheln.*

Rise, di (Nom. Pl. Risn) [mhd. rise (= *Gleitrinne oder -fläche an einem Hang*), weitere Herkunft unklar] *natürliche oder künstliche Fläche an einem Bergabhang über die Wasser, Geröll und Holz herabfällt, -gleitet oder -rollt; Gleitrinne, Ziehweg für Holz oder Heu; auch Spuren, die von Flüssigkeit hinterlassen werden, z.B. getrocknete Fließspuren von Wasser an einem Fenster, verflossene Schminke usw.* {029}

Roatkraggile, s (Nom. Dim. Pl. Roatkraggilan) [„Rotkräglein", mhd. krage = *Hals*] *Rotkehlchen.* {029}

roatlecht (Adj.) [„rot" + Gleitvokal -l- + mhd. Suffix -e(c)ht/-i(c)ht, welches ähnliche Funktion hat wie standarddt. -ig, -lich, -haft, weist also auf eine (abgeschwächte) Eigenschaft hin.] *rötlich.*

robbl (Verb) [nicht eindeutig zu klärende Herkunft; es kommen mehrere Möglichkeiten in Betracht, welche sich auch vermischt haben können: 1. lat. rapere, od. eine rom. Folgeform davon (= *raffen, erraffen, eilig ergreifen*) 2. lat. rabere, od. eine rom. Folgeform davon (= *toll sein, wüten, toben*), 3. zu mhd. rab(b)īn(e), rabbin (= *Rennen, Anrennen, voller Galopp*), aus mittelfranz. ravine (= *Rennen*) zu raver (= *eilen*), v. lat. rapere (= *raffen, erraffen, eilig ergreifen*), 4. zu mhd. roubære, rāwære (= *Räuber*).] *wo es etwas zu holen gibt, dieses eilig/raffgierig an sich bringen; übertragen auch: (übermäßig) viel arbeiten.*

robouttn (Verb) [mhd. robāten (= *Frondienst leisten*), zu mhd. robāt (= *Frondienst, ursprüngl. Knecht/Fronarbeiter*), im 14. Jh. entlehnt aus slaw. robot (= *Knecht, Fronarbeiter*)] *unentgeltlich arbeiten (z. B. beim Kirchenbau, oder unter Verwandten/Bekannten beim Hausbau).* {029, 026}

Rock, do (Nom.) [Herkunft unklar; das mhd. roc (= *Rock, Kleidung, Hülle*, u.a. aber auch *Rinde*) wäre verlockend, ist aber lautlich gesehen nur bedingt wahrscheinlich, da dieses *rouck, nicht rock hätte ergeben müssen; eine Bildung zu mhd. ragen würde lautlich besser passen, ebenso zu mhd. recken bzw. den wahrscheinlich davon abgeleiteten Wörtern rac (= *straff, gespannt, steif, rege, beweglich, los, frei*) und rach (= *rau, starr, steif*).] *Gewöhnlicher Baumbart (Flechte: Usnea filipendula).* {029}

Rọda, do (Nom. Pl. Roda) [„Rader"] *Radmacher, Wagner.*

Rọfe, do (Nom. Pl. Rofn) [ahd. r<u>ā</u>fo, mhd. r<u>ā</u>fe (= *(Dach-)Sparren*), v. germ. <u>*ref-</u> (= *Pfahl, Sparren*), zu indogerm. <u>*rēp-</u> (= *Pfahl, Balken*)] *Dachsparren.* {029}

roffl (Verb) [mhd. <u>raffeln</u> (= *lärmen, klappern, schelten*) zu mhd. <u>raffen</u> (= *raffen, rupfen*), keine ahd. Form belegt, gehört aber wohl zu germ. <u>*hrap-</u>, <u>*hrēp-</u> (= *scharren, berühren*).] *scheuerndes, ratterndes, meist metallisches Geräusch.* {029}

Roffl, di (Nom. kein Pl.) [vermutl. zu mhd. <u>raffel</u> (= *Getöse*)] *meist in der Wendung „Ame get di Roffl" = „Jemand hat große Angst".*

Rọġ̇ġla, do (Nom. Pl. Roġ̇ġla) [mhd. <u>rogelen</u> (= *locker legen, aufschichten, schichten auf*) wäre naheliegend, passt allerdings lautlich nicht sehr gut, da dann <u>*rouġ̇ġla</u> oder <u>*rougla</u>, nicht <u>roġ̇ġla</u> zu erwarten wäre; lautlich wäre eine Bildung zu mhd. <u>ragen</u> (= *ragen, in die Höhe stehen*) wahrscheinlicher.] *Heumännchen (ca. 2 m langen Pfahl mit abstehenden Sprossen mit bei Schlechtwetter zum besseren Trocknen aufgehängtem Heu) oder auch nur die dafür verwendete Holzkonstruktion ohne Heu.* {029}

roịchn (Verb) [ahd. <u>rouhhen</u>, mhd. <u>rouchen</u>, <u>röuchen</u>, <u>rœchen</u>] *rauchen, qualmen.* {029}

Rombl, do (Nom. Pl. Rombl) [Herkunft unklar, vll. v. ahd., mhd. <u>rām</u> (= *Schmutz, Ruß*) oder → <u>Rane</u>] *steiler, unnützer Hang.* {029}

Rominại, di (Nom. Pl. Rominaidn) [Herkunft unklar, vermutl. verwandt mit → <u>Rombl</u>] *steiles, unwegsames Gelände.*

rọmmilat (Adj.) [zu ahd., mhd. <u>rām</u> (= *Schmutz, Ruß*)] *schmutzig (Haut, Mensch).* {029}

Rọmmpratl, s (Nom. Pl. Rommpratlan) [„Rabenbrätlein": wahrscheinl. negative Konnotation von *Rabe* in Kombination mit „-braten" wie in <u>Teufelsbraten</u>; das Element „-braten" ist dabei wohl nach einem semantisch nicht motivierten Analogieprinzip dazugekommen: Beim Teufelsbraten geht es darum, dass der Teufel in der christlichen Mythologie schlechte Menschen in der Hölle brät; in Zusammenhang mit Raben ist die Kombination nicht mehr sinnvoll, „-braten" steht hier wohl nur mehr abwertend für Mensch.] *1. unartiges, nicht folgsames Vieh, 2. hinterhältiger Mensch bzw. allgemein abwertend für Mensch.*

Rọmmvie(ch), s (Nom. Pl. Rommviecho) [„Rabenvieh", v. der Vorstellung der „Rabeneltern", die die eigenen Eier aus dem Nest schmeißen, weil

Abb. 17: do Roǧǧla = Trocknungspfahl für Heu

Abb. 18: di Rominai = steiles, unwegsames Gelände

sie zu faul seien, die Jungen zu füttern] *1. unartiges, nicht folgsames Vieh, 2. hinterhältiger Mensch bzw. allgemein abwertend für Mensch.*

rompfn (VERB) [zu mhd. rampf, ramph (= *Krampf, Unglück, Niederlage*), wohl v. germ. *hrimpa (= *Umkreis*) zu indogerm. *(s)kremb- (= *drehen, krümmen, schrumpfen*)] *unsauber zusammennähen.* {029}

Rongǧe, do (NOM. PL. RONGǦN) [Herkunft unklar, vll. zu mhd. ranc (= *rank, schlank*), womit es ein *kleines* oder *schmales* Stück wäre. Auffällig ist, dass in anderen oberdt. und ostmitteldt. Mundarten „Ranken" generell ein grobes/großes Stück Brot oder Fleisch bezeichnet.] *ein Stück geräuchertes Rindfleisch.* {029, 015}

Ronze, do (NOM. PL. RONZN) [bereits um 1350 findet sich ein mhd. rans (= *Bauch, Wanst, Ranzen*), dessen Herkunft unklar ist; mögl. besteht ein Zusammenhang mit mhd. ranz (= *Mutterschwein*), welches ebenfalls ungeklärter Herkunft ist.] *1. Schulranzen, 2. Bauch (eher abwertend).* {029}

Roppe, do (NOM. PL. ROPPM) *1. Rabe, 2. übertragen: jähzorniger und/oder raffgieriger Mensch.*

roppm (VERB) [Herkunft nicht eindeutig zu klären; mögl. gehört es zur komplexen unter →robbl geschilderten Situation; eine naheliegende Möglichkeit wäre, dass es ein von Roppe (= *Rabe*) abgeleitetes Verb ist.] *sich etwas schnappen.*

Roschte, di (NOM.) [„Rast(e)"] *Freimal (Ausruhbereich) beim Fangen-Spielen.*

rossl (VERB) [spätmhd. razzeln (= *toben, rasseln, winden, drehen*), diminutiv/iterativ zu mhd. razzen (= *toben*)] *schnarchen.* {029, 026}

Rotsche, do (NOM. PL. ROTSCHN) [analog zum in weiteren Teilen (Süd-)Tirols verbreiteten „Patsche" lautmalend nach dem Schlapf-Geräusch der Hausschuhe, vll. auch Vermischung mit dieser weiter verbreiteten Form] *Hausschuh.*

Rotze, di (NOM. PL. ROTZN) [ahd. ratta, mhd. rat(te), ratze, v. germ. *rattō, zu indogerm. *rēd- (= *scharren, schaben, kratzen, nagen*)] *Ratte.* {029}

rouddl (VERB) [vermutl. zu lat. rotula (= *Rädchen, Gerolltes, Schriftrolle*); vgl. oberdt. (16. Jh.) rodel (= *Schlitten*) – dieses könnte gleichen Ursprungs sein und ursprünglich etwas mit Rädern statt mit Kufen bezeichnet haben, vgl. dazu auch „Sackrodel"; das Verb bezeichnet also ein Rollen (auch als Geräusch).] *1. rodeln, 2. abwärts rollen/stürzen/purzeln (von Holz, Steinen …), 3. Balzgesang des Spielhahns.*

Rouddlmaure, di (Nom. Pl. Rouddlmaurn) [siehe unter → rouddl + „Mauer"] *kleines, steiles Gesteinsfeld mit lockerem Material, später auch „Müllhalde", da als solche genutzt.*

rougl (Adj.) [mhd. rogel (= *locker, lose, nicht fest*), zu mhd. regen (= *aufrichten, regen*)] *locker, lose.* {029}

Roule, di (Nom. Pl. Roul) [wahrscheinl. zu ahd. rohōn, mhd. rohen (= *brüllen, grunzen, lärmen*), standarddt. röcheln ist davon abgeleitet.] *1. tiefe Stimme, u.a. bei Erkältung.* {029}

Rouss, s (Nom. Pl. Reisso) *Pferd, Ross.*

Roussegoggl, di (Nom. Pl. Roussegoggl) [„Ross" + unklarer Teil; goggl bedeutet allgemein *etwas kleines Rundes*, meist bezogen auf Exkremente. Eine mögliche Herkunft ist mhd. gagen (= *sich hin und her wiegen, trippeln, taumeln, zappeln*), mögl. bezogen auf die runde Form/Bewegung von Klumpen/Klümpchen; auch mhd. kacken – vll. aus der Kindersprache oder aus dem lat. cacāre (dieses vll. selbst aus der Kindersprache) – kann eine Rolle gespielt haben.] *Pferdeäpfel.*

Roussekime, do (Nom. kein Pl.) [„Ross" + siehe unter → Kieme, also „Pferdekümmel"] *Wiesenbärenklau (Heracleum sphondylium). Bezeichnet die ausgewachsene Pflanze; junge Triebe und Blätter siehe → Paucholdo.*

Rousseschlite, do (Nom. Pl. Rousseschlitn) [„Ross" + „Schlitten"] *Pferdeschlitten.*

Rousseschpaik, do (Nom. kein Pl.) [„Ross" + lat. spīca (= *Ähre*)] *Zwergprimel (Pflanze: Primula minima).* {015}

Routzġietsche, di (Nom. Pl. Routzġietschn) [„Rotz" + siehe unter → Ġietsche (= *Mädchen*); also analog zum standarddt. Rotzlümmel] *freches Mädchen.*

Routzpui, do (Nom. Pl. Routzpui) [„Rotz" + siehe unter → Pui (= *Junge*); also analog zum standarddt. Rotzlümmel] *frecher Junge.*

Ruff, di (Nom. Pl. Riefe) [ahd., mhd. ruf (= *Schorf, Aussatz, Grindampfer*)] *Schorf (auf einer Wunde).* {029}

Ruġġekorb, do (Nom. Pl. Ruġġekerbe) *Rückenkorb.*

Ruibe, di (Nom. Pl. Ruibm) *(weiße) Rübe.*

Abb. 19: do Rousseschpaik = Zwergprimel

Ruißkeira, do (Nom. Pl. Ruißkeira) [„Rußkehrer"] *Schornsteinfeger.*

rundilat (Adj.) [„rund(e)lich"] *rund.*

Rune, di (Nom. Pl. Run) [wahrscheinlich zu mhd. ranc (= *schlank, schmächtig*), die oft längliche Form wäre dann Unterscheidungskriterium zu anderen Rübenarten (Runkelrüben, gelben Rüben usw.).] *rote Bete.* {029, 015}

Runzl, di (Nom. Pl. Runzl) [ahd. runzil(a), mhd. runzel, Weiterbildung zu mhd. runze, vermutlich eine Ableitung mit -z- zu dem Verb, das in altnord. hrøkkva (= *zusammenfahren, sich krümmen*) vorliegt (germ. *hrunkw-atja-)] *1. Falte (im Gesicht, in der Haut), 2. Knitterspuren (in Stoff, Papier usw.).* {026}

Ruoch, s (Nom. Pl. Ruocho) [ahd. ruoh, mhd. ruoch(e) (= *Saatkrähe, Häher*) – also Vögel, denen Habgier und diebische Eigenschaften zugeschrieben werden] *rücksichtsloser, habgieriger Mensch; auch: jemand der gierig isst – „fressn awwe a Ruoch" = „(fr-)essen wie ein Scheunendrescher".* {029}

rupfan (Adj.) [mhd. rupfen, rupfîn (= *aus Werg oder anderem grobem Zwirn hergestellt*); ein Substanz-Adjektiv, das später substantiviert wird. Wohl zum Verb „rupfen"; aber der Bedeutungsübergang ist nicht ganz klar (weil der Stoff aus dem Flachs- und Hanfabfall besteht, der von der Hechel abgerupft wird?).] *aus grobem Leinen. z.B.: „rupfa Tuich" = „grober Leinenstoff".* {026}

Ruschge, do (Nom. Pl. Ruschgn) [wahrscheinl. zum lautmalenden mhd. rüschen, ruschen (= *Geräusche machen, lärmen, rauschen, heranstürmen, sich bewegen, sausen*)] *unruhiges Kind.* {029}

Ruschpe, do (Nom. Pl. Ruschpm) [wohl zu ahd. (h)rispahi, mhd. rispe, (= *Gebüsch*); es handelt sich wahrscheinlich um einen Vokalwechsel, der versucht, die scheinbare Verkleinerungswirkung des hellen -i-, welches wohl falsch als altes -ü- (in einem nicht existierenden *rüspe) interpretiert wurde, durch ein dunkleres -u- aufzuheben; es wurde also versucht, ein scheinbar fehlendes Nicht-Diminutiv zu bilden – es handelt sich also um eine *große Rispe*.] *toter Ast mit den Zweigen daran, großes Reis.* {026}

Russilan, di (Nom. Pl., kein Sg.) [wahrscheinl. v. ital. rosolia (= *Röteln*) v. der Farbbezeichnung rosa] *Masern.*

Rutschile, s (Nom. Pl. Rutschilan) [wahrscheinl. v. ital. riccioli (Pl.) (= *Locken, krauses Haar*), dieses wahrscheinl. zu ital. riccio (= *Igel*), in Anlehnung an seine struppige Erscheinung] *Haarlocke.*

S

saachilan (ADJ.) [siehe unter → saachn + produktive Nachsilbe -ilan (= *nach etwas anmuten, riechen oder aussehen*)] *nach Urin riechen.*

saachn (VERB) [ahd. seihhan, mhd. seichen (= *urinieren*), v. germ. *seihwan (= *seihen*), zu indogerm. *seik^u- (= *gießen, seihen, rinnen, tröpfeln*)] *urinieren.* {029}

sablhaxat (ADJ.) [„säbelhachsig"] *o-beinig.*

safon (VERB) [mhd. seifern (= *geifern*), zu mhd. seifer, seifel (= *Speichel, Schaum, Geifer*) v. ahd. seifar (= *Speichel*), zu germ. *seipan (= *tropfen, fallen*), zu indogerm. *seip- (= *gießen, seihen, rinnen, tröpfeln*)] *sabbern.* {029}

Saiche, di (NOM. PL. SAICHN) [ahd., mhd. sīhe (= *Sieb*), zu germ. *seihwan (= *seihen*), zu indogerm. *seik^u- (= *gießen, seihen, rinnen, tröpfeln*)] *Sieb.* {029}

saido (PRÄP./KONJ.) [ahd. sidōr, mhd. sider, beides Komparative, die ursprünglich u.a. *später* bedeuteten] *seit.* {029}

Sairant, di (NOM.) [zu „Säure", also *Gesäuertes/Saures*; das -nt der Endung gehört zu einer Klasse von Wörtern, die oft eine Substanz oder ein Material bezeichnen; die Endung ist im Laufe der Zeit durch den Zusammenfall verschiedener lautlicher Phänomene entstanden und dann auch zur Bildung neuer Wörter verwendet worden. Siehe dazu → Einleitung: Abschnitt „Besonderheiten des Wortschatzes"] *Ansatz für Sauerteig.*

Sairantstinggl, do (NOM. PL. SAIRANTSTINGGL) [Substanzbezeichnung zu „Säure" (siehe dazu auch → Sairant) + „Stängel"] *Wiesen-Sauerampfer (Rumex acetosa).*

Sairat, di (NOM.) [siehe unter → Sairant; hier mit Ausfall des -n-]

san lossn, ans eippas (WENDUNG) [„jemanden etwas sein lassen", i.S.v. *einräumen/glauben, dass jemand … ist*] *halten für: „Dein loss i an Gschicktn san" = „Den halte ich für geschickt".*

satzn (VERB) [v. mhd. sa(t)z (= u.a. *Sprung*), dieses zu sitzen/setzen; laut Grimm ist die Bedeutung in Zusammenhang mit einem Ansetzen mit einer darauf folgenden Bewegung/Kraftäußerung entstanden (also urspr. eigentlich *zum Sprung ansetzen*).] *schnell laufen (sozusagen Sätze machen).* {029, 015}

saum (VERB) [ahd. s<u>ū</u>men (= *nachgeben*), mhd. s<u>ū</u>men (= *säumen, zögern, hin-halten*), v. germ. *s<u>ū</u>mjan (= *säumen,zögern*), zu indogerm. *se<u>u</u>ə- (= *lassen*)] *säumen, hinhalten, jmd. Zeit kosten.* {029}

S<u>au</u>schpa, do (NOM. PL. SAUSCHPA) [„sauer" + „Beere", mit (häufig vorkommendem) Wandel von <u>-r-</u> zu einem Zischlaut] *Wilde Johannisbeere (Ribes rubrum var. rubrum).*

Schabl, s (NOM. PL. SCHABLAN) [Diminutiv zu ahd. <u>skoub</u>, mhd. <u>schoup</u> (= *Bund, Bündel, Garbe*)] *Bündel aus Reisig (so als Feuerholz gelagert).* {029}

schachl (VERB) [Herkunft unsicher: mögl. v. ahd. <u>scelo</u>, mhd. <u>schel(e)</u> (= *Zuchthengst*), dieses zu <u>Schellen</u> (= *Hoden*)] *brünftig sein (Stute).* {026}

sch<u>a</u>chon (VERB) [„schachern", 17. Jh., entlehnt aus dem Rotwelschen <u>socher</u> (= *herumziehender Kaufmann*); dieses über westjidd. <u>sachern</u> (= *Handel treiben*) aus der hebr. Wurzel <u>s<u>h</u>r</u> (= *Handel treiben*). Die lautliche Entwicklung wurde beeinflusst von <u>Schächer</u> (= *Räuber*), mit dem das Wort in Verbindung gebracht wurde und eine negative Färbung erhielt.] *handeln, feilschen.* {026}

Sch<u>a</u>dlfackl, s (NOM. PL. SCHADLFACKLAN) [„Scheitelferkel", vll. in Anlehnung an den Ringelschwanz von Ferkeln] *Kind mit einem Doppelwirbel in der Wuchsrichtung der Haare auf dem Scheitel/Hinterkopf.*

Schaffl, s (NOM. PL. SCHAFFLAN) [ahd. <u>skaf</u>, mhd. <u>schaf</u> (= *Schaff, Gefäß, Getreidemaß, Scheffel*)] *offenes, wannenartiges Gefäß mit einem oder zwei Griffen.* {029}

sch<u>a</u>fflanwas (ADV.) [siehe unter → <u>Schaffl</u>] *(wie) aus/mit Schaffen, schaffweise; „schafflanwass nidogion" = „regnen wie aus Kübeln".*

Sch<u>ai</u>re, di (NOM. PL. SCHAIRN) [ahd. <u>sciura</u>, <u>scūra</u>, mhd. mhd. <u>schiur(e)</u>, <u>schiuwer</u>, Fortsetzungen eines r/n-Stamms, dessen Variante mit <u>-n-</u> in <u>Scheune</u> erhalten ist. Die Bedeutung war zunächst *Schutz, Schirm* und wurde dann auf einfache Holzgebäude erweitert.] *großes, unschönes Gebäude.* {026}

Schalkl, s (NOM. DIM. PL. SCHALKLAN) [Herkunft unklar, vll. v. mhd. <u>schalk</u> (= *Knecht*, weil das Kleidungsstück einem Knechtshemd ähnelt?); eine weitere, lautlich aber unwahrscheinl. Möglichkeit: mhd. <u>slucke</u> (= im Laufe der Zeit für viele kittelartige Kleidungsstücke verwendet, z.B. *Faltenkleid, Kittel* oder später dialektal als <u>Schluck(e)</u> für *Frauenhemd*), selbst unklarer Herkunft] *Trachtenbluse.* {015}

Abb. 20: s Schaffl = Bottich

schạntlan (ADJ.) [„schändlich"] *1. makaber, 2. hässlich; beides u.a. bezogen auf Wortwahl/Redeweise.*

schattn (VERB) [anders als im standarddt. gibt es eine Entsprechung zu „(sich) sonnen" für *sich im Schatten aufhalten*] *sich in den Schatten stellen/im Schatten bleiben.*

Schạuga, do (NOM. KEIN PL.) [„der Schauer", zu „schauen"] *„in Schauga hobm"* = *„starr ins Leere blicken (oft ohne dass man es zunächst bemerkt)".*

schạurn (VERB) [zu ahd. <u>skūr</u>, mhd. <u>schūr</u> (= *Schauer, Hagelschauer, Unwetter*)] *hageln.* {029}

schẹckat (ADJ.) [mhd. <u>scheckeht</u>, <u>scheckot</u> (= *scheckig*), aus altfranz. <u>eschiec</u> (= *Schach*), also *schachbrettartig*] *scheckig.* {026}

Schẹibe, di (NOM. KEIN PL.) [ahd. <u>scaba</u> (= *Krätze*), bzw. dann von einem nicht belegten mhd. *<u>schebe</u> (für das mhd. ist nur die komplexere Form <u>schebicheit</u> belegt), wohl von *schaben* in Zusammenhang mit dem Juckreiz und seinen Folgen] *1. Räude (Art von Milbenbefall bei Tieren), 2. Krätze (Art von Milbenbefall beim Menschen).* {029}

Schẹile, di (NOM. PL. SCHEIL) [ahd. <u>skale</u>, mhd. <u>schale</u>, vll. zu einem alten Wort für *spalten, schneiden*] *(Orangen- usw.) Schale.* {029}

Schẹllile, s (NOM. KEIN PL.) [17. Jh. entlehnt aus it. <u>selleri</u>, einer norditalienischen Form von it. <u>selano</u>, aus lat. <u>selīnum</u>, aus griech. σέλινον (sélinon = *Eppich, Sellerie*); es mag bei dem Wort eine volksetymologische Komponente eine Rolle gespielt haben, sodass z.B. die Knolle der Pflanze wegen ihrer Form mit „Schelle" in Verbindung gebracht wurde.] *Sellerie.* {026}

Schellrọuddl, di (NOM. KEIN PL.) [v. Schellrodel (= gesamttirolerisch veraltet für <u>Kinderschlitten</u>), Verbindung zum veralteten Adjektiv schell (= *rasch, wild*) möglich] *nur in der Wendung „af do Schellrouddl san": auf Achse sein, unterwegs sein, sich herumtreiben.* {035}

Scheps, do (NOM. PL. SCHEPSE) [Herkunft unklar; vll. eine Bildung zu „Schädel"; auch möglich ist ein Zusammenhang mit mhd. <u>schopz</u>, <u>schöpz</u> (= *kastrierter Schafbock*), entlehnt aus tschech. <u>skopec</u> (= *kastrierter Schafbock*), zu tschech. <u>skopiti</u> (= *verschneiden, kastrieren*), da der Kopf beim Schafbock eines der auffälligsten Merkmale ist. Damit wäre die Etymologie analog zu → <u>Tulle</u>.] *Kopf.* {026}

Schẹpsans, s (NOM., KEIN PL.) [mhd. <u>schopz</u>, <u>schöpz</u> (= *kastrierter Schafbock*), entlehnt aus tschech. <u>skopec</u> (= *kastrierter Schafbock*), zu tschech. <u>skopiti</u> (= *verschneiden, kastrieren*)] *Hammel- oder Lammfleisch.* {026}

schepsn (Verb) [mögl. iterativ/diminutiv zu mhd. schaben, also *schabezzen] *Bäume entrinden.* {035}

Scherbm, do (Nom. kein Pl.) [ahd. skirm, mhd. schirm, scherm (= *Schirm, Schutz*)] *Unterstand, Schutzdach bei Regen, Regenschatten.* {029}

Scherfe, di (Nom. Pl. Scherfn) [ahd. skirbī, mhd. schirbe, scherwe (= *Bruchstück, Gefäß*), v. germ. *skerbja (= *Scherbe*), zu indogerm. *sker- (= *schneiden*)] *Scherbe.* {026, 029}

schergn (Verb) [wahrscheinl. zu ahd. skerio (= *Vorsteher, Verwalter*), mhd. scherge (= *Gerichtsdiener, Henker*), dieses zu mhd. schar (= *Heeresteil, Menge*), zu einem Verb für *(ab-)schneiden*; das Verb könnte also urprüngl. bedeutet haben *jemand bei den Behörden anzeigen*.] *verpetzen.* {029}

Schernschlaifa, do (Nom. Pl. Schernschleifa) [„Scherenschleifer", wegen der scherenartigen Zangen am Hinterleib; „-schleifer" könnte auch ein falsch analysiertes „-schliefer" (= -*schlüpfer*) sein: In anderen Regionen heißt das Insekt z.b. „Ohrenschliefer", da dem Tier fälschlicherweise nachgesagt wird, dass es Menschen ins Ohr schlüpft.] *Ohrwurm (Insekten der Ordnung Dermaptera).*

Scherpe, di (Nom. Pl. Scherpm) [Zunächst wurde mhd. schirpe (= *Schärpe*) entlehnt aus altfranz. escharpe (= *Tasche, Börse, abgerissener Streifen*) zu lat. excerpere (= *herausheben, -nehmen*); die heutige Lautform ist allerdings im 17. Jh. dann (nochmal) aus franz. écharpe (= *Armbinde, Schärpe*) entlehnt worden, welches wiederum auf das genannte altfranz. Wort zurückgeht. Der Zusammenhang im Franz. zwischen *Börse* und *Schärpe* entstand durch eine gürtelartige Form von Taschen, die Merkmale von beidem hatte.] *Schal.* {026, 029}

Scherpfe, di (Nom. kein Pl.) [selbe Herkunft wie → Scherfe] *Eierschale(n) (auch als Materialbezeichnung).*

scherpfn (Verb) [Verb zu → Scherpfe] *aus dem Ei schlüpfen.*

Schidinglaitn, s (Nom.) [„Scheidung(s)läuten"; der fehlende, aber eigentl. zu erwartende Lautwandel von -ī- in mhd. schīdunge zu späterem -ei- in Scheidung ist auffällig. Vll. hat der sakrale Kontext und damit eine Hemmung „heilige" Wörter zu verändern hier zu einer lautlichen Fossilierung geführt.] *Läuten zu Mittag am Tag vor der Beerdigung.*

schiffrig (Adj.) [Herkunft unklar, mögl. zu „Schiefer", welches ursprünglich *Splitter* bedeutete; die Bedeutung könnte als Gegenteil zu *solide, gefestigt* auf Verhaltensweisen übertragen worden sein oder von mhd. schiveric (= *voller Splitter*), stammen, also an ein Verhalten von einem Menschen oder Tier, der voller Splitter ist, meinen.] *1. hektisch, nervös, 2. verrückt.* {029}

Schiftoprume, di (Nom. Pl. Schiftoprum) [1. Teil unklar, mögl. v. mhd. schift (= *abschüssige Stelle*), 2. Teil: mhd. bräme (= *Dornenstrauch, Brombeerstrauch*), v. ahd. brämo, v. germ. *brēmō- (= *Brombeerstrauch*), zu indogerm. *bʰerem- (= *hervorstehen, Spitze, Kante*)] *Alpenrose.* {029}

schilchn (Verb) *schielen.*

schio(ch(e)) (Adj.) [mhd. schiech, v. westgerm. *skeuha- (= *schüchtern, scheu, abscheulich*)] *schüchtern.* {026}

Schiochile, s (Nom. Dim. Pl. Schiochilan) [„Schühlein"] *Kleiner Schuh.*

Schirhaangg̊l, do (Nom. Pl. Schirhaangg̊l) *Schürhaken.*

Schissla, do (Nom. Pl. Schissla) [Herkunft unklar; lautlich wäre ein Zusammenhang mit „Schüssel" vorauszusetzen, der Bedeutungszusammenhang ist allerdings nicht klar; schissl (Verb), das vom nicht ganz einfachen Herstellen der Schüsselform beim Töpfern kommt, bedeutet *ordnen, organisieren, regeln* und könnte die Motivation der Benennung sein.] *Ofenkrücke (Gerät zum Einschieben in den und Herausholen aus dem Backofen der Brotlaibe).* {035}

schlachtigin (Verb) [ahd. slahtōn (= *schlachten, opfern*), mhd. slahten (= *schlachten*), verwandt mit „schlagen"; die Endung -ign, welche normalerweise entsteht, wenn Verben von Adjektiven abgeleitet werden, ist hier nicht ganz klar (ein Adjektiv *schlachtig gibt es nicht) und wahrscheinlich durch eine Analogiebildung zu erklären.] *schlachten* {029}

Schlaifprigl, do (Nom. Pl. Schlaifpriggl) [„Schleifprügel"] *hölzerne Bremsklötze, die im Winter bei Bergab-Fahrten vor die Kufen geworfen wurden, wenn der Schlitten zu schnell wurde.*

schlain (Verb, reflexiv) [zu ahd. sliumo, mhd. sliume, sliune (= *schleunig, eilig*)] *sich beeilen.* {029}

schlaindig (Adj.) *schleunig, bald.*

Schlaka, do (Nom. Pl. Schlaka) [Herkunft unklar, ein Zusammenhang mit „schlagen" liegt nahe, ist aber lautlich problematisch und aufgrund der Beleglage nicht nachweisbar. Wahrscheinlicher ist eine Herkunft von mhd. slenker (= *Schleuder*), dieses von ahd. slengira (= *Schleuder(-maschine)*), zu germ. *slangwjan (= *schleudern*), zu indogerm. *slenk- (= *winden, drehen, schlingen*)] *Butterschleuder.* {029}

Schlappa, do (NOM. PL. SCHLAPPA) [„Schlapper", also *Schlappen (Hausschuh)*, dieses zu „schlapp"/„schlaff"] *1. Sandale, 2. hinten offener Schuh (Schlappen).* {026}

Schlattole, s (NOM. DIM. PL. SCHLATTOLAN) [mhd. slot(t)ern (= *schlottern, zittern, klappern*); bedeutungsmäßig auffällig ähnlich sind got. afslaubjan (= *in Angst versetzen*) und got. afslaubnan (= *sich entsetzen*). Formal kann noch Weiteres angeschlossen werden, doch bleibt es mangels klarer Bedeutungsübergänge ganz unsicher.] *Rassel.* {026}

Schleibe, di (NOM. KEIN PL.) [mhd. slēwe (= *Stumpfheit, Mattheit*), das abgeleitete Adjektiv slēwic bedeutet neben *stumpf* auch *lau*, beides zu ahd. slēwēn (= *stumpf/matt werden, welken*)] *Tauwetter.* {029}

Schleiggemilch, di (NOM. KEIN PL.) [v. mhd. slege (= *Schlagen*), von der Schlagenden Bewegung beim Buttern oder mhd. slenken (= *schwingen, schleudern*), siehe dazu unter → Schlaka] *Buttermilch.* {029}

Schlenggltok, do (NOM. KEIN PL.) [zu „schlenkern" (= *hin- und herschwingen*)] *Tag im Februar, an dem früher die Dienstboten den Posten wechselten.* {035}

schlintn (VERB) [ahd. slintan, mhd. slinden (= *schlucken, verschlingen*), v. germ. *slendan, (= *gleiten, verschlingen*) zu indogerm. *slind^h- (= *kriechen, gleiten*)] *schlucken.* {029}

Schloaß, do (NOM. PL. SCHLEAßE) [ahd., mhd. sloz, slōz (= *Schloss, Umschließung, Riegel*)] *Masche, Schlaufe, Schleife, Schlinge.* {029}

Schlochte, di (NOM. PL. SCHLOCHTN) [wahrscheinlich zu einer Grundlage zu „schlagen", warum ist aber nicht klar ersichtlich; vll. zu „(Kahl-)Schlag", welcher die Form des Feldes erklären könnte; vll. ist mit *schlagen* aber auch das Mähen selbst gemeint.] *mehrere Meter breites, sehr langes und von Hand gemähtes Feldstück.*

schloifn (VERB) [ahd. sliofan, mhd. sliefen (= *schlüpfen, kriechen, gleiten*)] *1. schlüpfen, 2. (knapp) durch- oder vorbeipassen (z.B. mit dem Auto an einer Engstelle).* {029}

Schluff, do (NOM. PL. SCHLIFFE) [ahd. slouf, mhd. slouf, slūf, sluf (= *Öhr, Schlüpfen*)] *Engstelle, enge Räumlichkeit.* {029}

schluggazn (VERB) [frühnhd. slūchzen, mit für Schallwörter typischem (iterativem/diminutivem) Suffix -(ez)zen zu mhd. slūchen (= *schlingen, schlucken*)] *1. Schluckauf haben, 2. schluchzen.* {026}

Schluichte, di (NOM. PL. SCHLUICHTN) *Schlucht.*

Schlunt, do (Nom. Pl. Schlinte) [Ableitung von → schlintn] *„in folsche Schlunt gion"* = *„zum Verschlucken führen" („in den falschen Schlund gehen").*

schlutzig (Adj.) [wahrscheinl. von einer Intensivbildung *slupfzen zu mhd. slupfen (= *Schlüpfen*)] *1. schlüpfrig, 2. schmeichlerisch.*

schmal (Verb) [Herkunft unklar, vll. zu mhd. smeichelen (= *schmeicheln, heucheln*)] *bemerken, herausfinden.* {029}

Schmarǧe, do (Nom. Pl. Schmarǧn) [zu ahd. smero, mhd. smer(e) (= *(Tier-)Fett*)] *1. Schmutzfleck, 2. ungepflegter, unsauberer Mensch.* {029}

schmarǧilan (Adj.) [siehe unter → Schmarǧe + produktive Nachsilbe -ilan (= *nach etwas anmuten, riechen oder aussehen*)] *1. nach schlechtem Fett riechen, 2. übel riechen.*

Schmaze, di (Nom. Pl. Schmazn) [zu mhd. smeizen (= *schmeißen, Kot ausscheiden*), intensiv/iterativ zu mhd. smīzen (= *streichen, schmieren, hauen auf*), welches für das Beschmeißen von Häusern mit Lehm und das anschließende Verstreichen desselben verwendet wurde und wohl dann zur Verhüllung der Bedeutung *koten* diente. Das beschriebene Wort ist wohl eine Kurzform von einem nicht belegten *Schmazflioge (= *Schmeißfliege*).] *Schmeißfliege.* {026}

Schmelle, di (Nom. Pl. Schmell) [ahd. smelha, mhd. smelehe (= eine Grasart)] *Schmiele (Gras-Gattung: Deschampsia), auch allg.: Grashalm.* {029}

Schmelzpfanndl, s (Nom. Dim. Pl. Schmelzpfanndlan) [„Schmelzpfännlein"] *1. kleine Pfanne mit langem Stiel zum Erwärmen des Schmalzes auf dem Holzherd, 2. Scharfer Hahnenfuß (Wiesenblume: Ranunculus acris), der einen langen Stiel und fettig aussehende Blütenblätter hat.*

Schmer, do (Nom. kein Pl.) [ahd. smero, mhd. smer(e) (= *(Tier-)Fett*)] *Fett.* {029}

Schmirba, do (Nom. Pl. Schmirba) [ahd., mhd. smirwen (= *schmieren, (mit Fett) bestreichen*); gemeint ist also etwas, das nur benetzt und nicht durchnässt.] *kurzer Regenguss.* {029}

Schmiss, do (Nom. kein Pl.) [v. schmitzen, mhd. smitzen (= *mit Ruten schlagen*), in Anlehnung an den Schwung] *Schwung, Eifer.* {026}

Schmolzpricke (Nom. kein Sg.) [„Schmalz" + Pricke (Sg. Pruck) (= *abgebrochenes kleines Stück Brot*)] *in Schmalz getunkte Brotstücke, als Zwischenmahlzeit.*

Schmutzilant, do (Nom. Schmutzilantn) [Substantiv zu → schmutziliorn] *ein schmarotzerischer Mensch.*

schmutziliorn (Verb) [wohl eine lautlich veränderte (humoristische) Variante von „schmarotzen"; weniger lautlich, aber inhaltlich eine Rolle kann auch das mhd. schüzzelspüelære (= wörtl. *Schüsselspüler*, d.h. *Tellerwäscher*, auch in der Bedeutung *Schmarotzer*) gespielt haben.] *schmarotzen.* {029}

schnaġġl (Verb) [ein oberdt. Wort, das seit dem 19 Jh. belegt ist; allg. lautmalend, hier auf die Bewegung übertragen, die die Laute erzeugen kann (z.B. Zähneklappern)] *1. zittern, 2. rütteln.* {026}

Schnaġġla, do (Nom. kein Pl.) [abgeleitet von → schnaġġl] *Schluckauf.*

schnaidig (Adj.) [„schneidig", mhd. snīdec, snīdic (= *eine Schneide habend, scharf*)] *hübsch (angezogen), gepflegt, gut aussehend (im Gegensatz zum Standarddt., wo* schneidig *eher „selbstbewusst", „flott", „sportlich" bedeutet).*

schnaidn (Verb) [„schneiden"] *1. schneiden, 2. kastrieren.*

schnaizn (Verb) [„schnäuzen"] *sich schnäuzen, sich die Nase putzen (im Gegensatz zum Standarddt. nicht reflexiv).*

Schnaiztuich, s (Nom. Pl. Schnaiztiocho) [„Schneuztuch"] *Taschentuch.*

schnatn (Verb) [mhd. sneiten (= *beschneiden, schneiden, entasten*), intensiv/iterativ zu mhd. snīden (= *schneiden*)] *stutzen (z.B. Viehklauen oder Bäume).* {029}

Schnauza, do (Nom. Pl. Schnauza) [„Schnauzer", als Kürzung von „Schnauzbart"] *Schnurrbart.*

schneabig (Adj.) [„schneeig"] *voll Schnee (an der Kleidung).*

Schnitze, di (Nom. Pl. Schnitzn) [ahd., mhd. sniz (= *Schnitt, abgeschnittenes Stück*)] *Hobelspan.* {029}

schnobbl (Verb) [„schnabeln"] *bissig reden (nach Art eines zänkischen/frechen Vogels).*

Schnobl, do (Nom. Pl. Schnabbl) *Schnabel.*

Schnoll und Foll, af [bair./süddt. auf Schnall (= *Knall*) und Fall] *sofort.*

Schnollsuppe, di (Nom.) [Herkunft unklar, mögl. Zusammenhang mit der Verwendung von „schnallen" in der Bedeutung *schnalzen* und/oder *schlürfen*; mit „Schnallen" könnten auch die Käsestücke gemeint sein.] *Brotsuppe mit Zigerkäse (siehe unter → Ziggole).* {015}

schnopsn (Verb) [wohl zu „schnappen"] *ein Kartenspiel.*

Schnotze, do (Nom. Pl. Schnotzn) [von „schneiden"] *Fetzen (Stoff, Fleisch, Haut).*

schnoużigin (Verb) [v. ahd., mhd. snoz (= *Nasenverstopfung, Nasenschleim*), vll. vermischt mit „schnarren" bzw. „schnarchen"] *sehr verschnupft sein, eine laufende Nase haben.* {029}

schnozat (Adj.) [Herkunft nicht ganz klar; 1. Möglichkeit.: mhd. snuz (= *Katarrh*), 2. Möglichkeit.: mhd. snate, snatte (= *Strieme, Wundmal*)] *schmächtig, kränklich aussehend.* {029}

schnuddon (Verb) [mhd. snuderen (= *schnaufen, schnarchen*) ist zwar belegt; der Zusammenhang mit *schneien* erschließt sich aber nicht unmittelbar; nhd. veraltet bedeutet schnuderen *rotzen*, womit dasselbe Bedeutungsmotiv wie unter → Reitzl (= *leichter Schneefall*) vorliegen würde.] *leicht schneien.* {029}

schoddlan (Adj.) [„schädlich"] *unartig, gerne Unfug anstellend (z.B. schelmische Kinder oder Tiere).*

Schode, do (Nom. Pl. Schaddne) [„Schaden"] *1. Schaden, 2. Unfug, bes. in der Wendung „Schode tion" = „Unfug anrichten", bei Kindern oder Tieren, die (heimlich) etwas kaputt machen, stehlen, verstecken usw.*

Schofploton, di (Nom. Pl., kein Sg.) [Die Krankheit wird v.a. in Österreich als Schafblattern bezeichnet; dies kommt von der Ähnlichkeit der Symptome mit den Schafpocken, einer Krankheit der Ziegen und Schafe, die für identisch mit den früher so genannten Kinderblattern (= *Windpocken*) gehalten und mit diesen gemeinsam als Schafblattern bezeichnet wurde.] *Windpocken.* {015}

schoibm (Verb) [ahd. skioban, mhd. schieben; auffällig ist das im Anschluss an mhd. -iu-/-ie- gebildete für das Sextnerische typische -oi-; → {hlKapitel ??? zu typischem -oi-.] *schieben.* {029}

schoißn (Verb) [ahd. skiozan, mhd. schiezen; auffällig ist das im Anschluss an mhd. -iu-/-ie- gebildete für das Sextnerische typische -oi-; → Einleitung: Abschnitt „Lautliche Besonderheiten".] *1. schießen, 2. verblassen, (stellenweise) die Farbe verlieren (von Textilien): „gschoussn" = „stellenweise ausgebleicht" (v. Textilien).*

Schole, di (Nom. Pl. Schol) [ahd. skala, mhd. schale] *Tasse (im Gegensatz zum standarddt. Schale, das „Schale", also etwas Schüsselartiges bedeutet).* {029}

Schǫte, do (Nom. Pl. Schattne) *Schatten.*

Schouss, s (Nom. Pl. Schouss) [ahd. <u>skoz</u> (= *Wurfgeschoss, -speer*), mhd. <u>schoz</u> (= *Geschoss, Pfeil*), zu germ. <u>*skeuta-</u> (= *Geschoss, Wurf*), zu indogerm. <u>*skeud-</u> (= *werfen, schießen, hetzen, eilen*); bzgl. der Bedeutung: vgl. „auswerfen", „aufschießen", „Schössling" im standarddt.] *frischer Trieb an Pflanzen.* {029}

Schǫutte, do (Nom.) [ahd. <u>skotto</u>, mhd. <u>schotte</u> (= *Quark, Molke*), entlehnt aus lat. <u>excoctio</u> (= *Auskochung*)] *1. Quark, 2. Schotte (Einwohner Schottlands).* {029}

Schǫuttesock, do (Nom. Pl. Schoutteseicke) [→ <u>Schoutte</u> (= *Quark*) + „Sack", also Quarksack; gemeint ist das bei der Käseherstellung genutzte Tuch zum Abseihen des Quarks aus der Molke, welches wie ein Sack aussieht, sobald man es gefüllt aus der Flüssigkeit hebt.] *in der Wendung „awwe a Schouttesock" = „wie ein nasser Sandsack", bezogen auf jemand, der träge herumsitzt/-liegt, schwer zu tragen ist usw.*

schpaibilan (Verb) [„speien" + produktive Nachsilbe <u>-ilan</u> (= *nach etwas anmuten, riechen oder aussehen*)] *nach Erbrochenem riechen.*

Schpaik, do (Nom.) [v. lat. <u>spīca</u> (= *Ähre*)] *Klebrige Primel (Primula glutinosa).* {015}

Schpaire, di (Nom. Pl. Schpairn) [mhd. <u>spīre</u> (= *Spierschwalbe, Turmschwalbe*), v. germ. <u>*spīra</u> (= *Spitze, Stange*, hier wohl im Sinne von *Turm*), zu indogerm. <u>*spĕi-</u> (= *Spitze*)] *Mauersegler (Vogelart: Apus apus).* {029}

schpaisn gion (Verb + Verb) [„speisen gehen"] *zur Kommunion gehen (in der Kirche).*

Schpǎke, di (Nom. Pl. Schpakn) *Speiche.*

schpakn (Verb) [„speichen", also die Beine so schnell bewegen wie die Speichen eines (Wagen-)Rades] *spurten, rennen, speziell: durch Hitze oder Bremsenstiche ausgelöstes Umherlaufen der Rinder.*

Schpandl, s (Nom. Pl. Schpandlan) [„Spänlein"] *Span (v.a. dünne Späne als Anzündhilfe im Herd/Ofen).*

Schpǎnfackl (Nom. Pl. Schpanfacklan) [ahd. <u>spunnifarah</u>, mhd. <u>spenvarch</u>, zusammengesetzt aus einem Wort für *Ferkel* und einem heute ausgestorbenen Wort für *Zitze/Mutterbrust*, mhd. <u>spen</u>, ahd. <u>spunna</u>, also *Milchferkel*] *Spanferkel.* {026}

schpeare (Adj.) [ahd. <u>spōri</u> (= *roh*), mhd. <u>spör(e)</u>, <u>sper</u> (= *hart, trocken, rauh*)] *kalt und windig.* {029}

schpein (Verb) [zu ahd. spunna, mhd. spen (= *Zitze, Mutterbrust*)] *von der Muttermilch entwöhnen.* {026}

Schpelte, di (Nom. Pl. Schpeltn) [mhd. spelte (= *Spalt, Holzstück, -splitter, -scheit*), abgeleitet v. ahd., mhd. spalt] *1. abgespaltenes Holzstück, 2. Zaunlatte.* {029}

Schpensa, do (Nom. Pl. Schpensa) [im 19. Jh. als standarddt. Spenzer von engl. spencer entlehnt, dieses wohl in Anlehnung an den 2. Grafen George John Spencer (1758–1834), der die (nach einem Bericht bei der Jagd gerissenen, nach einem anderen mit Kohlen angesengten) defekten Rockschöße eines Fracks angeblich hat entfernen lassen. Das so entstandene neue Kleidungsstück soll sich dann verbreitet haben.] *leichte Jacke.* {026}

Schpilǧurre, di (Nom. Pl. Spilǧurrn) [„Spiel-“ + mhd. gurre (= *schlechte Stute*), dieses unklarer Herkunft, mögl. mit Gaul und Göre verwandt] *jmd., der vernarrt ins Spielen ist.* {026}

Schpilhune, do (Nom. Pl. Schpilhun) [vermutl. nach dem Spiel (= *Schwanzfedern des männl. Birkhuhns*), oder nach dem Balzspiel (von welchem wiederum die Schwanzfedern ihren Namen erhalten haben könnten)] *Birkhahn (Männchen der Vogelart Lyrurus tetrix).* {026}

schpinaisl (Verb) [mögl. v. mhd. spehen (= *spähen, schauen, aufpassen*), der zweite Teil des Wortes ist undurchsichtig.] *heimlich beobachten, spionieren.* {029}

schpioßeiǧǧat (Adj.) [wahrscheinl. „spieß-eckig“ oder „spitz-eckig“, also *nicht rechtwinklig*] *windschief, nicht gerade.*

Schpour, do (Nom. Pl. Schpeire) [ahd., mhd. spor (= *Fährte, Spur, Weg, Zeichen, Fußstapfen*); v. germ. *spura- (= *Spur, Tritt*), zu indogerm. *sper- (= *zucken, stoßen, zappeln, schnellen*)] *Spur.* {029}

Schpoze, do (Nom. Pl. Spozn) *Spatz.*

schpreckilat (Adj.) [ahd. sprekkiloht (= *gefleckt*), mhd. spreckeleht (= *gesprenkelt*), v. germ. *sprekala (= *Sprenkel, Fleck*), zu indogerm. *sper- (= *streuen, säen, sprengen, sprühen, spritzen*)] *gesprenkelt.* {029}

Schpringǧingǧile, s (Nom. Pl. Schpringǧingǧilan) [vermutlich von der Figur eines kleinen Teufels in einem Wiener Volksstück des 18. Jh.; das Wort selbst v. „springen“ + „Gankerl“ (= *kleiner Teufel*), siehe dazu unter → Ganǧǧo] *aufgewecktes Kind.* {041}

Schprutza, do (Nom. Pl. Schprutza) [„Spritzer“] *1. Spritzer, 2. Gießkanne, 3. kleiner Regenguss.*

Schraggile, s (Nom. Pl. Schraggilan) [mhd. schrage (= Verbindung aus x-förmig gekreuzten Tischbeinen; Platte wurde auf mehreren von diesen aufgelegt), ahd. screg- nur in Verbindungen belegt; wahrscheinlich zu einem germ. *skregja- (= schräg, verschränkt)] *Sägebock.* {026, 029}

schraidn (Verb) [„schreien"] *1. schreien, 2. bezeichnet allgemein/unspezifisch Tierlaute; manche Tiere haben keine spezifische Bezeichnung für ihren Ruf und es wird dann nur diese verwendet (z.B. für das Krähen des Hahns: „Do Hune schreit" = „Der Hahn kräht").*

Schratt, do (Nom. Pl. Schratte) [ahd. scrato, mhd. schrat (= Waldgeist, Kobold), weitere Herkunft unklar] *Schrat (Waldgeist).* {026}

Schrattl, s (Nom. Pl. Schrattlan) [wahrscheinl. Diminutivbildung zu mhd. schrōten, schrāten (= schroten, hauen, schneiden), der deutlich sichtbare Flügelschlag ist also wohl das Benennungsmotiv; ein Zusammenhang mit → Schratt ist unwahrscheinlich, aber nicht auszuschließen.] *Schmetterling.* {029}

Schreate, di (Nom. Pl. Schreatn) [„Schröte"] *1. Flinte (Gewehr mit glattem Lauf), 2. Schrot(-kugeln).*

schrepfn (Verb) [mittelniederdt. schrapen, frühnhd. schrapfen (= abraspeln), zu germ. *skrap-ō- (= raspeln, kratzen)] *1. bremsen (meist mit den Füßen, z.B. beim Schlittenfahren), 2. schleifen, kratzen (eines mechanischen Teils, der es nicht sollte, z.B. verschlissenes Kugellager).* {026}

Schromme, di (Nom. Pl. Schromm) [„Schramme"] *lange, tiefe Wunde (im Gegensatz zum standarddt. hauptsächl. für Wunden verwendet).*

Schtan, do (Nom. Pl. Schtane) *Stein.*

Schtanhiondl, s (Nom. Pl. Schtanhiondlan) [„Steinhühnchen"] *Steinhuhn (Alectoris graeca).*

Schtanitz, do (Nom. Pl. Schtanitze) [17. Jh. Scharnützel, dieses aus einem ital. (Venetien) scarnuzzo (= Tüte), dieses zu ital. carta (= Papier)] *kegelförmige Papiertüte (z.B. für gebratene Kastanien, Pommes frites usw.).* {015}

Schtapfl, s (Nom. Pl. Schtapflan) [ahd. stapfal (= Fußgestell, Sockel), mhd. stapfel (= Stufe, Treppe, Pfahl, Schuppen)] *Stufe (einer Treppe oder Leiter).* {029}

Schtar, s (Nom. Pl. Schtardo) [ahd. sehstāri (= Sester (= ein Hohlmaß), Eimer), mhd. sehster, sechter u.a. (= Scheffel, Sester, Gefäß), das ahd. aus lat.

<u>sextārius</u> (= ein Hohlmaß, wörtl. *Sechstel(-behälter)*)] *Getreidehohlmaß von 24 Litern.* {029}

schtate (ADJ.) [ahd. <u>stāti</u>, mhd. <u>stæte</u>, <u>stāte</u>, <u>stēte</u> (= *stet, beständig*)] *1. still, ruhig, leise, 2. ständig.* {029}

Schteare, di (NOM. KEIN PL.) [laut dem Schweizerischen Idiotikon zur von „Stör" belegten Bedeutung *Zeitabschnitt*, also *abschnittsweise, unterbrochene Arbeit*, zu ahd. <u>stōren</u>, mhd. <u>stœren</u> (= *vernichten, zerstreuen, hindern, auseinanderstreuen*)] *wandernde Tätigkeit/Hausbesuche mancher Handwerker (z.B. Kesselflicker, Messerschleifer, Schuster usw.).* {050}

schtearn (VERB) [mhd. <u>stür(e)n</u>, <u>storen</u> (= *stochern, stacheln*), v. germ. <u>*staurjan</u> (= *stören*), zu indogerm. <u>*tuer-</u> (= *drehen, wirbeln, bewegen*)] *stochern.* {029}

Schteifte, di (NOM. PL. SCHTEIFTN) [„Stift"] *1. Nagel, 2. Zaunpfahl.*

Schtelze, di (NOM. PL. SCHTELZN) *1. Stelze (Geh-Gerät wie im Zirkus), 2. Schweinshaxe.*

Schtibbich, do (NOM. PL. SCHTIBBICHE) [mhd. <u>stübich</u>, <u>stubich</u> (= *Packfass*), verwandt mit ahd., mhd. <u>stouf</u> (= *Becher ohne Fuß*), dieses wohl ein „Stumpf" mit Nasalausfall (<u>-m-</u> ist weggefallen)] *auf dem Rücken tragbares Holzgefäß.* {015}

schtickl (ADJ.) [ahd. <u>steigal</u>, mhd. <u>steigel</u> (= *steil*), verwandt mit „steigen"] *steil.* {029}

Schtinglwoge, di (NOM. PL. SCHTINGLWOGN) [„Stengelwaage"] *Stangenwaage.*

Schtinkandole, s (NOM. PL. SCHTINKANDOLAN) [„Stink-" + wahrscheinlich „Anderl" (Verkleinerungsform von <u>Andreas</u>), die Motivation dafür ist aber unklar, vll. einfach als häufiger Männername auf das Tier übertragen; mögl. als Motiv ist auch die x-förmige Struktur auf dem Rücken der Tiere, in Anlehnung an das Andreaskreuz.] *Grüne Stinkwanze (Palomena prasina).*

Schtinknta Hoaffaŕt, di (NOM., KEIN PL.) [„stinkend" + mhd. <u>hōchvart</u> (= *edler Stolz, vornehme Lebensart*), v. „hoch" + „Fahrt" (im Sinne von *Gang, Wandel*)] *Tagetes (Blumen der Gattung Tagetes).*

schtirǧl (VERB) [dim./iterativ zu mhd. <u>stüren</u> (= *stochern, stacheln, antreiben*), siehe unter → <u>stearn</u>] *(in fremden Sachen) stöbern.* {029}

Schtoaß, do (Nom. Pl. Schteaße) [„Stoß"; wahrscheinl. ausgehend von der älteren Bedeutung *Stapel, Geschichtetes* von „Stoß", welches wohl vom Zusammenstoßen von etwas zu Stapelndem ausgeht.] *1. Stoß, 2. Stapel, 3. Federrad des Spiel-/Auerhahns (das er mit seinen Schwanzfedern ähnlich wie ein Pfau auffächern kann).* {015}

Schtockatoureisl, do (Nom. Pl. Schtockatoureisl) [wahrscheinl. „Stockator" (ein älteres, oberdt. Wort für *Stuckateur*, für das 17. Jh. in den Klosterakten von Herrenchiemsee belegt) + „Esel"; dies kann nun bedeuten, dass es sich um einen von diesem Gewerbe verwendeten Esel handelt oder um einen von diesem Gewerbe produzierten Esel aus Stuck (= *Gipsdekorationen*, z.B. in Kirchen), was die angebliche Dummheit des Tiers noch deutlich verstärken würde: Jemand der so bezeichnet würde, wäre dann so dumm wie ein Esel aus Gips.] *sehr dummer Mensch.* {006}

schtoibm (Verb) [„stieben" (= älter für *stauben*)] *stauben.*

Schtoiretraiba, do (Nom. Pl. Schtoiretraiba) [„Steuer(-ein-)treiber"] *Steuereintreiber: v.a. in der Wendung „lafn awwe a Schtoiretraiba" = „eine schnelle Gangart haben", „hastig gehen".*

Schtollhose, do (Nom. Pl. Schtollhosn) [„Stallhase" (im Gegensatz zum Feldhasen)] *Kaninchen.*

Schtorfe, do (Nom. Pl. Schtorfn) [ahd. storro, mhd. storre (= *Baum-, Zahnstumpf*), zu ahd. storrēn, mhd. storren (= *anstarren, Unwillen zeigen*), verwandt mit „starr" (i.S.v. *widerspenstig*); wahrscheinlich vermischt mit „Stumpf" (das -f- wäre sonst unerklärt)] *1. dünner Baumstumpf, 2. Besenstumpf, 3. Zahnstumpf/hässlicher Zahn.* {026}

schtouckn (Verb) *stocken, dickflüssig werden, gerinnen.*

Schtouckschwomm, do (Nom. Pl. Stouckschwämme) [„Stockschwamm"] *Baumschwamm (Baumpilze v.a. der Gattung Fomitopsis).*

Schtouřze, do (Nom. Pl. Schtouřzn) [ahd. sterz (= *Schwanz*), mhd. sterz (= *Schweif, Stängel, Strunk, Stiel*), wahrscheinlich augmentative (vergrößernde) Bildung, da Getreidestoppeln größer und dicker sind als z.B. die von Gras.] *Stoppel (auf einem Stoppelfeld nach der Getreideernte).*

schtoutn (Verb) [wahrscheinl. augmentative (vergrößernde/verstärkende) Bildung zu mhd. stæten (= *festigen, stärken, zusichern*), v. ahd. stāten, zu germ. *stēdjan, indogerm. *stā- (= *stehen, stellen*)] *stocken, gerinnen (von flüssigem Fett).* {029}

Schtouze, do (Nom. Pl. Schtouzn) [mhd. stutze (= *v. Fassbinder hergestelltes Gefäß in Form eines abgestutzten Kegels*), lautlich aber von der (in der

Bedeutung unterschiedlichen) verwandten Form mhd. stotze (= *Stamm, Klotz*) beeinflusst; beide gehören zu Intensivbildungen von „stoßen".]
1. kleiner Bottich, 2. kleiner Mensch von untersetztem Körperbau.
{026, 029}

Schtrawạnza, do (Nom. Pl. Schtrawanza) [laut Grimm aus ital. stravagante (= *sonderbar, seltsam*); im Mittelfranz. findet sich für extravagant auch die Bedeutung *Vagabund*.] *Strolch, gaunerischer Taugenichts.* {015}

schtreịbm (Verb) [ahd., mhd. strewen (= *streuen, ausbreiten*)] *einstreuen (von Streu im Stall).* {029}

Schtrịckheịlzl, s (Nom. Pl. Schtrickheilzlan) [„Strickhölzlein"] *(hözerne) Stricknadel.*

Schtriọngǧl, do (Nom. Pl. Schtriongǧl) [Diminutiv zu mhd. strieme (= *Strieme, Streifen*), Nebenform v. mhd. strime, strīme, v. ahd. strimo, strīmo gleicher Bedeutung; die Bedeutungsübertragung auf *Mensch* unter 2. ist unklar.] *1. Strieme, 2. Mensch in der Wendung „fauldo Striongl" - „Faulpelz".*

Schtroạponk, di (Nom. Pl. Schtroapänke) [„Strohbank"] *Gerät zum Strohschneiden (im Prinzip ähnlich modernen Papierschneidemaschinen, wie sie in Büros vorkommen, mit einem am vorderen Ende befestigten Fallmesser).*

Schtrọmlitze, di (Nom. Pl. Schtromlitzn) [„Strom" + spätmhd. litze (= *Schnur*), aus lat. līcium (= *Faden*)] *Litze (Leitungsdraht in einem Stromkabel) – auch für gesamtes Kabel verwendet.* {026}

schtrọuzn (Verb) [wohl v. spätmhd. strozzen (= *strotzen, aufwallen, schwellen*), welches wohl zu einem indogerm. *treud- (= *stoßen, drängen*), welches in osteuropäischen Sprachen zu Bedeutungen im Bereich von *schwere Arbeit verrichten* geführt hat; mögl. hat sich diese Bedeutung in der Peripherie auch weiter im Westen (mit-)entwickelt; auch ist ein Zusammenhang mit mhd. strūz (= *Strauch, Gebüsch*) möglich, da das Holz bei dieser Arbeit meist durch das Unterholz/Gestrüpp gezogen wird.] *ziehen (Holzstämme, schwere Lasten; mit Pferden oder Maschinen).* {026}

Schtrụze, do (Nom. Pl. Schtruzn) [ahd. struzzil, mhd. strützel, strutzel (= *längliches Brot oder Kuchen/Stollen*), mögl. zu ahd. streden (= *strudeln, wallen*) bzw. „Strudel" – diese Mehlspeise soll ursprünglich schneckenförmig gewesen sein.] *länglicher Brotlaib (ähnlich einem Baguette, aber dicker).* {029, 026}

Schtubmgarndle, s (NOM. PL. SCHTUBMGARNDLAN) [„Stube" + siehe unter → Garndle (= *kleiner Raum*)] *Kleiner Nebenraum der Stube.*

schtuff (ADJ.) [aus ital. stufo (= *überdrüssig, genervt*), dieses auf lat. ex-tufāre (= *im Dampf ersticken, dämpfen*, wörtl. *ausdämpfen*)] *überdrüssig.* {039}

Schtuite, di (NOM. PL. SCHTUITN) *Stute.*

Schtumpf, do (NOM. PL. SCHTIMPFE) [Das -r- im standarddt. Wort Strumpf ist nicht ursprünglich, sondern erst in mhd. Zeit hinzugekommen. Im Sextnerischen ist der ältere Lautstand bewahrt oder das -r- später wieder ausgefallen.] *Strumpf.* {026}

Schtumpfekuggl, di (NOM. PL. SCHTUMPFEKUGGL) [„Strumpfkugel"] *Holzkugel als Hilfe zum Stricken und Stopfen der Ferse von Strümpfen.*

schtumpfsouckat (ADJ.) [Verdeutlichende Verdoppelung: „strumpfsockig"] *auf Socken.*

Schtupfaschtaude, di (NOM. PL. SCHTUPFASCHTAUDN) [ahd. stupfen (= *stoßen, antreiben*), mhd. stupfen (= *stoßen, stechen*) + „Staude", also *Stecherstaude*] *Dornbusch.* {029}

schtutzn (VERB) [„stutzen", Intensivbildung zu „stoßen"] *kürzen (≈ standarddt. stutzen).*

Schtuze, do (NOM. PL. SCHTUZN) [nicht ganz eindeutige Herkunft; wohl zu oberdt. (15. Jh.) stotzen (= *Baumstumpf, Schenkel*), dieses zu stutzen, welches eine Intensivbildung zu stoßen ist und oft auf kurze/gekürzte Sachen bezogen ist, z.B. bezeichnet Stotzen heute noch den Oberschenkel bei Rindern; von hier könnte eine Übertragung auf das menschliche Bein ausgegangen sein; ebenfalls eine Rolle kann mhd. stütze, *stutze (= *Stütze*), zu einem germ. *stud- (= *stehen, stützen*), gespielt haben; eine Vermischung von beidem ist möglich.] *Bein (Gliedmaße).* {026, 029}

Schubbaġrutte, di (NOM. PL. SCHUBBAĠRUTTN) [„Schub-" + nicht ganz klarer Teil: Moser führt es auf dasselbe wie → Ġrotte zurück (näml. mhd. kratte), welches aber bedeutend verändert hätte werden müssen (anderer, keiner Lautregel folgender Vokalismus: -a- zu -u-, zusätzlich noch Genuswechsel); eine mögliche Alternative ist ein Zusammenhang mit ahd. krukka (= *Krummholz, Krummstab, Krücke*), mhd. krücke, krucke (= *Krücke, Krummstab, u.a. Ofenkrücke*); es wäre dann lediglich ein Konsonantenwechsel von -ck- zu -tt- eingetreten (kein Genuswechsel), der durch eine einfache Dissimilation zu erklären wäre; ähnliche Wechsel sind z.B. in Krütze (= *langstieliger Schaber für den Erzofen in der Metallgewinnung*) oder in luxemburg. Kretsche (= *Krücke*) belegt. Gegen diese

Herleitung kann sprechen, dass G̲rutte allgemein in etwa *Kiste* bedeutet, welches aber mögl. von einem Tragegerät oder Behälter aus krummem/gegabeltem Holz kommen könnte (wobei darüber nur spekuliert werden kann). Eine weitere Möglichkeit ist, dass lat. c̲arrus bzw. die abgeleitete Form lat. c̲arrūca (= *Reisewagen*) zugrundeliegen, welche ihrerseits auf gall. k̲arros (zu einem Verb für *laufen, fahren*) zurückgehen.] *Schubkarre.* {035, 015, 026}

schuchtl (Verb) [Herkunft unklar; mögl. Vermischung von „schusseln" (19 Jh.) und „fuchteln" (16. Jh.), womit das Wort jung wäre; ist es älter, so wäre noch eine Anknüpfung an die Grundlage von „schüchtern", welche „scheu" ist, möglich.] *hastig arbeiten.*

schuftig (Adj.) [zu S̲chuft, (17. Jh.), abwertend für arme Edelleute und dann auch die lichtscheuen Raubritter. Mittelniederdt. s̲chūvūt, s̲chūvōt ist eigentlich eine Bezeichnung des Uhus, dessen Ruf als „schieb aus" nachgedeutet wird. Möglicherweise ist diese (alte) Erklärung aber selbst eine Nachdeutung eines Wortes, das zu „schaben" gehört und dann *abgeschabt, ärmlich* bedeuten würde. Aus dem Niederdeutschen in die Standardsprache übernommen.] *schmarotzerhaft, geizig.* {026}

Schu̲ich, do (Nom. Pl. Schuich) *Schuh.*

Schu̲ichelitze, di (Nom. Pl. Schuichelitzn) [„Schuh" + spätmhd. l̲itze, entlehnt aus lat. l̲īcium (= *Faden*)] *Schnürsenkel.* {026}

Schu̲icheneischtl, di (Nom. Pl. Schuicheneischtl) [„Schuhnestel"] *Schnürsenkel.*

Schu̲ila, do (Nom. Pl. Schuila) *Schüler.*

Schu̲ilatasche, di (Nom. Pl. Schuilataschn) [„Schülertasche"] *Schultasche, Schulranzen.*

Schu̲ischta, do (Nom. Pl. Schuischta) [mhd. s̲chuohsūtære, Zusammensetzung aus mhd. s̲chuo(ch) (= *Schuh*) und mhd. s̲ūter, letzteres entlehnt aus lat. s̲ūtor (= *Flickschuster*, eigentl. *Näher/Flicker*)] *Schuster.* {026}

Schu̲ischtastio̲lile, s (Nom. Pl. Schuischtastiolilan) [„Schusterstühlchen", aufgrund der Ähnlichkeit des Blütenstandes mit einem einbeinigen Schemel, wie ihn Schuster verwenden] *Frühlingsenzian (Gentiana verna).*

Schu̲pfe, di (Nom. Pl. Schupfn) [ahd. s̲kupfa, mhd. s̲chupfe (= *Scheune, Schuppen*), v. germ. *s̲kupa (= *Schober, Schuppen*), zu indogerm. *skeup- (= *Büschel, Schopf*)] *einfache Feldscheune.* {029}

schupfn (VERB) [mhd. <u>schupfen</u>, v. mhd. <u>schupf</u>, Intensivbildung zu mhd. <u>schup</u> (= *Schub, Stoß*)] *schubsen.* {026}

Schurra, do (NOM. PL. SCHURRA) [zu mhd. <u>schoren</u> (= *schaufeln, zusammenscharren, kehren, zusammenschieben*), dieses zu ahd. <u>skora</u> (= *Schaufel, Spitzhacke*), aus germ. <u>*skurō-</u> (= *Schaufel*), zu indogerm. <u>*skeu-</u> (= *schneiden, trennen, kratzen, scharren, stochern*)] *Pfannenwender.* {029}

Schwaf, do (NOM. PL. SCHWAFE) *Schweif.*

Schwaggrin, di (NOM. PL. SCHWAGGRINEN) *Schwägerin.*

schwandon (VERB) [ahd. <u>swenten</u>, mhd. <u>swenden</u> (= *vertilgen, ausreuten, verschwenden, vergeuden*), Kausativum zu „schwinden", also *schwinden machen*] *unabsichtlich Flüssigkeit verschütten (z.B. aus einem zu schnell getragenen Glas).* {029, 026}

Schwartlangireaschtl (NOM. KEIN PL.) *Geröstel (= tiroler Pfannengericht aus Fleisch- und Kartoffelstücken) aus Schweineschwarte.*

Schwaß, do (NOM. KEIN PL.) [wie in der dt. Jägersprache „Schweiß"; der Zusammenhang zwischen Schweiß (*wässrige Ausdünstung*) und Blut muss in alter Zeit als ein enger gesehen worden sein, da die Doppeldeutigkeit des Wortes in mehreren germanischen Sprachen vorliegt.] *Tierblut.* {026}

Schwaßkneidl, s (NOM. PL. SCHWASSKNEIDLAN) [„Schweißknödel", siehe dazu auch → <u>Schwaß</u>] *Blutknödel (Knödel mit frischem Tierblut im Teig zubereitet).*

Schwaßkouch (NOM. KEIN PL.) [„Schweißkoch(-ung)", siehe dazu auch → <u>Schwaß</u>] *Speise mit Tierblut: Blut mit Zwiebeln und Speck in der Pfanne angebraten, wie Schmarrn zerbröckelt und dann Kartoffeln mitgebraten.*

Schwaßnuddl, di (NOM. PL. SCHWAßNUDDL) [„Schweißnudeln", siehe dazu auch → <u>Schwaß</u>] *Blutnudeln (Nudeln, deren Teig das beim Schlachten anfallende Tierblut beigemengt wird).*

Schwednraita, do (NOM. PL. SCHWEDNRAITA) [Herkunft unklar; sowohl „Schweden" als auch „Schwaden" könnten eine Rolle gespielt haben, wobei bei Ersterem der inhaltliche Bezug unklar ist.] *Heutrocknungsgerät auf dem Feld: senkrechte Pfähle, zwischen denen übereinander mehrere Drähte gespannt werden, auf denen das Gras oder feuchte Heu wie auf Wäscheleinen zur besseren Trocknung bzw. Schutz vor Regen (Wasser läuft außen ab) aufgehängt wird.*

Schweischto, di (NOM. PL. SCHWEISCHTON) *1. Schwester, 2. Nonne, 3. Krankenpflegerin.*

Schwella, do (NOM. PL. SCHWELLA) [„Schweller"] *Schwelle.*

Schwetta, do (NOM. PL. SCHWETTA) [engl. <u>sweater</u> (= *Pullover*)] *Strickjacke, Pullover.*

Schwibbile, s (NOM. PL. SCHWIBBILAN) [mhd. <u>swibel</u> (= *Riegel*), weitere Herkunft unklar; wohl zu einem westgerm. *<u>swib-æ-</u> (= *schweben*), vgl. engl. <u>swivel</u> (= *schwenken, sich um einen Angelpunkt drehen*), damit verwandt mit <u>schweben</u> und <u>schweifen</u>] *kleiner Schließmechanismus mit Öse und Haken (an Fenstern, Gattern, Truhen usw.).* {026, 019}

Schwomm, do (NOM. PL. SCHWEMME) [„Schwamm"] *Pilz (hauptsächlich der Fruchtkörper von Pilzen, z.B. Steinpilze, Knollenblätterpilze, aber auch Baumschwämme; mikroskopische Pilze wie z.B. bei Infektionen oder Schimmelpilze werden im Sextnerischen wie in der Standardsprache <u>Pilz</u> genannt.)*

Schworte, di (NOM. PL. SCHWORTN) [„Schwarte"] *1. Schwarte (Haut des Schweins, z.B. gekocht oder am Speck mit geräuchert), 2. äußerste Bretter beim Zersägen eines Baumstamms zu Brettern, mit halbrundem Querschnitt, mit Rinde oder Rindenrest.*

Schworzklommischte, di (NOM. PL. SCHWORZKLOMMISCHTN) [„schwarz" + vll. „klamm" in seiner älteren Bedeutung *zusammengedrückt* als *geduckt*, was den geduckten Gang der Amsel beschreiben würde] *Amsel.* {026}

se *unbetonte Form von <u>sich</u>.*

sè (REPREHENSIVPRONOMEN) [„Selbiges", ahd., mhd. <u>selb</u> (= *selb, selbst*), zu indogerm. *<u>se-</u> (= *abgetrennt, alleinstehend*)] *wiederaufgreifendes Pronomen: jenes/das (was gemeint ist, was gesagt wurde usw.). Es wird nicht demonstrativ gebraucht (dieser Fehler wird von Sprechern anderer deutscher Varietäten oft gemacht), da es nie für neue Informationen im Satz gebraucht wird, sondern immer nur für bereits Erwähntes, welches dann mit dem Pronomen wieder aufgegriffen wird.*

sea (AUFFORDERUNGSPARTIKEL) [Herkunft unklar, mögl. „sieh"] *„Nimm es nur", „bitte, nimm".*

Sea, do (NOM. PL. SEABE) *See.*

Seache, di (NOM. SEACHN) [Herkunft unklar, vll. von → <u>Seachte</u> bzw. zu ahd. <u>seihhen</u>, mhd. <u>seichen</u> (= *tröpfeln lassen, rinnen lassen*), aus germ.

*seihw-a- (= *tröpfeln, seihen*)] *1. Aschenlauge, 2. allgemein: Lache.*
{026}

Seachte, di   (Nom. Pl. Seachtn) [ahd. sehstāri (= *Sester (*= ein Hohlmaß*), Ei-mer*), mhd. sehster, sechter u.a. (= *Scheffel, Sester, Gefäß*), das ahd. aus lat. sextārius (= ein Hohlmaß, wörtl. *Sechstel(-behälter)*)] *großer Kessel, oft aus Kupfer, speziell: eingemauerter Kessel zum Auskochen der Wäsche.* {029}

seare   (Adj.) [ahd. sēr (*traurig, übel, schmerzlich*), mhd. sēr (= *wund, verletzt, leidend*), zu germ. *saira- (= *schmerzend, verwundet, traurig*)] *wund, ge-rötet.* {029}

Sech, s   (Nom. Pl. Seche) [ahd. seh, mhd. sech(e). Entlehnt aus einem in lateinischer Form nicht bezeugten, aber durch die romanischen Spra-chen vorausgesetzten lat. *secum/*seca, einer Rückbildung aus lat. secāre (= *schneiden*; vgl. „Säge"). Das Wort muss spät eingeführt worden sein, da im Sextnerischen lautlich *Seach zu erwarten wäre.] *Sech: ein spezielles Messer, das senkrecht mit etwas Abstand vor der Pflugschar ange-bracht war und zunächst die Erde aufschnitt, bevor sie die Schar bzw. die Seitenbleche wendeten.*

sechn   (Verb) *sehen.*

seg̊g̊ant   (Adj.) [v. ital. seccante (= *lästig, unangenehm*), zu ital. seccare (= auf die Nerven gehen, wörtl. *dörren, austrocknen*)] *1. nörgelnd, 2. peinlich genau, 3. lästig.*

seg̊g̊iorn   (Verb) [v. ital. seccare (= *auf die Nerven gehen*, wörtl. *dörren, aus-trocknen*)] *piesacken, hänseln.*

Seichta, do   (Nom. Pl. Seichta) [ahd. sehstāri (= *Sester (*= ein Hohlmaß*), Ei-mer*), mhd. sehster, sechter u.a. (= *Scheffel, Sester, Gefäß*), das ahd. aus lat. sextārius (= ein Hohlmaß, wörtl. *Sechstel(-behälter)*)] *Eimer.* {029}

Seige, di   (Nom. Pl. Seign) [wahrscheinl. mhd. sege (= *Neige*)] *Senke.* {029}

seigerug̊g̊at   (Adj.) [siehe unter → Seige + „Rücken", also „senkrückig"] *ein Hohlkreuz habend, übertragen: schief, aus der Form geraten.*

seittamo   (Adv.) [„so-getan" (= *so geartet*) + einmal, also *solchmals*] *in sol-chen Fällen.*

seittan   (Adj.) [mhd. sōgetān (= *so geartet, so beschaffen*)] *so geartet, solch.*
{029}

selchn   (Verb) [mhd. selhen (= *trocknen*), vereinzelt ahd. arselchen (= *getrock-net*), weiter Herkunft unklar] *räuchern.* {026}

sęllamo (Adv.) [„solch-einmal", also *solchmals*] *in solchen Fällen.*

semm (Reprehensivadverb) [mhd. <u>selben</u> (= *an selbigem Ort, zu selbiger Zeit*), zu ahd. <u>selb</u> (= *selber, derselbe*); vgl. thüringisch <u>selbigmal</u> gleicher Bedeutung.] *an dem/jenem Ort, zu der/jener Zeit, in dem/jenem Fall (die/der gemeint ist oder bereits erwähnt wurde).* {015}

Senft, do (Nom. kein Pl.) [„Senf" + prosthetisches (= angefügtes) -t, wahrscheinlich durch Analogie zu ähnlichen Wörtern motiviert] *Senf.*

Sęngase, di (Nom. Pl. Sengasn) [ahd. <u>segansa</u>, <u>segensa</u> (= *Sense, Sichel, Sternbild Orion*), mhd. <u>segens(e)</u>, <u>sengse</u>, <u>sense</u> (= *Sense*), v. germ. <u>*segasnō-</u> (= *Sense*) zu indogerm. <u>*sĕk-</u> (= *schneiden*) und somit verwandt mit „Säge"] *Sense.* {029}

Sęppate, do (Nom. kein Pl.) [„der Seppelige" – substantivierte Form einer Adjektivableitung von Vornamen (gibt es auch von anderen Vornamen), also *der, der ein Seppel ist/den man Seppel nennt*; die Motivation für dieses Phänomen ist nicht ganz klar; vll. ist es scherzhaften Ursprungs oder dient der respektvollen Rede über nicht Anwesende (die Form wird nie in der direkten Anrede verwendet), womit Vornamen dann je eine Form für die Rede über jemanden und eine für die direkte Anrede hätten.] *Josef (Sepp(-el)).*

Sịbbile, s (Nom. Pl. Sibbilan) [„Sieblein"] *rechteckiges Sieb zum Reinigen von Heidelbeeren.*

sịffon (Verb) [wahrscheinlich iterativ/diminutiv zu ahd. <u>sūfan</u>, mhd. <u>sūfen</u>, <u>soufen</u> (= *saufen, schlürfen, trinken, versinken*), v. germ. <u>*sūpan</u> (= *schlürfen, saufen*), zu indogerm. <u>*seu-</u> (= *Saft, feucht, regnen, rinnen, saugen*); mögl. ist auch ein Einfluss von → <u>safon</u> und der dort aufgeführten Etymologie.] *langsames Austreten einer Flüssigkeit, meist durch ein Gewebe, besonders das Nässen einer Wunde.* {029}

Sịgrant, do (Nom. kein Pl.) [wahrscheinl. zu lat. <u>sacrum</u> (= *Heiligtum*), mit derselben lautlichen Veränderung wie bei <u>Sigrist</u> (= *Küster, Mesner*), das auf lat. <u>sacrista</u> zurückgeht; vgl. dazu die Bezeichnungen der Pflanze anderswo im dt. Sprachraum nach dem Muster „Hergottsschuhe", „Himmelsschlüssel", „Frauenschühlein" usw.; das -nt der Endung gehört zu einer Klasse von Wörtern, die oft eine Substanz, ein Material oder eine Pflanze bezeichnen; die Endung ist im Laufe der Zeit durch den Zusammenfall verschiedener lautlicher Phänomene entstanden und dann auch zur Bildung neuer Wörter verwendet worden. Siehe dazu → Einleitung: Abschnitt „Besonderheiten des Wortschatzes"] *Buchsbaumblättrige Kreuzblume (Polygala chamaebuxus).*

Abb. 21: do Sigrant = Buchsbaumblättrige Kreuzblume

Sịllgan (Nom.) [Das -g- ist der Koartikulation, also zusammenwirkenden Aussprache verschiedener Laute geschuldet: Die Zungenstellung bei -g- liegt zwischen der von -l- und -a-; rasche Aussprache kann dann noch einen Verschluss des Rachensegels (im Mund hinter dem Gaumen) bewirken und das so entstandene -g- verdrängt das ursprüngliche -i-.] *Sillian (Ort in Osttirol).*

sinndl (Verb) [„sinneln": iterativ/diminutiv zu ahd. sinnan (= *sinnen, denken, gehen*), mhd. sinnen (= *sinnen, denken*), v. germ. *senþnan (= *gehen, fahren*), zu indogerm. *sent- (= *gehen, empfinden*)] *über etwas nachdenken/sich den Kopf zerbrechen.* {029}

Sịoßwiřzl, s (Nom. Pl. Sioßwiřzlan) [„Süßwürzlein"] *gewöhnlicher Tüpfelfarn (Polypodium vulgare); wegen seiner lakritzartig-süßen Wurzeln in der Standardsprache auch* Engelsüß *genannt.*

sirfl (Verb) [mhd. sürfeln, v. lat sorbēre (= *verschlingen, einschlürfen*), zu indogerm. *srebʰ- (= *schlürfen*)] *schlürfen.* {029}

sịrig (Adj.) [ahd. sērag, mhd. sērec, zu germ. *sairaga- (= *traurig, betrübt*), zu indogerm. *sāi- (= *Schmerz, Krankheit, versehren*)] *gereizt, schlecht gelaunt.* {029}

Sịtznplạiba, do (Nom. Pl. Sitznplaiba) [„Sitzenbleiber"] *Schüler, der die Klasse wiederholen muss (ugs. „sitzen geblieben" ist).*

Sọcktuịch, s (Nom. Pl. Socktiocho) [„Sacktuch", „Sack" = *Hosentasche*] *Taschentuch.*

Sọgra, s (Nom. kein Pl.) [ahd. sagarāri, mhd. sag(e)rære, sagrer (= *Sakramentshäuschen, Sakristei, hl. Maria*), v. lat. sacrārium (= *Heiligtum*)] *Sakristei.* {029}

soịdn (Verb) *sieden, in Wasser kochen; „soidn awwe Garnlan" = „heftig kochen" (kochen, wie Garnbündel, welche bei der Herstellung heftig gekocht wurden).*

Sọlant, do (Nom. kein Pl.) [„Salat" + -n-; das -n- in der Endung -nt ist nicht ursprünglich, sondern in Analogie zu anderen Wörtern mit ursprünglichem -n- vor -t in der Endung (z.B. Partizipien) eingefügt worden – die Endung -nt ist typisch für Wörter, die Substanzen, Materialien oder Pflanzen bezeichnen; siehe dazu → Einleitung: Abschnitt „Besonderheiten des Wortschatzes"] *Salat.*

Sọlantplẹittsche, di (Nom. Pl. Solantpleittschn) [„Salat" + siehe unter → Pleitsche] *(großes) Salatblatt.*

Sǫldo, do (NOM. PL. SEILDO) [mhd. sölere, soller (= Söller/Altane, Galerie, Vorplatz, Dachboden), v. lat. sōlārium (= der Sonne ausgesetzter Ort)] *Balkon.* {029}

Sǫldotǫucke, do (NOM. PL. SOLDOTOUCKN) [siehe unter → Soldo + ahd. tokka (= Puppe, Docke), mhd. tocke (= Puppe, Docke, Holzwalze, Stützholz), v. germ. *dukkōn (= etwas Rundes)] *Trägerholz am Balkon.* {029, 026}

Sǫlfant, do (NOM. KEIN PL.) [ahd. salbeia, salveia, mhd. salbei(e), salvei(e), v. germ. *salvia, dieses aus lat. salvia, zu salvus (= wohlbehalten, gesund), zu indogerm. *solo- (= wohlbehalten, ganz); das -nt der Endung gehört zu einer Klasse von Wörtern, die oft eine Substanz, ein Material oder eine Pflanze bezeichnen; die Endung ist im Laufe der Zeit durch den Zusammenfall verschiedener lautlicher Phänomene entstanden und dann auch zur Bildung neuer Wörter verwendet worden oder an bestehende angehängt. Siehe dazu → Einleitung: Abschnitt „Besonderheiten des Wortschatzes"] *Salbei.* {029}

Sǫnzta, do (NOM. PL. SONZTA) [abgeschliffene Form von „Samstag"] *Samstag.*

Sǫule, di (NOM. PL. SOUL) *Sohle.*

sǫuttrat (ADJ.) [wahrscheinl. v. ahd. sod, mhd. sōt (= Siedendes, Sud, Aufwallen)] *aufgedunsen.* {029}

stampat (VERB) [wahrscheinlich wie standarddt. stämmig zu „Stamm", mögl. über ein nicht bezeugtes mhd. *stammbecht (= „stammig")] *stämmig (auch bei Babies).*

suddl (VERB) [ahd. solōn (= beschmutzen, besudeln, sich in der Suhle wälzen), mhd. sudelen (= beschmutzen)] *schmieren, klecksen.* {029}

Sụie, di (NOM. PL. SUIDN) [unklare Herkunft, mögl. zu mhd. sūlen, sulwen, (= besudeln, mit Kot beschmutzen, im Kot wälzen), mögl. Vermischung mit mhd. seige (= Senke) und/oder mhd. sīfe (= langsam fließender sumpfiger Bach)] *Abflussrinne (in Feld und Stall).* {029}

Sụmant, do (NOM. KEIN PL.) [mhd. samīt, entlehnt aus altfranz. samit oder aus einem diesem zugrundeliegenden mittellat. sametum, samitum, älter examitum, das aus mittelgriech. ἑξάμιτον (exámiton) stammt. Dieses aus griech. ἕξ (héx = sechs) und μίτος (mítos = Faden) für ein ursprünglich in Ostrom hergestelltes sechsfädiges Seidengewebe. Das -n- in der Endung -nt ist nicht ursprünglich, sondern in Analogie zu anderen Wörtern mit ursprünglichem -n- vor -t in der Endung (z.B. Partizipien) eingefügt worden; siehe dazu → Einleitung: Abschnitt „Besonderheiten des Wortschatzes"] *Samt.* {026}

Abb. 22: do Soldo = Balkon

sumantig (ADJ.) [siehe unter → Sumant] *samtig.*

sumpon (VERB) [entweder von mhd. sumberen (= *die Pauke schlagen*), von ahd. sumbarī (= *geflochtener Korb*), mhd. sumber (= *Korb, Geflecht, Bienenkorb, Getreidemaß, (Hand-)Trommel*), oder von mhd. summen (= *summen*) oder einer Vermischung der Beiden] *quengeln, nörgeln.* {029}

Surbla, do (NOM. PL. SURBLA) *siehe unter → Surla.*

Sure, di (NOM. PL. SURN) [Substantiv zum unter → surn Dargelegten; also *(Würz-)Flüssigkeit*] *Marinade, in der Fleisch vor dem Räuchern eingelegt wird.*

surilan (VERB) [→ Sure (= *Marinade, Pökelflüssigkeit*) + produktives Suffix -ilan (= *nach etwas riechen, aussehen, anmuten*), also *würzig/nach Marinade riechen*] *abwertend für „würzig riechen", streng riechen.*

Surla, do (NOM. PL. SURLA) [v. surren (17. Jh.), wahrscheinlich ein Diminutiv dazu] *Kreisel.* {026}

surn (VERB) [ahd., mhd. sūr (= *sauer, scharf, bitter*), auffällig ist der ausgebliebene Lautwandel -ū- >-au-, wie er bei sauer erfolgt ist. Dieser ist wohl auf die Auseinanderentwicklung der Bedeutungen der beiden Lautformen zurückzuführen. Sūr hatte in germ. und indogerm. Zeit auch die Bedeutungen *feucht* und *salzig*, wovon letztere im litauischen Wort für *salzig* sū́ras und im russ. für *Käse* сир (lies „sir") erhalten geblieben ist. Im Dt. scheint bei der Lautform mit -ū- bzgl. die Bedeutung *feucht* oder *flüssig*, wenn auch mit einem Bezug zum Würzen, zur zentralen Komponente geworden zu sein.] *pökeln.* {026}

Surwonne, di (NOM. PL. SURWONN) [siehe unter surn + „Wanne"] *Holzgefäß zum Fleischpökeln und Marinieren vor dem Räuchern.*

Sutzeissile, s (NOM. PL. SUTZEISSILAN) [wahrscheinl. von mhd. süeze, suoze, sūze (= *süß*) + „Nessel" (mit falsch abgetrenntem N-), also „Süßnesselchen", von den süß schmeckenden Blütenständen] *Taubnessel (Pflanzen der Gattung Lamium).* {029}

sutzl (VERB) [lautmalend, mögl. zu ahd. tutto, mhd. tutte/titte (= *Brustwarze, Zitze*), welches selbst lautmalerisch und/oder aus der Kindersprache sein könnte] *saugen.* {029}

suzn (VERB) [Herkunft dunkel, mögl. v. mhd. süezen, sūzen, suozen (= *süßen, angenehm machen/sein, sich erquicken*), dann aber wohl unter ungewöhnlicher Beibehaltung des langen u oder von einer selbst bereits abgeleiteten Lautform; andere Möglichkeit: mhd. sunfzen (= *seufzen, beklagen*)] *Zeit vertrödeln.* {029}

Abb. 23: Surla und Gurfl = Kreisel und Murmeln

T

tachiniọrn (VERB) [Herkunft unklar; unsichere Ableitungen von rotwelsch darchenen (= *besuchen*) oder tschech. tahni se (= „*Verschwinde!*")] *sich herumtreiben.* {057}

tachl (VERB) [Herkunft unklar, mögl. dim./iterativ zum kärnt. lautmalerischen tach (Wort, das den Peitschenknall nachahmt), also in etwa *prasseln*] *nieseln.* {015}

tạddlig (ADJ.) [„tadelig", zu mhd., aus dem Niederdt. übernommen tadel (ahd. zādal) (= *Mangel, Gebrechen*)] *mit Behinderung an Gliedmaßen.* {026}

Tạddlsạile, di (NOM. PL. TADDLSAIL) [„Tadelsäule"; die wörtl. Bed. wäre also *Pranger, Schandpfahl*; vll. in der Bedeutung *etwas, woran man eine (böswillige) Handlung knüpft*] *Vorwand.*

tạiflnoamolịnne (INTERJ.) [„(zum) Teufel nochmal hinein", nochmal bedeutet hier *zweimal* und dient als Verstärkung, hinein meint wohl *in die Hölle.*] *„zum Teufel (nochmal)".*

Tạigl, do (NOM. PL. TAIGL) [verhüllende Bildung zu Taifl = *Teufel*] *Teufel, auch als leicht abwertende Bezeichnung für eine männliche Person.*

Tạischtl, di (NOM. PL. TAISCHTL) [ahd. dīhsela, mhd. dīhsel (= *Deichsel*)] *Deichsel.* {029}

tạitsch (ADJ.) [ahd. diutisc, mhd. tiutsch, abgeleitet von germ. *þeudō (= *Volk*), also *zum Volk gehörig/in der Sprache des Volkes* (u.a. im Gegensatz zum Lateinischen)] *deutsch.* {026}

tạmisch (ADJ.) [zu ahd. doum, mhd. toum (= *Dampf, Dunst, Qualm*), also *benebelt*; vgl. standarddt. dämisch und bair. damisch (= *dumm*)] *1. starrsinnig, unnachgiebig, 2. schwindelig (von Schwindel befallen), 3. halb betäubt: „ans tamisch schlogn" = „jemanden halb bewusstlos schlagen".* {026}

Tạmmile, s (NOM. PL. TAMMILAN) [Herkunft unklar, vll. zu → tamisch, oder zu standarddt. taumeln] *leichter Alkoholrausch.*

tangg̃ (ADJ.) [mhd. tenc (= *ungeschickt, link*), weitere Herkunft unklar] *linkshändig.* {029}

Tạngg̃ewotsch, do (NOM. PL. TANGG̃EWATSCHE) [mhd. tenc (= *ungeschickt, link*) + „Watsche", dieses mögl. vom lautmalerischen „Patsche" als *(schlagende) Hand* abgeleitet und vermutlich pejorativ, also *Linkspfote*] *Linkshänder.* {029}

tantl (VERB) [wohl zu mhd. tant (= *Tand, Plunder, Geschwätz*), dessen weitere Herkunft unklar ist (laut Kluge vll. aus dem span. tanto = *Spielgeld*)] *tändeln, herumspielen.* {026}

Tanz, di (NOM. PL. TANZN) [Die hier als Singular gebrauchte Form ist lt. Moser ein Plural (von „Tanz", also „Tänze"), der Plural Tanzn wäre dann sekundär neu gebildet; mögl. ist aber wohl auch ein Zusammenhang mit → tantl.] *Flausen, Marotte: „die Tanz hobm, dass ..."* = *„die Marotte haben, immer zu ...".* {035}

Tąschnfaitl, do (NOM. PL. TASCHNFAITL) [„(Hosen-)Tasche" + Herkunft unklar; mögl. zu mhd. feiten (= *zurechtmachen, ausrüsten, verzieren*) v. lat. facere (= *machen*)] *Taschenmesser.* {029}

Tąse, di (NOM. PL. TASN) [häufig angeführte Ableitung von lat. taxus (= *Eibe*), Entlehnungsweg aber unklar; wahrscheinlicher aus einer kelt. Verkehrsspr. der Alpen in vorröm. Zeit: *dasia (= wohl *Zweig eines Nadelbaums*);] *Zweig eines Nadelbaums.* {035, 022, 026}

tąsig (ADJ.) [mhd. daesic (= *still, in sich gekehrt*), weitere Herkunft unklar] *ruhig, geschlagen (nach Streit oder Aufregung).* {029}

Tątlkruma, do (NOM. PL. TATLKRUMA) [„Schublädchenkrämer"; siehe unter → Tot + „Krämer"] *von Hof zu Hof wandernder Krämer mit hauptsächlich Kurzwaren (Nadeln, Fingerhüte, Broschen...) in einem Holzschrank am Rücken mit vielen kleinen Schubladen .*

Haint missat do Tatlkruma kemm

Noch weit über die Mitte des 20. Jahrhunderts hinaus waren in Sexten die Bauern noch hauptsächlich Selbstversorger, wie auch anderswo in ländlichen Gebieten. Eingekauft wurden nur einige wenige Dinge, die selbst nicht produziert wurden oder werden konnten. *Zuğğo* (Zucker) und *Tirğa Mel* (Maismehl – Mais wurde früher „Türkenkorn" genannt – siehe → *Tirğe*) kaufte man in großen Säcken *pa Mittomilla* (beim „Mittermüller" Haus – das war die Mühle in der Dorfmitte) und beförderte sie mit Pferd und Wagen nach Hause. Einmal wöchentlich trat die Bäuerin selber den Weg *ins Derfl* (in den Dorfkern) an, um *a Kibbile Mamiladde* (ein Eimerchen Marmelade), *a por Pomorantschn* (ein paar Orangen), *awwin Zwirn* (etwas Zwirn) *oddo a poor Schuichneischtl zi kafn* (oder ein paar Schuhbänder zu kaufen).

Daneben gab es noch eine andere Handelsform, mittels derer man Waren erwerben konnte: *di Kruma* (die Wanderkrämer). Im Frühjahr, Herbst oder Win-

ter schauten sie vorbei, die Krämer aus dem Fersental, einer deutschen Sprachinsel in der italienischsprachigen Nachbarprovinz Trentino, südlich von Südtirol. Kilometerweite Strecken legten sie zurück, um ihre Ware feilzubieten.
Schwer beladen mit der *Kraxe* (Rückentrage) am Rücken stapfte er daher, der
anaugate Kruma (einäugige Krämer). Die Bauernkinder verschwanden lautlos
aus der Stube, wenn er klopfte und zur Tür hereinlugte. Zu geisterhaft erschien
den Kleinen das Aussehen dieses älteren Mannes mit nur einem Auge. Er war
aber eigentlich herzlich, amüsant und vor allem ehrlich. Völlig verschwitzt vom
Tragen der schweren Last ließ er sich auf der Ofenbank nieder und zeigte nach
kurzer Rast seine verschiedenen Stoffe her: Schürzenstoff, Hemdenstoff, Ho-
senstoff und Bänder für die *Haiplochn* (Heuplanen, in welche die Bauern mehrere Kubikmeter große Heubündel schnürten, um sie auf den Schultern tragen
zu können). Einiges wurde ihm abgekauft und er bekam zu essen, wenn gerade
Essenszeit war. Übernachtet hat er *pan Gottra afn Schtubbmoufn* (am Gatterer-
hof auf dem Stubenofen).

Nicht nur Krämer mit Stoffen zogen vorbei, auch *do Tatlkruma*. Seine Krä-
merware ließ sich nur sehr umständlich transportieren. Er trug eine Kiste aus
Holz mit vielen kleinen Schubladen (*Tatlan* – er war also der „Schubladenkrä-
mer") auf dem Rücken – sperrig und hart. Wenn die Tage näher kamen, an denen er wieder kommen sollte, eilten die Schulkinder nach Hause, um ihn nicht
zu versäumen. Er war der Einzige, der auch etwas für Kinder dabei hatte. Stand
die Kiste erst mal wieder auf dem Stubentisch eines Bauernhofes, guckten alle gespannt, was sich wohl in jeder dieser vielen Schubladen verbarg: Knöpfe,
Zwirn in allen Farben, Sicherheitsnadeln, Reißverschlüsse, *Haftlan* (Haken und
Ösen) und *Drucka* (Druckknöpfe), Broschen u.v.m. Da bekam schon ab und zu
ein Mädchen von seiner Mutter eine Brosche für ihr Sonntagskleid. Über Jahre
wurde das Glitzerstück getragen, geschätzt und gehütet. Erinnerungen an die
Einkehr des *Tatlkruma* sind an Nostalgie kaum zu überbieten. Allein der Ge-
danke an die Farbenpracht des bunt gemischten Kleinkrams ließ Kinderherzen
höher schlagen, wenn es hieß: Heute müsste der Kleinkrämer kommen.

Tạtte, do (Nom. Pl. Tattn) [ahd. atto (= *Ahne, Vorfahr*), mhd. atte (= *(Groß-)
Vater*), v. germ. *attō-, zu indogerm. *ătos, *atta (= *Vater, Mutter*)] *Vater.*
{029}

Tạube, di (Nom. Pl. Taubm) [1.: zuerst nur mhd. dūge belegt, entlehnt aus
mittellat. doga, im 15. Jh. taucht dann auch eine Form mit -b- auf, die von
der zweiten Form des genannten mittellat. Wortes, dova, abgeleitet ist;
die mittellat. Formen v. griech. δοχή (doché = *Aufnahme, Empfang, Gefäß
im Körper*); 2.: ahd. tūba, mhd. tūbe] *1. Daube (= Holzteile, die die Wand*

eines Fasses bilden), 2. *Taube (Vögel aus der Familie Columbidae)*. {026, 029}

Teare, di (Nom. Pl. Tearn) [ahd. terien, mhd. teren (= *verletzen, schädigen*), zu germ. *der- (= *schaden*), zu indogerm. *dʰō- (= *schärfen*)] *Ohrfeige.* {029}

tearisch (Adj.) [„törisch", zu mhd. tōr (= *Narr, Dummkopf, Irrsinniger, Tauber – Dummheit und Taubheit wurden in einem engen Zusammenhang gesehen*)] *schwerhörig.* {029}

teibilan (Adj.) [→ teibm produktive Nachsilbe -ilan (= *nach etwas aussehen, riechen, anmuten*)] *modrig riechen.*

teibm (Verb) [mögl. aus dem Jenischen (von (Halb-)Nomaden und sozial Ausgestoßenen gesprochene deutsche Sprache/Dialekt) tebern (= *rauchen*) entlehnt, dieses selbst ist wohl gleichen Ursprungs wie mhd. touben, töuben, douben (= *betäuben, blenden, bedrängen, vernichten*) zu germ. *daubēn, ahd. toubēn (= *taub werden*), welches auf indogerm. *dʰeubʰ- (= *stieben, rauchen, verdunkeln*), also *benebeln* zurückgeht. Es ist auch eine direkte Entwicklung der Bedeutung ohne Umweg über das Jenische denkbar, da das dort vorhandene -r- erst sekundär wieder hätte getilgt werden müssen – mhd. töuben (= *betäuben, blenden, dämpfen, töten*) würde lautlich um einiges besser passen und hatte vll. damals schon im Alpenraum die Nebenbedeutung *rauchen* (welche ja *dämpfen* sehr nahe steht).] *(sichtbar) dampfen (z.B. vor Schweiß; für Tiere und Menschen verwendet).* {011, 029}

Teiggile, s (Nom. Pl. Teiggilan (Dim.)) [„Tiegelchen"] 1. *kleiner Behälter,* 2. *kleines Kind.*

Teigl, do (Nom. Pl. Teigl) [ahd. tegel (= *Tiegel, Tongeschirr*), mhd. tegel, tigel (= *Tiegel*), v. lat. tēgula (= *Dachziegel*), bei der Bedeutung mag griech. τάγηνον (tágenon = *(irdene) Bratpfanne*) eine Rolle gespielt haben.] *Tiegel.* {029, 026}

teippm (Verb) [vermutl. zu mhd. touben, töuben, douben (= *betäuben, blenden, bedrängen, vernichten, töten*)] *stopfen, sättigen, einbremsen, unter Kontrolle bringen (z.B. Feuer).* {029}

Teite, do (Nom. Pl. Teitn) [ahd. toto, mhd. tot(t)e (= *Taufpate*), kindliche Lallformen für ahd. gota (= *Patin*) zu altnordisch goðe (= *Priester, i.S.v. der zu den Göttern Gehörige*)] *Taufpate.* {026}

Tenn, do (Nom. Pl. Tenne) [ahd. tenni, tenna, mhd. tenne (= *Tenne, Fußboden*), v. germ. *danjō (= *Tenne*), zu indogerm. *dʰen- (= *(Hand-)Fläche, Brett*)] *Flur im ersten Stock des Bauernhauses.* {029}

Tepp, do (Nom. Pl. Teppm) [abgeleitet von mhd. tāpe (= *Pfote*), also eigentlich *einer, der wie mit Pfoten (statt mit geschickten Händen) vorgeht*] *Depp;* „*Ott di do Tepp gschtraft?*" = „*Bist du komplett wahnsinnig?*", wörtl. „*Hat dich der Depp gestreift?*", wohl in Anlehnung an „*vom Blitz gestreift werden*".

teppat (Adj.) [„deppert"; abgeleitet von mhd. tāpe (= *Pfote*), also eigentlich *wie mit der Pfote (statt mit der geschickten Hand) vorgehend*] *dumm, blöd.* {026}

terchn (Verb) [lt. Moser eigentlich tärchen (= *betteln gehen*), aus dem Rotwelschen und in unterschiedlicher Lautform im dt. Sprachraum vorhanden (talfen, talchen)] *herumstrolchen, immer unterwegs sein.* {035}

Teřze, do (Nom. Pl. Teřzn) [bair.-österr.: Terz (= *mit drei Jahren kastrierter Ochse*) v. lat. tertius (= *Dritter*), also *dummer Ochse*] *schwerfälliger, dummer Mensch.* {015}

Teschǧe, do (Nom. Pl. Teschǧn) [ital. testa (= *Kopf*), v. mittellat. testa (= *Tongefäß, meist für Flüssigkeiten*), dessen Herkunft selbst unklar ist] *1. großer Kochtopf, 2. (großer) Kopf (abwertend).*

Texnagile, s (Nom. Pl. Texnagilan) [älter fachsprachl. Dechsnagel (= *Nagel zum annageln der Schuhsohle an den Oberteil des Schuhs*), mögl. verwandt. mit Dechsel, welches selbst aber v. ahd. dehsa (= *Querbeil*, mögl. v. einem Verb für *weben, fügen*) – der Zusammenhang ist nicht klar.] *kleiner Nagel (ca. 1-2 mm dick).* {014}

tickn (Verb) [zu mhd. mhd. tuc, duc (= *schnelle Bewegung, böser Streich*), weitere Herkunft unklar] *1. necken, piesacken, 2. kaputt machen.* {026}

tinschtig (Adj.) [„dünstig"] *dunstig.*

Tippl, do (Nom. Pl. Tippl) [ahd. tubil, mhd. tübel (= *Dübel, Holznagel*)] *1. Verschlusspflock fürs Zugluftloch am Bauernofen, 2. Holzdübel; daher auch: „kan Tippl hobm" = „bettelarm sein" (also nicht mal etwas so wertloses wie einen Holzdübel haben).* {029}

tirǧa Milchmuis (Adj. + Nom. kein Pl.) [siehe unter → Tirǧe] *Milchmus mit Polentamehl.*

Tirǧe, do (Nom. Pl. Tirǧn) [„Türke(-nkorn)"; „türkisch" bedeutete am Anfang des 16. Jh. allgemein *fremdländisch* oder *übers Meer gekommen*: Die geographischen Begriffe waren zu jener Zeit noch wenig genau; „Westindien" (= *Amerika*) und „Ostindien" (= *Indien*) standen noch in engem gedanklichem Zusammenhang und auch das Land der Türken wurde davon oft nicht genau unterschieden (vgl. Botaniker Leonhart Fuchs aus dem 16. Jh.: De historia stirpium: „[...] e Graecia autem vel Asia in Germaniam venit, unde turcicum frumentum appellatum" – „Es kam aus Griechenland oder auch Asien in deutsche Lande und wurde daher türkischer Weizen genannt". Die Bedeutung *Sturkopf* ist wahrscheinlich eine abwertende Übertragung vom Volk der Türken, das ein gefürchteter Kriegsgegner war, auf Personen.] *1. Mais, 2. Türke.* {049}

tirmisch (ADJ.) [zu mhd. <u>türmelen</u> (= *Schwindel verspüren, taumeln*), zu ahd. <u>tūmilōn</u> (= *taumeln*)] *1. schwindelig: „I bin tirmisch" = „Mir ist schwindlig", 2. starrköpfig.* {029}

Tirschlitze, di (NOM. PL. TIRSCHLITZN) [wahrscheinl. zu mhd. <u>sliz</u> (= *Schlitz, Spalte*), also dann *das, was den Türspalt öffnet*] *Türklinke.* {029}

Tirschnolle, di (NOM. PL. TIRSCHNOLL) [mhd. <u>snal</u> (= *Schnall = eine rasche Bewegung, das Schnalzen mit den Fingern, das Zuklappen einer Falle u.ä.*), später <u>snalle</u> für einen Mechanismus mit einer solchen Bewegung und erweitert auf *Schuhschnalle* usw.] *Türklinke.* {026}

tischğiriorn (VERB) [lat./ital. <u>discutere</u> (= *diskutieren*)] *plaudern.*

Tisl, do (NOM. PL. TISL) [im 16. Jh. aus dem Niederdt. übernommen: <u>Dusel</u> (= ursprünglich *Schwindel, Rausch, Schlaf*), gehört zu <u>dösen</u> und <u>Dussel</u>.] *Grippe.* {026}

Titte, do (NOM. PL. TITTN) [ahd. <u>tutto</u>, mhd. <u>tutte</u>/<u>titte</u> (= *Brustwarze, Zitze*), welches selbst lautmalerisch und/oder aus der Kindersprache sein könnte] *Zitze.* {026}

toarlass (ADJ.) [„törlich", v. mhd. <u>törlich</u> zu mhd. <u>tōr</u> (= *Narr, Dummkopf, Irrsinniger, Tauber*); der s-Laut in der Endung ist unregelmäßig.] *taub (gehörlos).* {029}

Toarweiğğe, do (NOM. PL. TOARWEIĞĞN) [zu mhd. <u>tōr</u> (= *Narr, Dummkopf, Irrsinniger, Tauber*) + „Wecken" (*Brotlaib*), v. mhd. <u>wecke</u>, <u>wegge</u>, ahd. <u>weggi</u>. Das Wort bedeutet in der älteren Sprache auch *Keil* (wie altnord. <u>veggr</u>, altengl. <u>wecg</u>), offenbar war ursprünglich ein keilförmiges Gebäck so bezeichnet. Der zweite Teil dient wohl der Verstärkung des ersten, also *jemand, der so taub ist, wie ein Laib Brot.*] *schwerhöriger Mensch (abwertend).* {029}

toatgilegn (ADJ.) [„totgelegen"] *einsam, in der Einöde.*

Tochtl, di (NOM. PL. TOCHTL) [Herkunft nicht sehr klar: Als Ausgangspunkt lässt sich germ. <u>*þak(k)-</u> (= *berühren*) vermuten, vgl. auch lat. <u>tangere</u> (= *berühren*).] *Ohrfeige.* {026}

Tọde, di (Nom. Pl. Todn) [mhd. tāle, tōle, tāhele: erweiternde l-Bildung zu ahd. tāha, mhd. tāhe, im Sextnerischen hat wohl eine Assimilation zum Wandel von -l- zu -d- geführt.] *Dohle.* {026}

Tọfflrume, di (Nom. Pl. Tofflrum) [„Tafelrahmen"] *Bilderrahmen.*

Tol, s (Nom. Pl. Teildo) *Tal.*

Tọlǧe, do (Nom Pl. Tolǧn) [Herkunft unklar, vermutl. zu „Talg", dieses übernommen aus dem Niederdeutschen: mndd. talch; ein Zusammenhang mit got. tulgus (= *fest*) ist denkbar, die Ausgangsbedeutung wäre dann etwa *steife Masse.*] *zäher, (zu) trockener Teig.* {026}

Tolm, do (Nom. Pl. Tolm) [ahd., mhd. twalm (= *Betäubung, betäubender Dunst*); es liegt also hier das im Mhd. häufiger vorkommende Motiv *Benebelung* (vgl. → tamisch) für geistige Beeinträchtigungen vor. Der Bezug zwischen dem Tiernamen und der abwertenden Bezeichnung für Menschen ist nicht klar.] *1. dummer Mensch, 2. Dolm (auch Groppe genannt; Süßwasserfischart: Cottus gobio).* {029}

tọndon (Verb) *donnern.*

Tọndopluime, di (Nom. Pl. Tondopluim) [„Donnerblume"; die Bezeichnung kommt wahrscheinlich, wie bei einigen anderen Pflanzen (Schaumkraut, Feuerlilie u.a.) daher, dass ihr im Volksglauben nachgesagt wird, Blitze anzuziehen.] *Pfingstrose (Pflanzen der Gattung Paeonia).*

tonggl (Verb) [mhd. tengelen, tengeln, tingelen (= *dengeln, einschlagen auf*), vgl. auch ahd. tangil (= *Dengelhammer*); wohl zu germ. *dengwan (= *schlagen*), zu indogerm. *dʰen- (= *schlagen, stoßen*)] *dengeln: Schneide der Sense durch gezieltes Hämmern dünnklopfen und somit schärfen.* {026, 029}

Tonggl, do (Nom. kein Pl.) [von → tongl abgeleitet] *durch gezieltes Hämmern dünngeklopfter Teil des Sensenblattes, der die Schneide bildet. Nach mehrmaligem Nachschärfen mit dem Wetzstein auf dem Feld ist dieser äußerste dünne Teil verbraucht und die Kante des Sensenblattes muss erneut dünngeklopft – gedengelt – werden.*

Tot, di (Nom. Pl. Tate) [Herkunft unklar, mögl. zu standarddt. Tat als Ableitung von tun, ahd., mhd. tuon, v. westgerm. *dō-, diese aus indogerm. *dʰeh- (= *setzen, stellen, legen*); dann also *das, worin man etwas legt*; das Wort ist mögl. eine Rückbildung zu tatl (= *(Schub-)Lade*), welches seit dem 16. Jh. belegt ist.] *Schublade.* {026, 035}

Totsch, do (Nom. Pl. Tatsche) [wahrscheinl. zum lautmalerischen → totschn; spätmhd. totsch (= *plumper, ungeschickter, beschränkter*

Mensch)] *1. plötzliches, lautes Krachen; „af an Totsch" = „ganz plötzlich"; 2. Tolpatsch.* {015}

tọtschat (ADJ.) [siehe unter → Totsch] *tolpatschig, unbeholfen.*

totschn (VERB.) [lautmalerisch mhd. tetschen (= *patschen, klatschendes Geräusch machen*), davon v. spätmhd. totsch (= *plumper, ungeschickter, beschränkter Mensch*)] *1. knallen, klatschen, patschen, 2. klatschen (tratschen).* {029}

Tọtte, do (NOM. PL. TOTTN) [Herkunft unklar, mögl. Zusammenhang mit → Tolǧe und/oder → Tutte] *1. zäher Klumpen, 2. einfältiger Mann.*

Tọttloffe, do (NOM. PL. TOTTLOFFN) [„Dattelaffe"] *naiver Mensch.*

Tọttomandl, do (NOM. PL. TOTTOMANDLAN) [mögl. analog zu standarddt. Dattermann (= *ein kleiner Kobold, Vogelscheuche*), welches entweder von ält. dt. tattern (= *(vor Angst) zittern*) oder Tatar kommt; es könnten hier also sowohl die kleinen, zittrigen Bewegungen des Salamanders Bedeutungsmotiv sein als auch sein möglicherweise abwertend mit Tataren in Verbindung gebrachtes Aussehen (dunkle Haut).] *Alpensalamander (Salamandra atra).* {015}

tọtton (VERB) [mhd. tateren (= *plappern*), weitere Herkunft unklar] *plappern (erste Kindersprache).* {029}

tọtzn (VERB) [„tatzen"] *tatschen, unerlaubt hinfassen.*

Tọureipfl, do (NOM. PL. TOUREIPFL) [„Dornapfel"] *Hagebutte.*

Tọute, di (NOM. PL TOUTN) [ahd. toto, mhd. tot(t)e (= *Taufpate*), kindliche Lallformen für ahd. gota (= *Patin*) zu altnordisch goðe (= *Priester, i.S.v. der zu den Göttern Gehörige*)] *Taufpatin.* {026}

Tọuttl, do (NOM. PL. TOUTTL) [zu mhd. toderen (= *undeutlich reden, stottern*), oder zu standarddt. Trottel, dieses aus dem österr. Dt. und mögl. zu trotteln (= *planlos umherlaufen*) zu treten] *ungeschickter Mensch.* {029, 026}

Traf, do (NOM. PL. TRAFE) [zu ahd., mhd. trouf (= *Traufe*), zu „triefen"] *Traufe.* {029}

Traichl, s (NOM. PL. TRAICHLAN) [Herkunft unklar, wahrscheinl. zu mhd. drūch (= *Fessel, Falle, Drauche, Not, Schwertgriff, Heft*), v. ahd. druoh (= *Fessel, Kette*) zu germ. *þrūh- (= *ausgehöhlter Baumstamm*), zu indogerm. *treuk- (= *reiben, drehen, bohren*)] *Querholz des Heurechen, in dem die Rechenzinken stecken.* {029, 031}

tratzn (Verb) [mhd. tratzen, weitere Herkunft unklar; verwandt mit standarddt. Trotz, mögl. auch reizen und triezen] *zum Zorn reizen, piesacken.* {026}

Treischto, di (Nom. Pl. Treischton) [ahd. trestir, mhd. trester (= *Trester, Treber, Rückstand beim Bierbrauen oder Weinkeltern*), v. germ. *drahsta- (= *Bodensatz, Trester*), zu indogerm. *dʰer- (= *trüben, Schmutz*)] *Buttersatz (Rückstände bei der Gewinnung von Butterschmalz).* {029}

Tribl, do (Nom. Pl. Tribbl) [mhd. tribel (= *Treibel, Schlägel*) zu mhd. trīben (= *treiben, schieben, wenden*)] *Nudelholz.* {029}

trintschl (Verb) [mögl. Ableitung von mhd. trahen (= *Träne, Tropfen*)] *sabbern und schlürfen beim Essen (z.B. bei älteren Menschen).* {015}

Triole, di (Nom. Pl. Triol) [mhd. triel (= *Lippe, Mund, Schnauze, Maul*), weitere Herkunft unklar] *Lippe.* {029}

Troascht, do (Nom. Pl. Treaschte) [Herkunft unklar, mögl. von der Nebenbedeutung *Geliebte* von mhd. trōst (= *Trost, Beistand, Hilfe usw.*), also von einer allgemein abwertenden Bedeutung für *Frau*] *langweilige, bequeme Frau.* {029}

Troaschtl, di (Nom. Pl. Troaschtl) [ahd. drōskala, mhd. troschel (u.a.) (= *Drossel*)] *Misteldrossel (Turdus viscivorus).* {029}

Trochta, do (Nom. Pl. Trochta) [ahd. trahtāri, trehteri, trihtere, mhd. trahter, trehter, tri(e)hter (= *Trichter*), entlehnt aus früh-rom. *trajectorium (= *Trichter*), zu lat. trāicere (= *hinübergießen, durchgießen*), zu lat. iacere (= *werfen*)] *Trichter.* {029}

trogntig (Adj.) [„tragend(-ig)“, Partizipialadjektiv zu „tragen“ i.S.v. *trächtig sein*] *trächtig.*

Troilile, s (Nom. Pl. Troililan) [zu einem vorröm. trogiu bzw. lat trogium (= *Fußweg*), dessen Herkunft rätisch sein könnte] *Viehtrift, von Zäunen eingegrenzter Viehweg zwischen den Wiesen.* {032}

trootschn (Verb) [wohl zum lautmalenden mhd. ratzen, frühnhd. ratschen (= *klappern*)] *tratschen, klatschen, schwätzen, nichts für sich behalten können.* {026}

Trote, di (Nom. kein Pl.) [ahd. trata, mhd. trat (= *Treten, Tritt, Fährte, Trift, Weide, Viehtritt*), zu „treten“; der Zusammenhang mit dem durch das Wort bezeichneten Gras kommt vll. von tw. als Weidefläche genutztem Brachland.] *brach liegendes Gras auf einem Feld.* {029}

Trouck, s (Nom. Pl. Treigo) [ahd. <u>trog</u>, mhd. <u>troc</u> (= *Trog*), v. germ. <u>*truga-</u> (= *Trog*). Das Wort kann auf ig. <u>*dru-kó-</u> zurückgeführt werden, das eine Zugehörigkeitsbildung zu dem alten Wort für Baum (heute noch in den Wörtern <u>Teer</u>, <u>Holunder</u> sowie im engl. <u>tree</u> zu finden) sein könnte, also etwa *zu einem Baum gehörig*, evtl. als Diminutiv *kleiner Baum*; vermutlich deshalb, weil die alten Tröge aus großen Stücken von Baumstämmen geschnitten wurden.] *Trog.* {026}

Troutsche, do (Nom. Pl. Troutschn) [Herkunft unklar, mögl. Einfluss von bzw. Verwandtschaft mit →<u>Treischto</u>] *Pampe; üppiges, verkochtes Essen.*

Trumm, s (Nom.) [v. ahd. <u>drum</u>, mhd. <u>drum</u>, <u>trum</u> (= *Endstück, Splitter*), bair. Trumm (= *(großes) Stück, Endstück*)] *große Menge.* {026}

Trute, di (Nom.) [spätmhd. <u>trut(e)</u> (= *Zauberin, Hexe*); tw. ein Wesen, das Alpdruck erzeugt: ein Zusammenhang mit „treten" nicht ausgeschlossen. Sonst unklar. Das Pentagramm gilt als Fußabdruck der Druden und heißt deshalb <u>Drudenfuß</u>. Als <u>Drudenstein</u> werden gewisse Steine mit einem natürlichen Loch bezeichnet, die zur Abwehr von Druden verwendet wurden.] *Drude (eine Sagengestalt).* {026}

tschaǧǧilat (Adj.) [Herkunft unklar, mögl. v. ital <u>zoccolo</u> (= *Holzschuh*) und die darin unbeholfene Gehweise oder dieselbe Herkunft wie unter → <u>tschaǧilarn</u> besprochen] *schwächlich.*

tschaǧǧn (Verb) [wahrscheinl. lautmalend] *Geräusch beim Gehen auf sumpfigem Boden (eine Art Schmatzen).*

tschaǧilarn (Verb) [Herkunft unklar, mögl. v. ital. <u>giaciglio</u> (= *Liege, armseliges Bett*); die Lautform spricht jedenfalls für einen romanischen Ursprung.] *herumlungern.*

tschaipon (Verb) [wahrscheinl. v. mhd. <u>zippern</u> (= *trippeln, zittern*), weitere Herkunft unklar] *zittrig sein.* {029, 026}

Tschandowerch (Nom. kein Pl.) [2. Teil: ahd. <u>werk</u> (= *Tat, Werk*), mhd. <u>werc</u> (= *Tat, Werk, Werkstück, vorbereitetes Material*), 1. Teil wenig sicher, mögl.: ahd. <u>zantro</u>, mhd. <u>zander</u> (= *Kohle, Glut, Zunder*); also *etwas, was bestenfalls als Zunder taugt*] *wertloses Zeug.* {029}

tschanggn (Verb) [Herkunft unklar; wahrscheinl. lautmalerisch, und/oder v. mhd. <u>zanegen</u> (= *knurren, den Mund verziehen, klaffen*), dieses mögl. zu „Zahn", also *die Zähne zeigen*; weitere Mögl.: ahd. <u>zanga</u>, mhd. <u>zange</u>, v. germ. <u>*tangō</u> (= *Zange*) zu indogerm. <u>*denk̑-</u> (= *beißen*) bzw. <u>*dek̑-</u> (= *reißen, zerreißen, zerfasern*); mögl. auch beeinflusst durch ital. umgangsspr.

ciunga für *Kaugummi*, welches wahrscheinl. eine abgeschliffene Form v. engl. chewing gum (= *Kaugummi*) ist – die Sache verbreitete sich v.a. durch die US-amerikanischen Besatzer nach dem 2. Weltkrieg in Italien.] *laut und/oder an etwas Zähem kauen.* {029}

tschappl (VERB) [Herkunft unklar, wahrscheinl. lautmalend] *schmatzen.*

tschare (ADJ.) [die Etymologie lt. Moser: (t)schädern (= *zerspringen*), ohne nähere Angaben, ist wenig überzeugend; lt. Grüner und Sedlaczek kommt das Wort aus dem Vorarlbergischen und ist eine Kontraktion von zu Scherben → z'Schari, was u.a. lautlich sinnvoller erscheint.] *nur in der Wendung „taschare gion": 1. bankrott gehen, 2. kaputt gehen.* {017}

Tschaupe (NOM. PL. TSCHAUPM) [ahd. skoub, mhd. schoup (= *(Stroh-)Bündel*)] *dickes Büschel, Buschen, füllige Ansammlung von Fasern, Haaren, Federn usw.; „Tschaupe mochn" = „das Gefieder/Fell sträuben".* {029}

tscheadowait (ADJ.) [von ahd. skerdar (= *Türangel*) + „weit"] *sperrangelweit.* {035}

Tscheiġġile, s (NOM. DIM. PL. TSCHEIĠĠILAN) [Herkunft unklar, mögl. v. ital. zoccolo (= *Holzschuh*), als Diminutiv, also *Holzschühchen* und dann in weiterer Folge auf weitere kleine, rundliche Sachen übertragen] *1. Quaste, 2. Kleinkind.*

tschelpon (VERB) [mhd. schellen (= *schallen, lärmen*), ev. unter Einfluss v. mhd. schedelende (= *klappernd*) und/oder späterem nhd. (18. Jh.) scheppern] *metallisch scheppern (z.B. Kuhglocke).* {029, 026}

Tscheppo, do (NOM. KEIN PL.) [Herkunft unklar, mögl. von mhd. (t)schapel (= *Jungfernkranz*, also ein Reinheitssymbol sowie Sinnbild für die hl. Maria), v. altfranz. chapel (= *Kopfbedeckung*)] *nur in der Wendung „kan Tscheppo hobm" = „keinen Zweck haben", „in hoffnungslosem Zustand sein".* {029}

tscheppon (VERB) [18 Jh. scheppern, lautmalend] *scheppern.* {026}

Tscheppra, do (NOM. PL. TSCHEPPRA) [siehe unter → tscheppra] *Rums, plötzlicher Krach (wenn etwas geräuschvoll zu Boden fällt, oder bei einem Verkehrsunfall).*

tscherfl (VERB) [lautmalend] *schlurfen (beim Gehen die Füße nachziehen).*

tscherġat (ADJ.) [Herkunft unklar, mögl. v. ahd. skelah, mhd. schelch, schelb u.a. (= *schief, krumm*), v. germ. *skelha-, *skelhwa- (= *scheel, schief, schielend*), zu indogerm. *(s)kel- (= *biegen, krumm*), oder zu mhd. schorge

(= *Anstoß, Angriff, Verlauf*), zu mhd. <u>schurgen</u> (= *schieben, stoßen, verleiten, treiben*)] *1. schief, 2. hinkend.* {029}

tscherweang̊gat (ADJ.) [siehe unter → <u>tscher̊gat</u> + mögl. „wanken", also dann *schief-wankend*] *verbogen, schief.*

tschi̊g̊gat (ADJ.) [Adj. zu → <u>Tschi̊g̊ge</u>] *üppig, dicht (Haar, Gras usw.).*

Tschi̊g̊ge, do (NOM. PL. TSCHI̊G̊GN) [wahrscheinl. verwandt mit mhd. <u>schoc</u> (= *Zählmaß Schock = 60 Stück; Haufen, Büschel*), vll. sekundär über ital. <u>ciocca</u> (= *Büschel, Strähne*), welches selbst v. <u>schoc</u> entlehnt; mögl. auch zu germ. <u>*skag-</u> (= *hervorstehen*) bzw. <u>*skaggja</u> (= *Bart*)] *Büschel (z.B. Gras).* {029, 030}

tschi̊g̊gn (VERB) [1. Bedeutung wohl aus dem ital. <u>cicca</u> (= *Kaugummi*, tw. auch *Kautabak*), dieses aus span. <u>chicle</u> (= *Kaugummi*), aus Indio-Sprache Nahuatl: <u>tzictli</u> (= *Kaugummirohstoff aus dem Milchsaft des Breiapfelbaums – Manilkara zapota*); 2. Bedeutung ebenfalls aus ital. <u>cicca</u>, allerdings in der Bedeutung *Zigarettenstummel*, hier abstammend von ital. <u>cica</u> (= *eine Kleinigkeit*, also *der letzte Rest*), dieses aus einer Vermischung v. kindersprachlich <u>*cicc-</u> (= *klein*) und ital. <u>mica</u> (= *nicht*))] *1. (Tabak oder Kaugummi) kauen, 2. Zigaretten rauchen.* {039, 052, 002}

Tschi̊lle, di (NOM. PL. TSCHILL) [wahrscheinlich intensivierende Bildung mit T-Ansatz zu ahd. <u>skāla</u>, mhd. <u>schāle</u> (= *Schale, Trinkschale, Waagschale*), v. germ. <u>*skaljō</u>, <u>*skēlō</u> (= *Schale, Hülse, Muschel*), zu indogerm. <u>*(s)kel-</u> (= *schneiden*, hier wohl i.S.v. *abtrennen*)] *Hülse, Schale von Früchten und Erdnüssen.* {029}

tschi̊ndon (VERB) [wohl hauptsächl. lautmalend, mögl. Zusammenhang mit mhd. <u>schinderen</u> (= *schleppen, schleifen*), bzw. den dabei entstehenden Geräuschen] *klirren, dröhnen.* {029}

tschingg̊l (VERB) [Diminutiv-/Iterativbildung zu mhd. <u>sungen</u>, <u>sunken</u> (= *anbrennen, versengt werden*), also ein <u>*(t)sünkeln</u>] *1. schwelen, anbrennen, versengt werden, 2. zündeln, mit Feuer spielen.* {029}

Tschipl, do (NOM. PL. TSCHIPPL) [ahd. <u>scubil</u> (= *Schübel, Bolzen, Riegel, Büschel*), mhd. <u>schübel</u> (= *Büschel, Haufen, Menge*), ursprüngl. wahrscheinlich *Zusammengeschobenes*] *1. Büschel, 2. stattliche Menge, auch Menschenmenge/-traube.* {029, 026}

tschippl (VERB) [Verb zu → <u>Tschipl</u>] *an den Haaren ziehen.*

tschisn (VERB) [lautmalend] *zischen (z.B. Wasser, das auf eine heiße Herdplatte tropft).*

Tschoape, do (Nom. Pl. Tschoapm) [mhd. <u>schōpe</u> (= *Joppe, Jacke*), entlehnt aus (älterem) it. <u>giubba</u>, <u>guppa</u> (= *Jacke, Wams*), dieses v. arab. <u>ǧubba</u> (= *Oberbekleidung mit langen Ärmeln*)] *1. Trachtenjacke für Frauen, 2. abwertende Bezeichnung für Jacke oder Pullover.* {026}

Tschoch, do (Nom. kein Pl.) [vll. v. mhd. <u>schoc</u> (= Zählmaß *Schock* = 60 *Stück; Haufen, Büschel*), also vll. *(mühsam) Aufhäufen*] *große Mühsal.* {029}

Tscholle, di (Nom. Pl. Tscholl) [ahd. <u>skollo</u>, mhd. <u>schol</u> (= *(Erd-)Scholle, Stück, (Erd-)Klumpen*), v. germ. <u>*skullō-</u> (= *Erdscholle*), zu indogerm. <u>*(s)kel-</u> (= *schneiden, i.S.v. in Stücke trennen*)] *Kotklumpen an den Schenkeln der Stalltiere.* {029}

tschompat (Adj.) [Herkunft unklar, vll. v. ital. <u>zampa</u> (= *Pfote, Tatze, Pranke*) oder zu → <u>Tschoape</u> bzw. → <u>Tschaupe</u>] *zu groß (Kleidung).*

Tschoppl, di (Nom. Pl. Tschopl) [Herkunft unklar, vll. metathetische (vertauschende) Umbildung von →<u>potschat</u> mit Verkleinerungsendung] *unbeholfene Frau.*

tschorgat (Adj.) [Adj. zu → <u>Tschorge</u>] *unbeholfen, bezogen auf den Gang.*

Tschorge, do (Nom. Pl. Tschorgn) [mögl. sekundär augmentativ gebildet zu → <u>tschergat</u>] *ungeschlachter, dummer Mann.*

tschotton (Verb) [lautmalend] *Köcheln einer dickflüssigen Speise (z.B. Polenta).*

Tschouǧǧasock, do (Nom. Pl. Tschouǧǧaseicke) [mögl. v. mhd. <u>schoc</u> (= *Haufen, Heerhaufen, Büschel, Schopf, Mengenmaß, Anzahl von 60 Stück*), weitere Herkunft unklar] *150-kg-Sack.* {029}

tschouǧǧat (Adj.) [Adj. zu → <u>Tschouǧǧe</u>] *zu groß (Kleidung).*

Tschouǧǧe, do (Nom. Pl. Tschouǧǧn) [vermutlich zu ital. <u>ciocco</u> (= *Baumstumpf*, aber auch *dummer Mann*), also *etwas Großes, Schwerfälliges*] *Dummkopf, Einfaltspinsel.*

Tschouǧǧl, do (Nom. Pl. Tschouǧǧl) [ital. <u>zoccolo</u> (= *Holzschuh*), dieses aus lat. <u>soccus</u> (= *leichter Schuh, niedriger Schuh*), v. griech. <u>*σοκχος</u> (sokchos = *leichter Schuh, v.a. v. Komödienschauspielern getragen*)] *Holzschuh, grober Schuh, oder allgemein abwertend für Schuh.* {029}

Tschouǧǧlnogl, do (Nom. Pl. Tschouǧǧlneiggl) [siehe unter → <u>Tschouǧǧl</u> + „Nagel", also *(Holz-)Schuhnagel*] *1. Schuhnagel (an der Unterseite der Sohle, für besseren Halt und weniger Abnutzung), 2. Kaulquappe (wegen ihrer Ähnlichkeit mit kleinen Nägeln).*

Tschoupfmase, di (Nom. Pl. Tschoupfmasn) [„Schopfmeise"] *Haubenmeise (Lophophanes cristatus).*

tschouppm (Verb) [ahd. stophōn, mhd. stopfen, stoppen (= *stopfen, stoßen*), wohl zu lat. stuppa (= *Werg*) bzw. indogerm. *steuə- (= *sich verdichten, sich ballen*)] *stopfen, auch i.S.v. gierig essen, in sich hineinstopfen.* {029}

Tschufitt, do (Nom. Pl. Tschufitte) [wahrscheinl. v. ital. ciuffo (= *(Haar-) Büschel, Schopf*), welches wahrscheinlich selben Ursprungs wie dt. Schopf ist: indogerm. *skeup- (= *Büschel, Schopf, Quaste*)] *wuschelige Frisur.*

tschuğğo (Adj.) [ital. ciucca (= *Rausch*), dieses vll. v. ital. giucco (= *dumm, Dummkopf*), welches zu arab. Giuḥā, einem Eigennamen, der in der Literatur tw. für dumme Figuren verwendet wurde] *betrunken.* {052}

Tschuğļadde, di (Nom. Pl. Tschuğļaddn) *Schokolade.*

Tschungğe, do (Nom. Pl. Tschungğn) [wahrscheinl. zu mhd. sungen (= *anbrennen, versengt werden, glimmen, schwelen*), dieses zu ahd. bisengen, mhd. sengen, zu westgerm. *sangeja- (= *versengen*), also *jemand der nicht richtig in Fahrt kommt, wie ein Schwelbrand*] *träger Mensch.* {029}

tschungğilan (Adj.) [siehe unter → Tschungğe + produktive Nachsilbe -ilan (= *nach etwas riechen, aussehen, anmuten*)] *nach Angebranntem riechen.*

Tschuppe, di (Nom. Pl. Tschuppm) [Moser schlägt lat. juniperus (= *Wacholder*) als Herkunft vor; v.a., da das Deutsche ein eigenes Wort für Wacholder hat sowie lautlich erscheint es wahrscheinlicher, dass der Ursprung etwas aus der Sippe „Schopf" ist, z.B. ahd. scubil (= *Schübel, Bolzen, Riegel, Büschel*), mhd. schubel (= *Büschel, Haufen, Menge*), ursprüngl. wahrscheinlich *Zusammengeschobenes*, also etwas Büschelartiges, wie ein junger Baum] *junger Nadelbaum(-setzling).* {035, 029}

Tschurile, s (Nom. Pl. Tschurilan) [wahrscheinl. zu „scheren" (der Locken), vgl. Schurwolle] *1. Haarlocke, 2. Kind mit gelockten Haaren.* {035}

Tschursche, di (Nom. Pl. Tschurschn) [Herkunft unklar, mögl. slawisch, z.B. tschech. šiška (= *Tannenzapfen*); daher zumindest das nordtirol. Zischge; mögl. auch von einem spätlat. circellus (= *kleiner Kreis*, also *etwas kleines Rundes*); Tschursche scheint seinerseits Eingang in umliegende roman. und slaw. Sprachen gefunden zu haben: ciorciola im Valsugana-Italienischen und slowen. čurčel] *Zapfen der Nadelbäume.* {045}

tschusn (Verb) [Herkunft unklar, vll. nach dem Motiv von etwas langsam Brennendem/Kochendem, dann augmentativ zu → tschisn] *sich langsam bewegen.*

tschweaǧn (Verb) [wahrscheinl. ahd. sweran, mhd. sweren, swergen (= *schmerzen, Schmerz empfinden, eitern*)] *jammern.* {029}

tsouǧǧazn (Verb) [vll. mhd. zocken, Intensivbildung zu „ziehen" + Nachsilbe -(a)tzen, das eigentlich für Schallwörter typisch ist, hier aber iterative Bedeutung haben könnte, also dann *immer wieder ziehen*] *pulsieren an entzündetem Zahn.* {029}

Tuck, do (Nom.) [mhd. tuc (= *Schlag, Stoß, listiger Streich*); weitere Herkunft unklar, vll. lautmalend für einen Schlag] *böser Streich, Gemeinheit: „ame an Tuck untion" = „jemandem etwas Gemeines antun".* {029}

tṷllat (Adj.) [Adj. zu → Tulle, vll. unter Vermischung mit lat. mutilus (= *verstümmelt*), welches z.B. zum nordtirol. muttlat gleicher Bedeutung wie das Sextner Wort geführt hat] *1. ohne Hörner (z.B. Kuh, der die Hörner entfernt wurden), 2. stumpf.*

Tṷlle, do (Nom. Pl. Tull) [Herkunft nicht ganz klar; wahrscheinlich aus dem ital. montone (= *Schafbock*), im Venezian. moltone, dann vll. über Assimilation und Wegfall der Anfangssilbe zu *(mol)tole und schließlich durch leichte Veränderung des Vokals Tulle; wahrscheinlicher v. kelt. *molt-/*mult- (= *Schaf*) – dieses bedeutet u.a. *kastriertes (Tier-)Männchen* und könnte aus lat. mutilus (= *verstümmelt, i.S.v. kastriert*) entlehnt sein; das Wort ist jedenfalls dann über mittellat. multōnem (= *Schafbock*) in verschiedene europäische Sprachen (meist indirekt) eingegangen (vgl. franz. mouton, engl. mutton, ital. montone). Eine Rolle mag auch dt. Dolle (= *Ruderpflock, Holzpflock*) gespielt haben, um die Bedeutung von *stumpf* auszudrücken, die bei Moser angegeben ist.] *1. Widder, Schafbock, 2. bulliger Mensch, 3. sturer Kopf (auf Person oder nur auf ihren Kopf bezogen).* {019, 039, 035}

Tṷllile fiǫton [scherzhaftes Bild, das darin besteht, dass man einen kleinen →Tulle (= *(sturer) Schafbock*) und damit seine eigene Sturheit füttert, wenn man sich gerade beleidigt verhält] *beleidigt sein.*

Tuǫch, s (Nom. Pl. Tiocho) [ahd., mhd. tuoch (= *Tuch, Gewand, Wäsche*); wahrscheinlich metaphorische Bezeichnung, bei der das Kleidungsstück für die Trägerin steht] *liederliche Frau.* {029}

Turn, do (Nom. Pl. Tirme) [ahd. turri, mhd. turn, torn, tor(e)n, tarn; das mhd. wohl unter Einfluss v. altfranz. torz, für das eine Variante *torn durch die Verkleinerung altfranz. tournelle vorauszusetzen ist. Dieses aus lat. turris

(= *Turm*), das wohl die Grundlage von ahd. turri ist. Die standarddt. Form auf -m ist unregelmäßig, ein Rückgriff auf den lateinischen Akkusativ kommt kaum in Frage.] *Turm.* {026}

Turte, do (Nom. Pl. Turtn) [zunächst im niederdeutsch-niederländischen Bereich als tarte, im Einklang mit franz. tarte (= *Obstkuchen*); aus ital. torta, mittellat. torta (= *Gebäck*), zu lat. torquēre (= *drehen*); vermutlich zunächst eine gedrehte (Ton-)Scheibe, dann auf ein flaches, scheibenartiges Gebäck übertragen] *Torte.* {026}

tuschn (Verb) [lautmalend und/oder v. mhd. tūsen (= *tosen, schallen*); zweite Bedeutung aus franz. douche (= *u.a. Wasserrinne*), dieses aus ital. doccia, zu ital. doccione (= *Wasserspeicher, Leitungsröhre*), aus lat. ductio(-ōnis) (= *Leitung*), abgeleitet v. lat. dūcere (= *führen*); zunächst ein medizinisches Fachwort, im 19. Jh. Verallgemeinerung.] *1. knallen, 2. duschen.* {029, 026}

Tutschile, s (Nom. Pl. Tutschilan) [Substantiv zu → tuschn] *Schläfchen, Nickerchen.*

tutschn (Verb) [wahrscheinl. mhd. tūzen, tuschen (= *sich still verhalten*), später Kinder-/Ammensprache; eine Rolle mag auch das fast gleich lautende eher norddt. Wort tutschen für *saugen* gespielt haben, welches möglicherweise als tutte-saugen, also *an der Brust trinken*, zu erklären ist.] *schlafen (Kind).* {029, 033}

Tutte, do (Nom. Pl. Tuttn) [wohl zu ahd. tutta, mhd. tut(t)e (= *Zitze, weibliche Brust*); offenbar ein Lallwort, das sich teilweise der Lautverschiebung entzieht (Sonst wäre *Tutze u.ä. zu erwarten.)] *etwas Großes, Klobiges, aber doch Drolliges, z.B. etwas besonders großes Geerntetes (Zucchini, Kartoffel, Tomate usw.); teilweise auch von großen, dicken, gutmütigen Menschen.* {026}

tuttl (Verb) [Verb zu → Tutte] *saugen (von Jungtieren an der Mutterzitze), übertr. auch für heftig trinken, saufen.*

U

umanondo (Adv.) [„umeinander (her)"] *umher.*

Umase, di (Nom. Pl. Umasn) [ahd. āmeiza, mhd. āmeize, aus westgerm. *æmaitjōn, zu *æ (= *ab*) *mait-a- (= *schneiden*, verwandt mit *Meißel*); da die germanischen t(jōn)-Stämme lt. Kluge aus Materialwörtern Bezeichnungen für Dinge bilden, die aus diesem Material bestehen, ist das Wort zu erklären als *die aus Abschnitten Bestehende* (bezogen auf den bei der Ameise extrem deutlichen Kerbtier-Körperbau), vgl. „Insekten", was wörtl. „Eingeschnittene" bedeutet.] *Ameise.* {026}

u̇mma (ADV.) [„um-her"] *1. herüber, 2. anwesend, da, in der Gegend: „Do isch a Tisl umma" = „Es geht eine Grippe um", „Isch do Hansl umma?" = „Ist Hans zu Hause/da/zu sprechen?", „Pos zi orbatn isch, bische nindo̊rt umma" = „Sobald es ans Arbeiten geht, bist du nirgends zu finden".*

U̇mmegonk, do (NOM.) [„Umgang", also Umzug, Prozession] *betender Zug durch den Friedhof zu Allerheiligen, zu Allerseelen und am Seelensonntag.*

U̇mmetroga, do (NOM. PL. UMMETROGA) [„Umherträger"] *Wanderhändler (zu Fuß).*

u̇mmewolgn (VERB) [„um-" + → wolgn] *umfallen.*

u̇mmi̇gla (ADV.) [„unmöglich"] *kaum, fast nicht, v.a. in der Wendung „s ummigla dowo̊rtn" = „es kaum erwarten können".*

U̇mmus, do (NOM.) [ahd. unmuoza, mhd. unmuoze (= „Unmuße", Geschäftigkeit, Beschäftigtsein, Zeitmangel)] *Hast, Eile.* {029}

U̇mmuspai̇tl, do (NOM. PL. UMMUSPAITL) [siehe unter → Ummus + wahrscheinlich „Beitel" (= *stemmeisenähnliches Tischlerwerkzeug (Stech-)Beitel*, welches verhüllend für das männliche Glied verwendet wird, welches wiederum oft in der Vulgärsprache stellvertretend zur Bezeichnung eines Mannes an sich verwendet wird] *hektischer Mensch (üblicherweise nur männliche Verwendung).*

u̇nanzl (VERB) [Herkunft unklar, mögl. v. mhd. anezelen (= *um eine Schuld ansprechen, zu etwas zählen/gehören*)] *provozieren.* {029}

u̇ne wearn (VERB, M. AKK.) [„ohne werden"] *loswerden.*

u̇nfal (VERB) [ahd. feili, mhd. veile (= *(ver-)käuflich*)] *feil bieten, zum Kauf anbieten.* {029}

U̇ngileige, s (NOM. KEIN SG.) [unleign = „anlegen" (= *anziehen (von Kleidung)*), also „das Angeziehe"] *Art, sich anzuziehen allgemein oder ein Outfit konkret.*

u̇ngruin (VERB) [„angrünen"] *allmählich grün werden (von der Landschaft im Frühling).*

u̇nhei̇bm (VERB) [„anheben"] *beginnen.*

u̇nlei̇gn (VERB) [„anlegen" (= *anziehen (von Kleidung)*)"] *sich anziehen; auch ohne Objekt: „Leig un!" = „Zieh dich an!"*

ụnpratn (VERB) [„anbreiten"] *gemähtes Gras auf dem Feld mit einer Heu-gabel locker ausbreiten, sodass es besser trocknet.*

ụntoꝛtom (ADV.) [analog zu → indoꝛtom und → außoꝛtom gebildet, also „un-ter(t) dem"] *auf der „Unterseite", also der bergab gelegenen Seite, des Hauses.*

untrantịbo (ADV.) [„unter-und-über"] *durcheinander, wie hingeworfen, in einem chaotischen Zustand.*

untrịbbosche (ADV.) [„unter" + ibbo(r)sche, welches analog zu → firsche ge-bildet ist, also „über-hin"; das Ganze: „unter-über-hin"] *kopfüber, auf dem Kopf stehend (auch im Sinne von „chaotisch", „in großer Un-ordnung").*

ụnwiesn (VERB) [v. mhd. anewīsen (= *anweisen, aufklären, hinweisen*); es wä-re -ai- statt -ie- zu erwarten, das lange -ie- hat sich aber wohl wegen der Empfindlichkeit der Angelegenheit (wie oft auch bei religiöser Sprache) gehalten und ist nicht vom Lautwandel betroffen.] *in den Häusern ei-ner Verwandtschaft persönlich mitteilen, dass ein/-e Angehörige/-r gestorben ist.*

V

Veigglpeir, do (NOM. PL VEIGGLPEIRE) [wörtl. *Beere der Vögel*] *Roter Holun-der (Sambucus racemosa).*

Veitto, do (NOM. PL. VEITTO) [ahd. fetiro, fatureo, mhd. veter(e) (= *Vaters-bruder*), v. westgerm. *fadur(w)jōn, zu indogerm. *pǝtṛwjo- (= *Vatersbru-der*)] *1. Onkel zweiten Grades (= Vetter (= Cousin) eines Elternteiles), 2. „Freundchen" wenn man jemanden aggressiv anspricht: „Veitto, pass au!" = „Pass auf (was du sagst/tust), Freundchen!", kann aber auch nicht direkt an jemanden gerichtet sein und allgemein hin-weisende/warnende Funktion haben, wie „Mann", „Achtung" oder „Ich sage dir ..." usw.: „Veitto, des isch gfärlich!" = „Ich sage dir, das ist gefährlich!".* {026}

Viech, s (NOM. PL. DI VIECHO, KOLLEKTIV: S VIECHE) *Vieh, aber auch ein-zelnes Tier beliebiger Art: „Do Pär isch a groaßis Viech" = „Der Bär ist ein großes Tier".*

Vioꝛtl ans, drai [„drei Viertel eins", in Analogie zu „halb eins"] *12:45 Uhr.*

Vioꝛtl droi, a [„ein Viertel drei", *ein Viertel der dritten Stunde auf der Uhr*] *Viertel nach zwei (14:15 Uhr, 02:15 Uhr).*

virlętt (ADJ.) *violett.*

Vįřřtig, s (NOM. PL. VIŘŘTIGE) [mhd. vürtouch (= *Vortuch, vor etwas befindliches Tuch*)] *Vorbindeschürze (z.B. bei der Tracht).* {029}

voạdo (ADJ.) *vorder, z.B. „di voadon Haxn va do Kui" = „die Vorderbeine der Kuh".*

vogạchn, sich (VERB, REFLEXIV) [„ver-" + ahd. gāhi, mhd. gāch (= *jäh, rasch*)] *sich vertun, einen Fehler machen (aus Hastigkeit).* {029}

voğạschton (VERB) [Präfix „ver-" + siehe unter → ğaschton] *(ein Tier) verscheuchen.*

Vogẹlsgouttloppe, do (NOM PL. VOGELSGOUTTLOPPM) [„Vergelt's-Gott-Lappen"; der zweite Teil meint einen dummen/geistig beeinträchtigten Menschen in Anlehnung an etwas Schlaffes, Kraftloses wie einen (Putz-)Lappen; der erste Teil ist nicht ganz klar; vll. bezieht er sich auf jemanden, der sich ständig bedankt bzw. auf Mildtätigkeit angewiesen ist.] *einfältiger Mensch.*

voğọğğl (VERB) [„ver-" + wahrscheinl. ahd. gougalōn, mhd. goukeln/gougeln (= *sich ausgelassen gebärden, hin und her gaukeln, sich hin und her bewegen, flattern*), also „verwackeln"] *eine Chance vergeben, etwas aus Ungeduld und/oder Ungeschicklichkeit vermasseln.* {029}

vohịtzt (ADJ.) [vll. zu standarddt. Hutzel (= *gedörrtes Obst*) v. mhd. hützel, hutzel (= *getrocknete Birne*), zu (ver-)hutzeln, niederdt. hotten (= *einschrumpfen*) bzw. vgl. niederdt. hotte (= *geronnene Milch*). Vll. zu indogerm. *keu- (= *sich biegen, zusammenkrümmen*)] *verstopft (Verdauung).* {026}

vohọnağl (VERB) [„verhöhn-" + Endung unklarer Herkunft] *verhöhnen, ausspotten.*

vohụntsn (VERB) [„verhunzen", zu 16. Jh. hunzen (= *behandeln wie einen Hund*)] *verhunzen, verpatzen.* {026}

vorịbbm (ADJ.) [mögl. analog zu standarddt. verschlagen gebildet, welches laut Kluge als wörtl. *zugenagelt* zu verstehen sein könnte, also dass jemandes Gedanken verborgen sind, wie etwas in einer zugenagelten Hütte oder Kiste; vorịbbm könnte dann von ahd. rībil, mhd. rībel (= *Riegel*) kommen und wäre als *verriegelt*, also *gedanklich undurchdringlich/undurchschaubar* zu verstehen.] *raffiniert, hinterlistig.* {026}

vọrmasn (VERB) [„vor-" + ahd., mhd. maz (= *Speise*), v. germ. *matja- (= *Speise*), zu indogerm. *mad- (= *nass, fett, triefen*), wörtl. also *vor-essen*] *frühstücken.* {029}

voschtion, sich af eippas (VERB REFLEXIV + „AUF" + AKK.) [„sich auf etwas verstehen"] *1. nicht vergessen, an etwas zu denken:* „I on me drau vostonn, di Tir zuizischpeirrn." = „Ich habe dran gedacht, die Tür zu verschließen."; *2. an etwas erinnert werden:* „Bolle des gheart on, onnime af di voschtonn." = „Als ich das gehört habe, hat es mich an dich erinnert".

voschwoll (VERB) [„verschwellen", *sich durch anschwellen verschließen*] *wenn ein Holzgefäß so lange mit Wasser gefüllt wird, bis sich die Dauben mit Wasser vollsaugen und anschwellen, sodass das Gefäß dichtet.*

vosechn (VERB) [„versehen"] *kranke Menschen zu Hause mit der Kommunion versehen.*

Vosteickilats (NOM. KEIN PL.) [„Versteckiges", „verstecken" + Endung -ilats (= -iges)] *Verstecken-Spiel;* „Vosteickilats tion" = „Verstecken spielen".

votaiglt (ADJ.) [„verteufelt", von → Taigl, welches verhüllen für *Teufel* steht] *verteufelt, verdammt (auch verstärkend mit der Bedeutung „fest", „heftig").*

votreitzl (VERB) [Herkunft wenig klar; laut dem Wörterbuch der bairischen Mundarten in Österreich möglicherweise von einem *vertrenseln mit Ausfall des -n-, also *versabbern*. Möglich ist allerdings auch eine slawische Entlehnung, da ein passender Wortstamm in den meisten slawischen Sprachen vorliegt: vgl. slowen. trátiti, tschech. tratit, russ. тратить (tratit') usw. (= *verlieren, verschwenden, vergeuden*), von einer Wurzel, die ursprüngl. *reiben* bedeutet.] *vergeuden.* {056, 043}

votrogn (VERB) [„vertragen" (= *aus der Spur tragen*).] „Dein votroggs" = „Der ist nicht mehr ganz bei Sinnen/Der hat ein Rad ab", wörtl. „Den verträgt es".

votschandon (VERB) [„ver-" + Augmentativbildung zu → tschindon (= *klirren, metallisch schallen, krachen*), also *verschwenden, dass es kracht*] *unnütz ausgeben/verbrauchen.*

vourfeaŕtn (ADV.) [„vor-" + → feaŕtn] *im vorletzten Jahr.*

vozanggl (VERB) [„ver-" + mhd. zangen (= *zerren*)] *jemanden vom richtigen Weg abbringen.* {029}

W

Waache, di (NOM. KEIN PL.) [„Weiche" (*da, wo es weich ist; das, was weich ist*)] *1. Taille, Nierengegend, 2. nasser Schnee.*

Wade, di (NOM. PL. WADN) *Weide.*

Wadl, s (NOM.) [„Weidlein" (*kleine Weide*)] *heute überwaldetes Stück Weideland der Ortsteile Außer- und teilweise Mitterberg in Sexten.*

Waichnte, do/di (NOM.) [der/die „Weichende"] *Kind, das den Hof dem Erben überlässt (mit Auszahlung der Erbteils), also: der oder die weichen muss.*

Waichprunne, di (NOM. KEIN PL.) [„Weihbrunnen"] *Weihwasser.*

Waidnpfintsta, do (NOM. PL. WAIDNPFINTSTA) [„Weihendonnerstag", siehe auch unter → Pfintsta] *Gründonnerstag.*

Wainsuppe, di (NOM. PL. WAINSUPPM) *Weinsuppe (eine Milchsuppe mit einem Schuss Rotwein).*

Waisat, di (NOM. KEIN PL.) [ahd. wīsōd, mhd. wīsōt (= *Geschenk*), vll. zu ahd. wīsōn (= *besuchen*)] *einer Frau nach der Geburt eines Kindes oder jemandem im Krankenbett ein Geschenk bringen.* {029}

waisn (VERB) [and. wīsen (= *weisen, führen, rufen*), mhd. wīsen (= *zeigen, weisen, lenken*), v. germ. *wīsjan (= *weisen, zeigen*), zu indogerm. *u̯eid- (= *erblicken, sehen, finden*)] *lenken (z.B. einen Wagen).* {029}

Waißkraggla, do (NOM. PL. WAIßKRAGGLA) [„Weißkragler" (*der mit dem weißen Hals*)] *Ringdrossel (Vogel: Turdus torquatus).*

Waißlobbise, di (NOM. PL. WAIßLOBBISN) [„weiß" + siehe unter → Lobbise (= *Ampfer*); die Pflanze gehört nicht zu den Ampfern, wird aber aufgrund ihrer Ähnlichkeit mit diesen bezügl. Wuchs und Standort so genannt.] *weiße Pestwurz (Petasites albus).*

Waite, di (NOM. KEIN PL.) [„Weite"] *das Freie (im Gegensatz zu geschlossenen Räumen); „in do Weite" = „im Freien".*

Wallin, di (NOM. PL. WALLINEN) [weibliche Ableitung von → walsch] *Bettlerinnen aus Comelico (Gebiet in Südtirols Nachbarregion Venetien).* {026}

walsch (ADJ.) [ahd. Walah (= *Welscher, Fremder, Romane*), mhd. Walih (= *Welscher, Romane*), v. germ. *Walahaz (= *Kelte, Welscher, Fremder*), aus lat.-kelt. Volcae (= Bezeichnung für den keltischen Stamm der Volken, die dann von den Germanen auf alle keltischen Stämme übertragen wurde)] *italienisch.* {026}

wạschlnọss (ADJ.) [„waschelnass", wahrscheinlich zu einem zu „waschen" gebildeten Verb – „wascheln" heißt in anderen Regionen z.B. regnen oder urinieren] *klitschnass.*

Waschtịanekälte, di (NOM.) [„Sebastiani" + „Kälte"] *Kältewelle um den Tag des hl. Sebastian (im Januar).*

wattn (VERB.) [Es gibt zwei Etymologien: Auf den Südtiroler Volkskundler Hans Fink geht die Ableitung von ital. battere (= *schlagen*) zurück, welche er im Wort der Ladiner für das Spiel, battadù, bewiesen sieht; einen regelhaften Wechsel zwischen den Lauten w und b zwischen Südtiroler Dialekten und Ital. gibt es zwar, allerdings normalerweise in die andere Richtung (ital. w zu dt. b), nicht umgekehrt; lautlich betrachtet scheint die These daher wenig stichhaltig; die zweite, v.a. im dt. Sprachraum außerhalb Südtirols (z.B. in Bayern) verbreitete Etymologie besagt, dass das Spiel in napoleonischer Zeit entstanden und von den miteinander verbündeten Bayern und Franzosen miteinander gespielt worden sei, dabei sei der Name aus frz. va tout (= *alles geht/letzter Trumpf*) entstanden; lautlich plausibler, aber genausowenig belegt] *watten (ein bestimmtes Kartenspiel spielen).* {004}

wạtzan (ADJ.) [„weizen" (*aus Weizen, wie Weizen, weizenartig*)] *1. aus Weizen hergestellt, 2. hellhäutig/-haarig.*

wẹa (PRON.) *1. wer, 2. weh.*

wẹatịon (VERB) *wehtun.*

wẹilfila (ADJ.) [mhd. wolveile (= *wohlfeil*), zu ahd. feili (= *käuflich*)] *billig, im Angebot.* {029}

wẹime (PRON. DAT.) *wem.*

wẹin (PRON. AKK.) *wen.*

Wẹippatsg̊roongg̊e, do (NOM. PL. WEIPATSG̊ROONGG̊N) [„Webet" (= *Gewebtes*) + siehe unter → G̊rongg̊e, also *Weberspinne*] *Weberknecht (Tiere aus der Spinnentier-Ordnung der Opiliones).*

Wẹippehọuttl, di (NOM. PL. WEIPPEHOUTTL) [mhd. weppe (= *(Spinnen-)Gewebe*) + mhd. hudel (= *zerrissenes Zeug, Lappen, Fetzen*)] *Spinnweben.* {029}

wẹirn, sich (VERB, REFLEXIV) [„sich wehren"; drückt die Tücke des Objekts aus, also die unterstellte Widerspenstigkeit von Sachen.] *Schwierigkei-*

ten bereiten, nicht leicht von der Hand gehen, klemmen, nicht vorangehen.

welch (ADJ.) *welk.*

welgn (VERB) [kausatives Verb zu → wolgn] *etwas rollen, wälzen.*

Węřta (NOM. PL. WEŘTA) [„Wer(k)ta(g)"] *Werktag.*

Węřze, di (NOM. PL. WEŘZN) [ahd. warza, werza, mhd. warze, werze] *Warze.* {029}

Węřznkraut, s (NOM. KEIN PL.) [„Warzenkraut"] *Hauswurz (Pflanzen der Gattung Sempervivum).*

Węschpmģuģģl, di (NOM. PL. WESCHPMĠUĠĠL) [„Wespe" + ahd. konakla, mhd. kunkel (= *Spinnrocken* – kleiner Stab, auf den beim Spinnen die unverarbeitete Woll in einem Bausch aufgesteckt wurde), v. germ. *konukl- (= *Rocken*), zu mittellat. cōnucula (= *kleiner Kegel*); mögl. Einfluss von österr. Kucke/bair. Gucke (= *halbe Eierschale*) bzgl. des Ausfalls des -n-] *Wespennest der Gemeinen Wespe (Vespa vulgaris).*

Węttoeixl, s (NOM. PL. WETTOEIXLAN) [der erste Teil „Wetter" ist wahrscheinlich das Ergebnis einer volksetymologischen Neu-Interpretation – das Wort stammt von ahd. ewidehsa (= *Eidechse*), wobei der zweite Wortteil im 19. Jh. falsch zu Echse abgetrennt wurde und eigentlich *Dechse heißen müsste; damit wäre der Teil Wett(o)- dann die Neuinterpretation von (e)wid- im ahd. Wort; die ursprüngliche Bedeutung ist wenig klar, könnte auf indogerm. *og^{wh}i- (= *Schlange*) und *tek- (= *laufen*) zurückgehen, womit die Eidechse die *laufende Schlange* wäre.] *Alpensalamander (Salamandra atra).* {026}

węttoschlachtig (ADJ.) [„Wetter" + ahd., mhd. -slaht (= *geartet, entsprechend*), also *dem Wetter entsprechend*] *wetterfühlig.* {029}

Wįdde, di (NOM. PL. WIDDN) [wahrscheinlich zu „Weide(-nbaum)"] *aus zwei verdrillten Laubholzzweigen hergestelltes biegsames Befestigungsmittel, mit dem die oberen Teile eines Hornschlittens mit den Unteren zusammengebunden wurden, so dass er einerseits stabil war, andererseits die Teile noch genug Spiel hatten, damit man sie etwas gegeneinander verschieben konnte, wodurch die Lenkwirkung erzeugt wurde (aufgrund der sich verändernden Kufenlage).*

Wįddis, do (NOM. PL. WIDDISE) [wahrscheinl. zu mhd. wider (= *wider, gegen*), entweder bezogen auf die (chaotische) Richtung oder die Widerwärtigkeit/Unerwünschtheit] *Krakel (unschöne Linie beim Schreiben).*

widdl (VERB) [zu „wedeln"] *beim Gehen mit den Hüften wackeln.*

Wįllase, di (Nom. Pl. Wįllasn) [Herkunft unklar, mögl. v. mhd. wolfæzic (= *vom Wolf angefressen*), wobei mhd. wolf auch *Hautentzündung* bedeuten kann] *Herpesblase (Ekel- oder Fieberblase).* {029}

Wint, do (Nom. Pl. Wįnte) *Wind; „do untre Wint" = kalter Ostwind aus dem Osttiroler Teil des Pustertals (v.a. im. Nachbarort von Sexten, Innichen, zu spüren); „do walsche Wint" = Südostwind in Sexten, der aus dem welschen (= italienischsprachigen) Venetien weht.*

Wįntmile, di (Nom. Pl. Wįntmil) [„Windmühel"] *großer Holzkasten mit einem Schaufelrad als Gebläse, mit dem die Spreu von den Getreidekörnern getrennt werden konnte.*

Wįntsgiwade, s (Nom. Pl. Wįntsgiwade) [„Windsgewehe"] *Schneeverwehungen.*

Wįntspraut, di (Nom. Wįntsprautn) [ahd. wintes prūt, mhd. windesbrūt (= *Wirbelwind*) v. vordt. *brūdi-, von welchem auch brauen und brausen stammen; „Braut" ist wahrscheinlich nur eine volksetymologische Neuinterpretation des zweiten Wortteils, ursprünglich scheint das Wort nämlich *Windsbrausen* bedeutet zu haben.] *Windhose.* {026}

winzl (Verb) [mhd. winseln, Intensivbildung zu ahd. winisōn (= *murren, winseln*), mhd. winsen (= *winseln, piepen*), ein wohl mit „wiehern" verwandtes Schallwort] *1. kreischen (sehr schrill schreien), 2. winseln.* {026}

wiǫ (Adj.) [v. ahd. wuohi (= *zunehmend, unmäßig, üppig*), über ein späteres, nicht bezeugtes *wüech; verwandt mit „Wuchs" und „wuchern"] *1. fett, üppig, pampig (Speisen), 2. (nicht verwandtes Wort) wie.* {035}

Wiǫre, di (Nom.) [ahd. wuorī, mhd. wuore, wüere (= *Wehr, Damm*), verwandt mit „wehren"] *Staumauer mit Schleusentor (früher in der Nähe wasserbetriebener Sägewerke zu finden).* {029}

wiǫscht (Adj.) [„wüst"] *hässlich.*

Wįrga, do (Nom. Pl. Wįrga) [„Würger"; Namensgebung einerseits, da diese Vögel wie größere Raubvögel Gewölle hochwürgen, andererseits ist das Würgen auf das Töten (von Säugetieren) bezogen, welches für Singvögel untypisch ist.] *Würger (Vogelgattung Laniidae).* {015}

wįschpl (Verb) [ahd. wispalōn, mhd. wispeln (= *flüstern, pfeifen, zischen*), welche sicher lautmalend sind.] *pfeifen.* {026}

Wįssehai, s (Nom. kein Pl.) [„Wiese" + „Heu"] *Heu von Bergwiesen.*

Wįssepam, do (Nom. Pl. Wįssepame) [mhd. wisboum (= *Stange über dem beladenen Heuwagen, Befestigungsanlage für Wagenladungen*); der erste

Teil entspricht lautlich „Wiese", allerdings ist nicht klar, warum ein so spezifischer Begriff verwendet werden sollte, da das Gerät sicher nicht nur für Wiesenheu verwendet wurde. Es gibt unterschiedlichste Theorien, von slawischen Wörtern für *binden, Paddel* oder *Wagen* (die aufgrund der Verbreitung des Wortes über das gesamte dt. Sprachgebiet nur eingeschränkt plausibel sind) über ein deutsches „weisen" (= *lenken*) bis hin zu einer -ti-Ableitung von indogerm. <u>*u̯edh-</u> (= *knüpfen, binden*), die sich in got. <u>gawiss</u> (= *Band, Verbindung*), <u>diswiss</u> (= *Auflösung*) und <u>uswiss</u> (= *losgebunden*) wiederfindet. Letzteres scheint am plausibelsten, ist aber durch die Beleglage nicht gestützt.] *Bindbaum an der Heuladung auf dem Wagen.* {029, 051}

Wịxlai̯mat, s (Nom. kein Pl.) [mhd. <u>wihsen</u> (= *wachsen, mit Wachs überziehen*) + „Leinen" mit Nachsilbe <u>-at</u> (häufig für Stoffe, Materialien verwendet)] *Wachsleintuch, gewachstes Leintuch.* {029}

wò (Adv.) *siehe unter* → <u>woll</u>.

Wodl, do (Nom. Pl. Waddl) [„Wadel" (Diminutiv zu „Wade")] *Wade.*

wolchn (Verb) *walken, filzen.*

Wọle, do (Nom. Pl. Wol) [zwei mögliche Etymologien, die mögl. auch zusammengespielt haben: 1. lat. <u>aqualis</u> (= *wasser-, Wasserkrug, Wassergraben, Wasserlauf*), 2. mhd. <u>wal</u>, entlehnt aus lat. <u>vāllum</u>, ursprünglich *Schanzwall* (zu lat. <u>vāllus</u> = *Schanzpfahl, Palisadenpfahl*), dann *Erdwall* und schließlich sogar *gemörtelte Mauer* (so in engl. <u>wall</u> übernommen)] *Graben.* {001, 026}

Wọlge, di (Nom. kein Pl.) [Substantivierung von → <u>wolgn</u>] *„in di Wolge kemm" = „auf einem Hang hinfallen und ins Rollen kommen".*

wolgn (Verb) [ahd. <u>walgōn</u>, mhd. <u>walgen</u> (= *rollen, wälzen, fallen*), v. germ. <u>*walg-</u> (= *wälzen*), zu indogerm. <u>*u̯olk-</u> (= *drehen, bewegen*); der Stamm ist auch in anderen europ. Sprachen zu finden, vgl. z.B. ital. <u>volgere</u> (= *drehen*), span. <u>volver</u> (= *umdrehen*); die Bedeutung *fallen* steht v.a. in Zusammenhang mit der Abrollbewegung von etwas oder jemand Fallendem.] *fallen.* {029}

woll (Adv.) [„wohl"] *1. Fragepartikel: „Osche wo(-ll) di Tir zuigitun?" = „Hast du auch (wirklich) die Tür geschlossen?", 2. Antwortpartikel: ja, doch (als Antwort auf einen Ja-nein-Frage).*

wọltan (Adv.) [mhd. <u>wolgetān</u> (= *gut beschaffen, stattlich*)] *beträchtlich.* {035}

Woltschratt, do (NOM.) [„Wald" + siehe unter → Schratt] *Waldschrat, Waldgeist.*

Wondile, s (NOM. PL. WONDILAN) [Herkunft unklar, vll. zu „wandeln" i.S.v. *umwandeln, verändern*, also der hergestellte Zustand des fertig gemähten Grases] *ein Flecken schön angebreiteten, gemähten Grases auf der Bergwiese.*

Worp, do (NOM. PL. WERPE) [mhd. sēnsenworp, zu ahd. worb (= *Sichelgriff*), weitere Herkunft unklar; vielleicht zu „werben", v. germ. *hwerb-a- sich wenden. Anders als im Sextnerischen bedeutet das Wort ursprünglich nicht den ganzen Sensenstiel, sondern nur einen Griff daran.] *Sensenstiel.* {026}

Worre, di (NOM.) [Es gibt zwei indogermanische Wortstämme, die oft vermischt werden und hier beide eine Rolle spielen können: 1. *u̯er- (= *Hohes, Knoten, Blase*), davon wahrscheinl. auch ahd. werra (= *Krampfader*), und 2. *u̯ers- (= *schleifen*), davon u.a. ahd. werra (= *Krieg, Verwirrung, Zwietracht*) und mhd. werre (= *Sorge, Not, Schaden*; aber auch *Maulwurfsgrille*, ein Schädling); teilweise wird bei der Herleitung die Maulwurfsgrille genannt, da diese im Volksglauben die Ursache der Entzündung gewesen sein könnte, was sich aber durch die Beleglage nicht stützen lässt.] *Gerstenkorn (Abszess am Auge).* {028, 029, 035}

wortion (VERB) [„wahr-tun", also *wahrnehmen*] *bemerken; „ans wohrtion" = „bemerken, dass jemand da ist/war".*

Wose, do (NOM. PL. WASSNE) [ahd. waso (= *Erde, Schlamm, Rasen*), mdh. wase (= *Grasfläche*), v. germ. *was- (= *Feuchtigkeit, Boden*), zu indogerm. *u̯es- (= *feucht, nass*)] *1. Grasnarbe bzw. ausgestochenes Stück Grasnarbe, 2. feuchtes, sumpfiges Stück einer Wiese.* {029}

wotzl (VERB) [mögl. v. ahd. wadalōn (= *schweifen, umherwandern*), mhd. wadeln (= *schweifen, schwanken, wedeln, peitschen, flattern*)] *wimmeln.* {029}

woutan (ADV.) *siehe unter* → woltan.

Wuchtl, di (NOM. PL. WUCHTL) [entlehnt aus tschech. buchta (= *kleines Gebäck*, u.a. *Buchteln*), dieses wahrscheinl. v. einem Verb mit der Bedeutung *blähen, schwellen* (vgl. slowen. búhniti = *anschwellen*)] *Buchteln (mit Marmelade gefülltes Gebäck aus Hefeteig).* {020}

Wuilischa, do (NOM. PL. WUILISCHA) [„Wühlischer", *der, der wühlt*] *Maulwurf.*

Wurf, do (Nom. Pl. Wirfe) [„Wurf"] *Durchlass in der Decke des Stallge-bäudes, durch welchen Heu aus dem darüberliegenden Stockwerk nach unten geworfen werden kann.*

wusson (Verb) [wohl verwandt mit standardt. wuseln, damit ein Bewegungen nachahmendes Verb, dunkler Herkunft] *hektisch arbeiten.* {026}

Wutzile, s (Nom. Dim. Pl. Wutzilan) [Diminutiv zu → Wuzl] *Fussel, übertr.: Kosewort für kleines Kind.*

Wuzl, do (Nom. Pl. Witzl) [zum Verb wutzl (= *wickeln, zusammenrollen, zerknüllen*), dieses unklarer Herkunft, gehört vll. zu einer Gruppe ähnlicher Bewegungsverben (u.a. standarddt. wuseln); mögl. Einfluss von „wickeln", welches ursprüngl. zu indogerm. *weg- (= *flechten, weben*)] *zusammengedrehtes Büschel (Heu, Wolle...).* {015}

Z

zachn (Verb) [ahd. zīhan, mhd. zīhen (= *bezichtigen, geltend machen*)] *1. jemanden beschuldigen/brandmarken, 2. Bäume anschlagen und das Forstzeichen mit dem Waldhammer/Baumstempel daran anbringen und sie damit für das Fällen freigeben/kennzeichnen.* {029}

Zaile, di (Nom. Pl. Zail) [ahd. zīl(a), mhd. zīl(e) (= *Reihe, Linie*), v. indogerm. *dī- (= *teilen, zerschneiden*)] *1. Zeile, 2. (Heu-)Schwade: „in Zail zommetion" = „(Heu) zu Schwaden zusammenrechen/-legen".* {029}

Zaisile, s (Nom. Pl. Zaisilan) [ahd. zisihhīn, mhd. zīsechīn, zīselīn (= *Zeisig*), mögl. zu lat. cicindēla (= *Kerzlein, Glühwürmchen*) zu indogerm. *kand- (= *glühen, leuchten*); damit wäre es das leuchtende Vöglein, was zum mit leuchtenden Farben wie Gelb und Rot durchsetzten Gefieder passen würde. Das standarddt. Wort Zeisig ist aus dem tschech. čížek übernommen, einem Diminutivum zu tschech. číž, das seinerseits aus mhd. zīse (= *Zeisig* ohne Verkleinerungsendung) entlehnt ist.] *Birkenzeisig (Carduelis flammea).* {029, 026}

Zaling, do (Nom. Pl. Zalinge) [Herkunft unklar, mögl. v. mhd. zal (= *Menge, Schar, Zahl*), da die Pilze in Scharen auftreten, oder mhd. zaher (= *Träne, Blitzstrahl, Feuerfunke*), wegen der leuchtend gelben Farbe; in beiden Fällen wäre ein Lautwandel von -a- zu -o- zu erwarten; Eigennamen/besondere Benennungen bleiben aber oft von Lautwandelerscheinungen ausgeschlossen.] *Pfifferling.* {029}

Zam, do (Nom. Pl. Zame) *Zaum, Zaumzeug.*

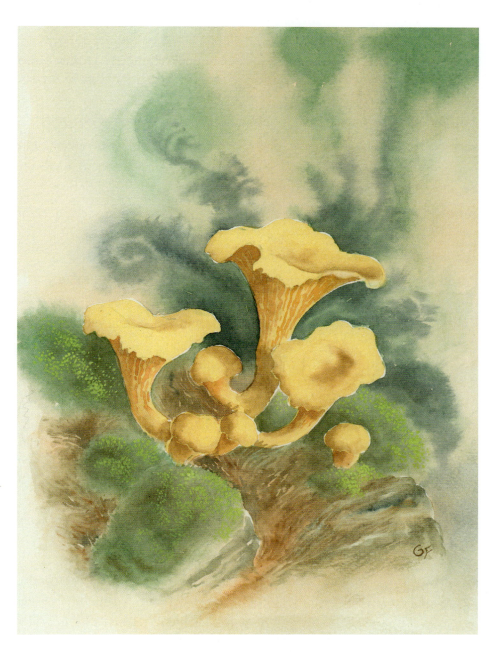

Abb. 24: do Zaling = Pfifferling

Zạmme, di (Nom. Pl. Zamm) [Herkunft unklar; es könnte mhd. <u>tan</u> (= *Wald, Tannenwald*) oder <u>tanblat</u> (= *Tannenadel*) eine Rolle gespielt haben.] *Fichtenspitze (neuer Trieb).*

Zạmmheinig, do (Nom. kein Pl.) [siehe unter → <u>Zamme</u> + „Honig", also *Fichtenspitzenhonig*] *Fichtenhonig (aus Fichtenspitzen gewonnener, honigähnlicher Sirup).*

zangǧn (Verb) [mhd. <u>zangen</u> (= *zerren*)] *ziehen, schleppen.* {029}

zasn (Verb) [ahd. <u>zeisan</u>, mhd. <u>zeisen</u> (= *zausen, zupfen*)] *scharren (wie ein Huhn).* {029}

Zẹache, di/do (Nom. Pl. Zeachn) *Zeh.*

zẹfton (Verb) [wahrscheinlich zu mhd. <u>seif(t)er</u> (= *Geifer, Speichel*)] *beim Trinken Flüssigkeit verschütten/sabbern.* {029, 035}

zẹiboѓt (Adv.) [„zu-öberst"] *zuoberst, ganz oben.*

Zẹiddile, s (Nom. Dim. Pl. Zeiddilan) [Diminutiv zu → <u>Zeiddl</u>] *kleiner Zettel.*

Zẹiddl, di (Nom. Pl. Zeiddl) [mhd. <u>zedel</u>, v. mittellat. <u>cedula</u>, einer Variante von lat. <u>schedula</u> (= *Papierblättchen*)] *Zettel.* {026}

Zẹiǧǧa, do (Nom. Pl. Zeiǧǧa) [mögl. zu mhd. <u>zecken</u> (= *necken, reizen, zücken*) oder <u>zücken</u>, einer Intensivbildung zu <u>ziehen</u> i.S.v. *befördern*] *geflochtener Einkaufskorb.* {029}

zẹitn (Verb) [ahd., mhd. <u>zetten</u>, <u>zeten</u> (= *streuen, zerstreut fallen lassen, ausbreiten, ausstreuen*), v. germ. <u>*tadjan</u> (= *zerstreuen*), zu indogerm. <u>*dət-</u> (= *teilen, zerreißen*), also zur selben Wurzel wie → <u>Zoute</u>] *in kleinen Stücken fallenlassen, z.B. beim Heueinbringen hin und hin Heu verlieren.* {026}

Zẹtte, di (Nom. Pl. Zettn) [mögl. zu ahd. <u>zata</u>, <u>zota</u> (= *Mähne, zottiges Haar*), mhd. <u>zot(t)e</u> (= *Haarzotte, Flausch*), wegen der zottigen Zweige] *Legföhre (auch: Bergkiefer; Pinus mugo).* {029}

ziflạiße (Adv.) [„zufleiß", zu ahd. <u>flīz</u>, mhd. <u>vlīz</u> (= *Beflissenheit, Wettstreit*), v. westgerm. <u>*flīta-</u> (= *Streit, Anstrengung, Wetteifer*), also *mit Absicht*] *mit böser Absicht: „Des ottamo ziflaiße gitun" = „Das hat er mir absichtlich (an-)getan".* {026}

ziflọur (Adv.) *siehe unter → <u>zivlour</u>.*

Ziǧǧl, do (Nom. Pl. Ziǧǧl) [Schmeller gibt zwei wahrscheinliche Etymologien an: 1. mittellat. <u>sicla</u> aus lat. <u>situla</u> (= *Eimer*), 2. Ein mögliches

„zückeln"; dieses wäre eine Intensiv-/Iterativbildung zu „ziehen". Dies würde zur rhythmischen Bewegung beim Betätigen der Seilwinde sowie auch zur standarddt. Bezeichnung *Ziehbrunnen* passen. Möglich ist auch eine Vermischung beider Wörter.] *Ziehbrunnen.* {044}

Ziggole, s (Nom. Pl. ZIGGOLAN) [„Zigerlein", v. spätahd., mhd. ziger (= *Substanz, die nach der Käseherstellung in der Molke zurückbleibt und durch Erhitzen und den Zusatz von Säure abgeschieden wird*); die weitere Herkunft ist nicht eindeutig geklärt: Köbler legt einen Zusammenhang mit „Ziege" (dem Tier) nahe, welcher aber wenig plausibel ist, da nicht klar ist, warum ein Tier, von dem der Mensch Vieles nutzte, namensgebend für genau dieses Erzeugnis hätte sein sollen; eine plausible Antwort auf die Frage nach der Herkunft findet sich bei Bertelsmann: vermutl. aus spätgall. *tsigros, aus gall. *dwigros (= *zweimal erwärmt*, bezogen auf die Milch/Molke), v. kelt. *dwi- (= *zweifach*) + *ger- (= *erwärmen*). Damit wäre das Benennungsmotiv dasselbe wie bei ital. ricotta (= „*Zweimal-Gekochtes*"), welche ähnlich hergestellt wird.] *Laibchen aus Molkenkäse (Ziger, auch Zieger).* {029, 053}

Ziġġole, s (Nom. Pl. ZIĠĠOLAN) [„Zückerlein", vgl. österr. Dt.: Zuckerl] *Bonbon.*

Zigourewuřze, di (Nom. Pl. ZIGOUREWUŘZN) [als lat. cichorium (= *Wegwarte*) bei Plinius dem Älteren genannt, dieses v. griech. κιχόριον (kichòrion), beim Aristoteles-Schüler Theoprast erwähnt und mögl. vorgriechischen Ursprungs; die Benennung auch des Löwenzahns mit diesem Wort (Z.) hat wohl mit der ähnlichen Nutzung der beiden Pflanzen zu tun: Die jungen Blätter beider werden als Salat verwendet (Wegwarte in einer Kulturform als Radicchio) und beide Pflanzen bilden Pfahlwurzeln, die früher als Kaffeersatz genutzt wurden. Auffällig ist auch die Namensähnlichkeit zwischen Radicchio und → Raditsche (= *junges Blatt des Löwenzahns*)] *1. Wurzel des Löwenzahns (Pflanzen der Gattung Taraxacum), 2. Wurzel von Wegwarten (Pflanzen der Gattung Cichorium). Die Wurzeln beider Pflanzen wurden früher getrocknet und geröstet als Kaffee-Ersatz genutzt.* {024, 039}

zileischt (Adv.) *zuletzt.*

Zimant, do (Nom. KEIN Pl.) [ahd. zi(na)min, mhd. zinmint (= *Zimt*); das Wort ist aus dem malayischen kayumanis (aus malay. kayu = *Holz* und manis = *süß*, also „Süßholz") über das Hebr. und Griech. ins Lat. gekommen; das -nt der Endung gehört zu einer Klasse von Wörtern, die oft eine Substanz, ein Material oder eine Pflanze bezeichnen; die Endung ist im Laufe der Zeit durch den Zusammenfall verschiedener lautlicher Phänomene entstanden. Siehe dazu → Einleitung: Abschnitt „Besonderheiten des Wortschatzes"] *Zimt.* {026}

Zi̧ngg̊lei̧g̊gl, s (Nom. kein Pl.) [„Zügenglöcklein", wurde früher auf ausdrückliches Verlangen geläutet, wenn jemand „in den letzten Zügen lag", um die Gemeinde zum Gebet für ein seliges Ende in die Kirche zu rufen. Heute wird diese Glocke meist am Tag nach dem Tod geläutet.] *Sterbeglocke.* {047}

Zint, do (Nom. Pl. Zinde) [ahd., mhd. zint (= *Zinken, Zahn am Rechen*), v. germ. *tenda- (= *Zacken, Zinne*), zu indogerm. *dont- (= *Zahn*)] *Zinken (z.B. einer Gabel), Zahn am Rechen.* {029}

zintn (Verb) [„zünden"] *1. zünden, 2. m. Dativ: „ame zintn" (wörtl. „jemandem zünden") = „jemanden verprügeln" (vll. vom brennenden Gefühl einer Ohrfeige).*

zi̧ntoř̊t (Adv.) [„zu-ünterst"] *zuunterst, ganz unten.*

zi̧o̧nton (Verb) [Herkunft unklar, vll. zu standarddt. zetern] *leise wehklagen, fiebrig stöhnen.*

Zi̧rbme, di (Nom, Pl. Zirbm) [In deutschen Herleitungen wird meist ein Verb für *drehen* (mhd. zirben) zugrundegelegt, von welchem auch mhd. zirbel für *Zapfen der Nadelbäume* stammen soll, welches im 17. Jh. dann als Bezeichnung für den ganzen Baum „Zirbelkiefer" auftritt. Dies erscheint jedoch wenig befriedigend. Eine jüngere Deutung ist, dass es sich lediglich um eine lautliche Umstellung der Baumbezeichnung lat. (pinus) cembra handelt, die wiederum von einem gallischen Wort für *Winter* (*giam-) kommen könnte. Zu letzterem kann nur spekuliert werden, die lautliche Ähnlichkeit von cembra und zir(b)m ist jedenfalls auffällig.] *Zirbelkiefer (Pinus cembra).* {026, 055}

Zi̧rbmg̊raatsche, di (Nom. Pl. Zirmbg̊raatschn) [→ Zirbme + ital. gracchia, gracchio (= *Dohle*), aus lat. grācula (= *Dohle*, wörtl. *die Krächzerin*); der Vogel frisst gerne die Samen aus den Zapfen von Nadelbäumen, u.a. der Zirbelkiefer.] *Tannenhäher.*

Zischtl, s (Nom. Pl. Zischtlan) [lat. cista, aus griech. κίστη (kíste = *Kiste, Korb*), das zum standarddt. Wort Kiste führte, wurde offenbar früher entlehnt, da der Laut k vor hellen Vokalen (e, i) hier im Lateinischen noch nicht zu z umgelautet wurde; mhd. zistel hingegen muss aus einer Sprachschicht des Lateinischen entlehnt worden sein, in der dieser Wechsel bereits vollzogen war, und zwar von mittellat. cistella (= *Kistchen, Kästchen*), welches im ahd. als zistella (= *Pilgertasche*) belegt ist, was sich aber offenbar als Zweitbedeutung etabliert haben muss. Die weiter abgeleitete Wortform mhd. <u>zistel</u> ist mit der Bedeutung *Korb* belegt.] *1. Körbchen (z.B. für Nähzeug), 2. kleine Kiste aus Holz (z.B. Obstkiste).* {029}

Zịtte, di (Nom. Pl. Zittn) [vermutlich lautmalend] *Singdrossel (Vogel: Turdus philomelos).*

Zịttofinkn, di (Nom. kein Sg.) [„Zitterfinken"] *nur in der Wendung „Zittofinkn fochn/fodn" (wörtl. „Zitterfinken fangen") = „vor Kälte Zittern".*

ziveadořt (Adv.) [„zuvörderst"] *zuvorderst, vorne dran.*

zivlọur (Adv.) [„zu" + vom standarddt. abweichendes Substantiv zu „verlieren", also *zu Verlust*] *kaputt, beschädigt; nur in der Wendung „zivlour preng" = „kaputt machen", „schädigen" (besonders, wenn die Gesundheit durch Fahrlässigkeit geschädigt wird).*

ziwọi (Fragepartikel, Interj.) [mhd. <u>ze wiu</u>, „zu" + alte Instrumentalform von „was" (im Mhd. gab es diese Fallform nur mehr selten)] *wozu; auch als Ausruf mit der Bedeutung „Da hast du's!" oder „Geschieht dir recht!", wenn jemand nicht hören wollte bzw. etwas wider bessere Vernunft gemacht hat und es negative Folgen gibt, im Sinne von „Wozu hast du das auch tun müssen?".* {035}

znicht (Adj.) [mhd. <u>ze nihte</u> (= *zu nichts, zunichte*)] *1. böse, böswillig, 2. heftig: „Der Krion isch znicht!" = „Die Schärfe dieses Meerrettichs ist heftig!"* {029}

zoch (Adj.) [ahd. <u>zäh</u>, mhd. <u>zäch</u> (= *zäh, fest*); wie die Bedeutung *feucht* hinzugekommen ist, ist unklar. Möglich ist einerseits eine Sache, die beide Bedeutungen vereint – nicht ganz fertig gebackenes Brot wäre denkbar, Kluge führt den schmierig-zähen Boden eines Tierpferchs an – oder andererseits ein Zusammenhang mit einem Verb für „ziehen", vgl. die Wendung „Feuchtigkeit anziehen".] *1. zäh, 2. feucht.* {029, 026}

Zọche, di (Nom. Pl. Zochn) [mhd. <u>zähe</u> (= *Dickflüssigkeit, Zähigkeit*), zu ahd. <u>zäh</u>, mhd. <u>zäch</u> (= *zäh, fest*)] *eine schwer zu melkende Kuh.* {029}

Zọddo, di (Nom. Pl. Zoddon) [wohl zu ahd. <u>zata</u>, <u>zota</u> (= *Mähne, zottiges Haar*), mhd. <u>zot(t)e</u> (= *Haarzotte, Flausch*), v. germ. *<u>tadō-</u> (= *Zotte, Fetzen*), zu indogerm. *<u>dət-</u> (= *teilen, zerreißen*)] *zäher Bissen oder Streifen Fleisch (wegen enthaltener Haut oder Sehnen), gekocht oder auch roh.* {029, 026}

zoịchn (Verb) *ziehen.*

zoịdn (Verb) *ziehen.*

Zoik, s (NOM. KEIN PL.) *Zeug; übertragen in der Wendung „zi Zeuge kemm" = „ordentlich erwachen", „das Bewusstsein wiedererlangen", „wieder zu Kräften kommen", „Zeug" hier wohl als „Werkzeug", „Fähigkeit", vgl. standarddt. „das Zeug zu etwas haben".*

zommegebbm (VERB) [„zusammengeben"] *1. mit Akk.: zwischen zwei Leuten die Ehe schließen (formaler durch den Priester ausgeführter Akt der Verheiratung, also „die Eheleute zusammenführen"), 2. ohne Objekt: sich heftig streiten oder raufen, „zusammenkrachen" (= aneinander geraten).*

Zont, do (NOM. PL. ZÄNDE) [ahd., mhd. <u>zan(t)</u>, dieses geht zurück auf indogerm. <u>*dont-</u> (= Zahn), welches mit einiger Sicherheit ein Partizip zu indogerm. <u>*ed-</u> (= essen) ist, sodass für dieses eine Ausgangsbedeutung *beißen* und für „Zahn" *Beißender* vorauszusetzen ist.] *Zahn.* {029, 026}

zontluckat (ADJ.) [„zahnlückig"] *mit einer oder mehreren Zahnlücken.*

Zontschteara, do (NOM. PL. ZONTSCHTEARA) [„Zahn" + → <u>stearn</u> (= *stochern*)] *Zahnstocher.*

Zorge, di (NOM. PL. ZORGN) [ahd. <u>zarga</u>, mhd. <u>zarge</u> (= *Rand, Einfassung, Zarge, Seitenbrett*)] *übriggebliebene/leere Hülle (von etwas, dessen Inneres verfault ist oder entfernt wurde).* {029}

zoutat (ADJ.) [Adj. zu → <u>Zoute</u>] *ungekämmt, zottelig.*

Zoute, do (NOM. PL. ZOUTN) [ahd. <u>zata</u>, <u>zota</u> (= *Mähne, zottiges Haar*), mhd. <u>zot(t)e</u> (= *Haarzotte, Flausch*), v. germ. <u>*tadō-</u> (= *Zotte, Fetzen*), zu indogerm. <u>*dət-</u> (= *teilen, zerreißen*)] *Haar, Pl. strähniges Haar.* {029}

zuia (ADV.) [„zu-her"] *1. her, heran (in Richtung des/-r Sprechers/-in); „zuia gion" = „näher kommen", 2. an etwas oder jemandem dran (bei dem/der Sprecher/-in): „ban Hause zuida" = „(hier) am Haus".*

zuidn (ADV.) [„zu-hin"] *1. zu etwas oder jemandem hin (vom Sprecher weg), 2. an etwas oder jemandem dran (in gewisser Entfernung von dem/der Sprecher/-in): „ban Hause zuidn" = „(dort) am Haus", 3. mit den Kräften am Ende (wahrscheinlich im Sinne von „an der Grenze").*

zuidntschinggl (VERB) [siehe unter → <u>zuidn</u> (= „zu-hin") + <u>tschinggl</u> (= *anbrennen*), also *bis an einen gewissen Punkt versengen*] *versengen, bis fast nichts mehr von etwas übrig ist, z.B.: „die Hor zuidntschinggl" = „die Haare bis zum Ansatz versengen".*

zuiluckn (Verb) [„zu“ + ahd. <u>lukka</u> (= *Öffnung*), verwandt mit <u>Loch</u> und <u>Lücke</u>, also *die Lücke zumachen*; für detailliertere Analyse siehe unter → <u>Luck</u>] *zudecken.* {029, 026}

Zursche, di (Nom. Pl. Zurschn) *siehe unter* → <u>*Tschursche.*</u>

Zussl, di (Nom. Pl. Zussl) [Diminutiv zu ahd. <u>zussa</u> (= *Decke, grobes Wollzeug*), mhd. <u>zusse</u> (= *Decke oder Kleid aus Wollstoff*), also Gleichsetzung eines Kleidungsstücks (Kleid) mit einer Gruppenzugehörigkeit (Frau), in diesem wie auch anderen Fällen abwertend] *unbeholfene Frau (abwertend).* {029}

zwa (Zahlwort) *zwei; im Gegensatz zum standarddt. noch nach Geschlecht unterschieden: „zwin Stiore“ = „zwei Stiere“, „zw(o)a Kio“ = „zwei Kühe“, „zwa Kalblan“ = „zwei Kälber“.*

zwadola (Zahlwort) *zweierlei.*

Zweischpe, di (Nom. Pl. Zweischpe) [Im Süden und Westen des dt. Sprachgebiets werden die frühen runden Pflaumen von den späten, länglichen „Zwetschgen“ unterschieden, während im Norden und Osten beides „Pflaume“ heißt. Entlehnt aus einem romanischen Wort (nordital./südostfranz. <u>davascena</u>), eigentlich lat. <u>damascēna</u> (= *die (Frucht) aus Damaskus*), weil die veredelten Pflaumensorten aus den Schwarzmeerländern stammen. Das <u>-p-</u> (statt <u>-g-</u>) im Sextner Wort dient der leichter empfundenen Aussprache.] *Zwetschge, Pflaume (Frucht von Pflanzen der Art Prunus domestica).* {026}

Zwickl, do (Nom. Pl. Zwickl) [ahd. <u>zwickil</u>, mhd. <u>zwickel</u> (= *Eingezwicktes, i.S.v. Eingeklemmtes*)] *Zwickel; keilartiges Stück Stoff oder Feld.* {026}

Zwille, di (Nom. Pl. Zwill) [wahrscheinlich zu „Zwillich“ (= zweifädiges Gewebe), ein festes Gewebe, aus dem die Tücher ursprünglich wohl hergestellt wurden] *Handtuch.*

Zwindl, do (Nom. Pl. Zwindlan) [ahd. <u>zwiniling</u>, mhd. <u>zwinelinc</u>, zu ahd. <u>zwi</u> (= *zwei*) bzw. germ. <u>*twija-</u> (= *aus zwei bestehend*)] *Zwilling.* {029}

zwoi (Fragepartikel, Interj.) *siehe unter* → <u>*ziwoi.*</u>

Zwoschpa, do (Nom. Pl. Zwoschpa) [wahrscheinlich „Schwarzbeere“ mit T-Ansatz; dennoch ist die Lautform ungewöhnlich, weil vom gewöhnlichen, wenige Ausspracheschwierigkeiten bereitenden Wortteil „schwarz-“ stark entstellt, welcher in Nachbardialekten nahezu unverändert bleibt („Schwarzbeere“). Möglicherweise ist ein Einfluss von → <u>Zweischpe</u> die Ursache, welche abgesehen von der Größe eine der gemeinten Beere ähnliche Frucht ist. Das Wort würde dann *Zwetschgen-beere* bedeuten.] *Heidelbeere (Vaccinium myrtillus).*

Zwọschpaprume, di (Nom. Pl. Zwoschpaprum) [→ Zwoschpa (= *Heidel-beere*) + ahd. brāma, mhd. brāme (= *Dornstrauch, Brombeerstrauch*), zu indogerm. *bʰerem- (= *hervorstehen, Spitze*)] *Heidelbeerstrauch (Vaccinium myrtillus).* {029}

5 | Belege

001 Ammon, Ulrich et al. (2004). Variantenwörterbuch des Deutschen: Die Standardsprache in Österreich, der Schweiz und Deutschland sowie in Liechtenstein, Luxemburg, Ostbelgien und Südtirol. Berlin.

002 Anders, Valentín (2016). Spanisches Online-Wörterbuch. <http://etimologias.dechile.net> (06.05.2018).

003 Anderson, Robert R. et al. (1986-2017). Frühneuhochdeutsches Wörterbuch. In 12 Bänden. Berlin/New York.

004 Auer, Hubert (1999). Watten, Bieten und Perlaggen. Mit den Varianten Kritisch-Watten, Ladinisch-Watten, Spitzbieten, Welibieten, Eichelperlaggen und viel mehr. Wien/München.

005 Battisti, Carlo/Alessio, Giovanni (1950-1957). Dizionario etimologico italiano. In 5 Bänden. Florenz.

006 Bieri, Pius (2009). Die Stuckateure Brenni (Breni, Brenno). Artikel auf einer Infoseite zum süddeutschen Barock. <http://www.sueddeutscher-barock.ch/PDF-Bio_M/Brenni_Famiglia.pdf > (04.02.2018).

007 Brockhaus (2018). Onlineversion des Großen Brockhaus. <http://brockhaus.at> (06.05.2018).

008 Costard, Haidi (2002). Wie die Nürnberger zum Bärendreck kamen. In: St. Leonhard und Schweinau - Mehr als Schlachthof und Gaswerk. Geschichte Für Alle e. V., Nürnberger Stadtteilhefte #5, Nürnberg, S. 48-49.

009 Duden (2018). Onlineversion des deutschen Wörterbuchs. <https://www.duden.de> (06.05.2018).

010 DWDS (2018). Das Wortauskunftssystem zur deutschen Sprache in Geschichte und Gegenwart. Digitales Lexikalisches System der Berlin-Brandenburgischen Akademie der Wissenschaften. <https://www.dwds.de> (06.05.2018).

011 Efing, Christian (2005). Das Lützenhardter Jenisch. Studien zu einer deutschen Sondersprache. Wiesbaden.

012 Förster, Georg L. (1771). Versuch eines bremisch-niedersächsisches Wörterbuchs. Bremen.

013 Frauenlob, Nikolaus (ca. 1480). Elixir Nicolay Frawen-lob von Hiersperg. Digitalisat siehe: <http://digi.ub.uni-heidelberg.de/diglit/cpg583/0037/image> (06.05.2018).

014 Gehl, Hans (1997). Wörterbuch der donauschwäbischen Bekleidungsge-werbe. Sigmaringen.

015 Grimm, Jakob/Grimm, Wilhelm et al. (1854-1961). Deutsches Wörterbuch. In 16 Bänden/32 Teilbänden. Leipzig. Online-Version. <http://www.wo-erterbuchnetz.de/DWB> (02.05.2018).

016 Große Brockhaus von 1994, Bd. 24

017 Grüner, Sigmar/Sedlaczek, Robert (2003). Lexikon der Sprachirrtümer Ös-terreichs von Sigmar Grüner und Robert Sedlaczek. Köln.

018 Guccini, Francesco (2012). Dizionario delle cose perdute. Milano.

019 Harper, Douglas (2001-2018). Online Etymology Dictionary. <www.ety-monline.com> (06.05.2018).

020 Hermann, Ursula/Matschiner, Arno (2003). Wahrig Herkunftswörterbuch, 4. Auflage. Gütersloh/München.

021 Höfer, Matthias (1815). Etymologisches Wörterbuch der in Oberdeutsch-land, vorzüglich aber in Oesterreich üblichen Mundart, Band 1. Linz.

022 Holtus, Günter/Metzeltin, Michael/Schmitt, Christian (1990). Lexikon der Romanistischen Linguistik (LRL), Band 3. Tübingen.

023 Hornung, Maria/Grüner, Sigmar (2002). Wörterbuch der Wiener Mundart. Wien.

024 Pauly, August F. et al. (1996). Der Neue Pauly: Enzyklopädie der Antike. Stuttgart.

025 Jirasek, Franz A. (1806). Beitraege zu einer botanischen provincial Nome-nclatur von Salzburg, Baiern und Tirol. Salzburg.

026 Kluge, Friedrich/Seebold, Elmar (Bearb.) (2002). Kluge etymologisches Wörterbuch der deutschen Sprache. 24. Auflage. Berlin/New York.

027 Knoerrich, Isabel A. (2003). Romanismen im Bairischen ein kommentier-tes Wörterbuch mit Karten des Sprachatlasses Oberbayern (SOB) und des Kleinen Bayerischen Sprachatlasses (KBSA) sowie eine Diskussion zu Morphosyntax und Syntax. Passau.

028 Köbler, Gerhard (2014a). Althochdeutsches Wörterbuch. 6. Auf-lage. Online-Version. <http://www.koeblergerhard.de/ahdwbhin. html> (06.05.2018).

029 Köbler, Gerhard (2014b). Mittelhochdeutsches Wörterbuch. 3. Auflage. Online-Version. <http://www.koeblergerhard.de/mhdwbhin.html> (06.05.2018).

030 Köbler, Gerhard (2014c). Germanisches Wörterbuch. 5. Auflage. Online-Version. <http://www.koeblergerhard.de/germwbhin.html> (06.05.2018).

031 Kohlheim, Rosa/Kohlheim Volker(2008). Duden Lexikon der Familiennamen. Mannheim.

032 Kollmann, Cristian (2005). Vordeutsche Orts- und Flurnamen in Truden. In: Truden. Hg. von der Gemeinde Truden. Truden. S. 383–392

033 Küpper, Heinz (1997). Wörterbuch der deutschen Umgangssprache. Stuttgart.

034 Landmann, Armin (1996). Der Hausrotschwanz. Wiesbaden.

035 Moser, Hans (2018). Wörterbuch der Südtiroler Mundarten. Innsbruck.

036 Müller, Josef et al. (1928-1971). Rheinisches Wörterbuch. Online-Version. <http://www.woerterbuchnetz.de/RhWB> (06.05.2018).

037 Ohne Autor (1839). Palmsonntag. In: Neues Tagblatt für München und Bayern, Beilage. 24.03.1839.

038 Pfeifer, Wolfgang (1997). Etymologisches Wörterbuch des Deutschen, 2. Auflage. München.

039 Battisti, Carlo/Alessio, Giovanni (1968). Dizionario etimologico italiano. In 5 Bänden. Florenz.

040 Pokorny, Julius (1959/69). Indogermanisches etymologisches Wörterbuch. In zwei Bänden. München.

041 Reisner, Andrea (2010). Feuer und Flamme für das Ginkerl. Artikel auf Website der Wiener Zeitung. <http://www.wienerzeitung.at/themen_channel/wz_zeitreisen/nachgelesen/36486-Feuer-und-Flamme-fuer-das-Ginkerl.html > (01.03.2018).

042 Röckl, Wilhelm (1841). Die Beterin an der Mariensäule zu München, oder: Die stille Wallfahrerin. München.

043 Schanskij, Nikolaj/Bobrowa, Tatjana (2004). Школьный этимологический словарь русского языка. Происхождение слов [Etymologisches Schulwörterbuch der russischen Sprache. Wortherkunft.], 7. Auflage. Moskau.

044 Schmeller, Johann A. (2008). Bayerisches Wörterbuch, 7. Neudr. d. v. G. Frommann bearb. 2. Ausg. München 1872-77. Mit einer wissenschaftlichen Einleitung zur Ausgabe Leipzig 1939 von Otto Mausser und mit einem Vorwort von Otto Basler. München.

045 Schuchardt, Hugo (1883). Dem Herrn Franz von Miklosich zum 20. November 1883. Slawo-Deutsches und Slawo-Italienisches. Graz.

046 Sedlaczek, Robert/Sedlaczek, Melita (2011). Wörterbuch des Wienerischen. Innsbruck.

047 Söltl, Johann M. (1838). München mit seinen Umgebungen historisch, topographisch, statistisch dargestellt. München.

048 Sonnenhauser, Barbara (2009). Zur der-Präfigierung im Bairischen. In: Scholze, Lenka/Wiemer, Björn: Von Zuständen, Dynamik und Veränderung bei Pygmäen und Giganten: Festschrift für Walter Breu zu seinem 60. Geburtstag. Bochum.

049 Spitzer, Leo (1912). Die Namengebung bei neuen Kulturpflanzen im Französischen. In: Wörter und Sachen, 1912(4), S. 122-165.

050 Staub, Friedrich et al. (1806 - heute). Schweizerisches Idiotikon. Schweizerdeutsches Wörterbuch. Online-Ausgabe. <www.idiotikon.ch> (06.05.2018).

051 Tischner, Heinrich (2003-2009). Diskussion Wiesbaum. Artikel auf der persönlichen Website des Hobbyphilologen Heinrich Tischner. <http://www.heinrich-tischner.de/22-sp/2wo/wort/idg/deutsch/w/wiesbaum2.htm> (22.03.2018).

052 Treccani (2018). Online-Wörterbuch. <http://www.treccani.it/vocabolario> (06.05.2018).

053 Varnhorn, Beate (2011). Bertelsmann Universallexikon. Gütersloh/München.

054 Vasilev, Georgi (2008). Heresy and the English Reformation: Bogomil-Cathar Influence on Wycliffe, Langland, Tyndale and Milton. Jefferson, NC.

055 Viredaz, Rémy (2013). Étymologie du romanche dschember "Pinus cembra". In: Dworkin, Steven N. et al. (Hg.) (2016): Actes du XXVIIe Congrès international de linguistique et de philologie romanes (Nancy, 15-20 juillet 2013). Section 6 : Étymologie. Nancy.

056 WBÖ (1963-). Wörterbuch der bairischen Mundarten in Österreich. Wien.

057 Wehle, Peter (2016). Die Wiener Gaunersprache. Innsbruck.

058 Windner, Christoph/Sedlaczek, Robert (2014). Das unanständige Lexikon: Tabuwörter der deutschen Sprache und ihre Herkunft. Innsbruck.

059 Pianigiani, Ottorino et al. (1907-1926). Vocabolario etimologico della lingua italiana. Rom. Online-Version. <www.etimo.it> (06.05.2018).

Notizen/selbst gesammelte Wörter

. . . .

. . . .

. . . .

. . . .

. . . .

. . . .

. . . .

. . . .

. . . .

. . . .

. . . .

. . . .

. . . .

. . . .

. . . .

. . . .

Notizen/selbst gesammelte Wörter

. . . .

. . . .

. . . .

. . . .

. . . .

. . . .

. . . .

. . . .

. . . .

. . . .

. . . .

. . . .

. . . .

. . . .

. . . .